货物运输操作

主　编　任娟娟　朱鑫彦
副主编　王晓伟
主　审　唐安宁　陈昊平
参　编　刘宇哲　李宗蔚　李思敏

北京理工大学出版社
BEIJING INSTITUTE OF TECHNOLOGY PRESS

图书在版编目（CIP）数据

货物运输操作 / 任娟娟，朱鑫彦主编. -- 北京：
北京理工大学出版社，2023.5（2023.11 重印）
ISBN 978-7-5763-2403-7

Ⅰ. ①货⋯　Ⅱ. ①任⋯ ②朱⋯　Ⅲ. ①货物运输−高
等学校−教材　Ⅳ. ①U

中国国家版本馆 CIP 数据核字（2023）第 094410 号

责任编辑：王晓莉	文案编辑：王晓莉
责任校对：周瑞红	责任印制：施胜娟

出版发行 / 北京理工大学出版社有限责任公司
社　　址 / 北京市丰台区四合庄路 6 号
邮　　编 / 100070
电　　话 / （010）68914026（教材售后服务热线）
　　　　　　（010）68944437（课件资源服务热线）
网　　址 / http://www.bitpress.com.cn

版 印 次 / 2023 年 11 月第 1 版第 2 次印刷
印　　刷 / 三河市天利华印刷装订有限公司
开　　本 / 787 mm×1092 mm　1/16
印　　张 / 17
字　　数 / 419 千字
定　　价 / 88.00 元

随着移动通信、互联网、物联网、区块链等技术的发展，尤其是大数据和云计算技术在物流业的广泛应用，物流发展方式和商业模式发生了重大转型，智慧物流、智能运输已成为推动物流业供给侧结构性改革的重要引擎。运输是物流系统的核心功能之一，其组织方式是否合理、组织技术是否先进，直接决定了物流系统是否能够合理配置生产力要素、降低社会成本等功能的发挥。因此，作为国民经济的基础产业和关系国计民生的服务性行业，运输管理在社会经济和物流系统中的突出作用显而易见。

《货物运输操作》教材按照项目教学法要求编写，采取"校企合作、项目导向、任务驱动"的教学理念，贴近物流企业工作实际，每个项目下的任务都具有很强的可操作性，旨在帮助教师开展任务引领式教学，使学生掌握物流运输的基本理论和操作方法，为物流企业或生产企业的运输部培养运输业务操作人员、基层管理人员、业务主管，培养学生的岗位技能和职业素养，使学生熟练掌握物流运输管理理论和工作方法，并在课程教学中培养学生的工作能力和职业拓展能力，为其毕业后从事与物流运输相关的工作打下良好的基础。党的二十大报告指出：培养什么人、怎样培养人、为谁培养人是教育的根本问题，育人的根本在于立德。为全面贯彻党的教育方针，落实立德树人的根本任务，教材注重开发课程的思政元素，重点进行了"素养目标—思政园地—思政点评"课程思政系统设计，发挥课程思政的育人功能。教材中的知识链接部分充分运用信息化教学手段，通过扫描二维码拓展教材相关知识或者引入实际案例进一步阐述教材相关知识，提高学生的学习兴趣。教材具体设计了9个项目，每个项目都按照"学习目标、知识逻辑图、引例、任务导入、知识链接、项目小结、思政园地、项目检测单、同步测试、综合实训"10个栏目设计教材体系，与1+X证书考核标准和物流技能大赛考核相结合。

《货物运输操作》在编写过程中遵循"以培养职业能力为核心，以工作实践为主线，以项目为导向，以任务进行驱动"的原则，编写思路及特色如下：

1. 探索"课程思政"，推进全方位、全过程"三全育人"

将"以德树人、课程思政"有机融合到教材中，坚持为党育人、为国育才，全面提高人才自主培养质量。在很多知识链接、案例引入中都渗透了思政元素，重点进行了"素养目标—思政园地—思政点评"课程思政系统设计，引导学生把国家、社会、公民的价值要求融为一体，提高个人修养，将社会主义核心价值观内化为精神追求，外化为自觉行动。

2. 紧跟时代发展，构建科学合理的知识体系

围绕"与时俱进、技术新颖、跨界融合"的思路，本书内容取材依据当前物流企业对运输管理人才的需求，依据2019年7月颁布的《高等职业学校专业教学标准》和2021年3月教育部印发的《职业教育专业目录（2021年）》构建科学合理的核心知识技能体系，将现代物流运输管理知识和信息技术、人工智能等新兴产业跨界融合。

3. 按能力递进衔接教学内容，突出"职业性、高层次"

教材"以企业岗位（群）任职要求、职业标准、工作过程或产品"作为主体内容，将职业标准、技术标准、业务流程、作业规范等完整的工作过程纳入教学。项目化教学模式既考虑了高职高专院校学生的素养层次，又满足了高职高专院校培养应用型人才的要求。教学实施体现职教特色，强调"产教融合，行动导向，做学合一"。

4. 适应数字化时代变革，推动线上线下混合式教学

教材将互联网技术与传统教育深度融合，充分运用信息化教学手段，通过"想一想""读一读""看一看""练一练"等大量引入二维码，拓展了教材的相关知识，增强了教材的阅读性，提高了学习的趣味性。

5. 推进书证融通，融合 1+X 职业技能等级标准

适应物流管理 1+X 证书制度试点工作需要，将职业技能等级标准有关内容及要求有机融入教材内容，以充分体现国家职业标准的技能要求，从而将课程与职业技能考级、考证紧密结合，不但有利于培养学生的职业能力，而且有利于贯彻执行"双证融通"制度。

本书由任娟娟（陕西工业职业技术学院）、朱鑫彦（陕西工业职业技术学院）担任主编，由王晓伟（陕西工业职业技术学院）担任副主编，由唐安宁（中国诚通供应链服务有限公司）、陈昊平（陕西工业职业技术学院）担任主审。本书共十个项目，其中，项目一、项目九由任娟娟（陕西工业职业技术学院）编写，项目二、项目三由王晓伟（陕西工业职业技术学院）编写，项目四由刘宇哲（陕西工业职业技术学院）编写，项目五由李宗蔚（陕西工业职业技术学院）编写，项目六由李思敏（陕西工业职业技术学院）编写，项目七、项目八、项目十由朱鑫彦（陕西工业职业技术学院）编写。全书由任娟娟、朱鑫彦总体策划和统稿。

本书在编写过程中参阅了大量的书籍、文献、论文，借鉴吸收了众多专家学者的研究成果，作者已尽可能在参考文献中详细列出，在此向相关的专家学者表示衷心的感谢！如有不慎遗漏在此深表歉意。

由于编者水平所限，书中难免存在不足之处，恳请广大师生和读者指出，以便将来进一步修正和完善。

编　者

前　言

　　随着移动通信、互联网、物联网、区块链等技术的发展，尤其是大数据和云计算技术在物流业的广泛应用，物流发展方式和商业模式发生了重大转型，智慧物流、智能运输已成为推动物流业供给侧结构性改革的重要引擎。运输是物流系统的核心功能之一，其组织方式是否合理、组织技术是否先进，直接决定了物流系统是否能够合理配置生产力要素、降低社会成本等功能的发挥。因此，作为国民经济的基础产业和关系国计民生的服务性行业，运输管理在社会经济和物流系统中的突出作用显而易见。

　　《货物运输操作》教材按照项目教学法要求编写，采取"校企合作、项目导向、任务驱动"的教学理念，贴近物流企业工作实际，每个项目下的任务都具有很强的可操作性，旨在帮助教师开展任务引领式教学，使学生掌握物流运输的基本理论和操作方法，为物流企业或生产企业的运输部培养运输业务操作人员、基层管理人员、业务主管，培养学生的岗位技能和职业素养，使学生熟练掌握物流运输管理理论和工作方法，并在课程教学中培养学生的工作能力和职业拓展能力，为其毕业后从事与物流运输相关的工作打下良好的基础。党的二十大报告指出：培养什么人、怎样培养人、为谁培养人是教育的根本问题，育人的根本在于立德。为全面贯彻党的教育方针，落实立德树人的根本任务，教材注重开发课程的思政元素，重点进行了"素养目标—思政园地—思政点评"课程思政系统设计，发挥课程思政的育人功能。教材中的知识链接部分充分运用信息化教学手段，通过扫描二维码拓展教材相关知识或者引入实际案例进一步阐述教材相关知识，提高学生的学习兴趣。教材具体设计了 9 个项目，每个项目都按照"学习目标、知识逻辑图、引例、任务导入、知识链接、项目小结、思政园地、项目检测单、同步测试、综合实训"10 个栏目设计教材体系，与 1+X 证书考核标准和物流技能大赛考核相结合。

　　《货物运输操作》在编写过程中遵循"以培养职业能力为核心，以工作实践为主线，以项目为导向，以任务进行驱动"的原则，编写思路及特色如下：

1. 探索"课程思政"，推进全方位、全过程"三全育人"

　　将"以德树人、课程思政"有机融合到教材中，坚持为党育人、为国育才，全面提高人才自主培养质量。在很多知识链接、案例引入中都渗透了思政元素，重点进行了"素养目标—思政园地—思政点评"课程思政系统设计，引导学生把国家、社会、公民的价值要求融为一体，提高个人修养，将社会主义核心价值观内化为精神追求，外化为自觉行动。

2. 紧跟时代发展，构建科学合理的知识体系

　　围绕"与时俱进、技术新颖、跨界融合"的思路，本书内容取材依据当前物流企业对运输管理人才的需求，依据 2019 年 7 月颁布的《高等职业学校专业教学标准》和 2021 年 3 月教育部印发的《职业教育专业目录（2021 年）》构建科学合理的核心知识技能体系，将现代物流运输管理知识和信息技术、人工智能等新兴产业跨界融合。

3. 按能力递进衔接教学内容，突出"职业性、高层次"

教材"以企业岗位（群）任职要求、职业标准、工作过程或产品"作为主体内容，将职业标准、技术标准、业务流程、作业规范等完整的工作过程纳入教学。项目化教学模式既考虑了高职高专院校学生的素养层次，又满足了高职高专院校培养应用型人才的要求。教学实施体现职教特色，强调"产教融合，行动导向，做学合一"。

4. 适应数字化时代变革，推动线上线下混合式教学

教材将互联网技术与传统教育深度融合，充分运用信息化教学手段，通过"想一想""读一读""看一看""练一练"等大量引入二维码，拓展了教材的相关知识，增强了教材的阅读性，提高了学习的趣味性。

5. 推进书证融通，融合 1+X 职业技能等级标准

适应物流管理 1+X 证书制度试点工作需要，将职业技能等级标准有关内容及要求有机融入教材内容，以充分体现国家职业标准的技能要求，从而将课程与职业技能考级、考证紧密结合，不但有利于培养学生的职业能力，而且有利于贯彻执行"双证融通"制度。

本书由任娟娟（陕西工业职业技术学院）、朱鑫彦（陕西工业职业技术学院）担任主编，由王晓伟（陕西工业职业技术学院）担任副主编，由唐安宁（中国诚通供应链服务有限公司）、陈昊平（陕西工业职业技术学院）担任主审。本书共十个项目，其中，项目一、项目九由任娟娟（陕西工业职业技术学院）编写，项目二、项目三由王晓伟（陕西工业职业技术学院）编写，项目四由刘宇哲（陕西工业职业技术学院）编写，项目五由李宗蔚（陕西工业职业技术学院）编写，项目六由李思敏（陕西工业职业技术学院）编写，项目七、项目八、项目十由朱鑫彦（陕西工业职业技术学院）编写。全书由任娟娟、朱鑫彦总体策划和统稿。

本书在编写过程中参阅了大量的书籍、文献、论文，借鉴吸收了众多专家学者的研究成果，作者已尽可能在参考文献中详细列出，在此向相关的专家学者表示衷心的感谢！如有不慎遗漏在此深表歉意。

由于编者水平所限，书中难免存在不足之处，恳请广大师生和读者指出，以便将来进一步修正和完善。

编　者

目 录

货物运输操作的认知

 学习目标

知识目标
1. 掌握运输的概念与功能
2. 了解运输系统的构成要素
3. 理解运输合理化的含义
4. 了解运输成本的构成

能力目标
1. 能够正确选择运输方式
2. 能够进行运输合理化的分析
3. 能够分析计算运输成本

素养目标
1. 激发学生国家意识、文化自信
2. 增强学生社会责任感、职业认同感
3. 培养学生的成本意识

🔄 知识逻辑图

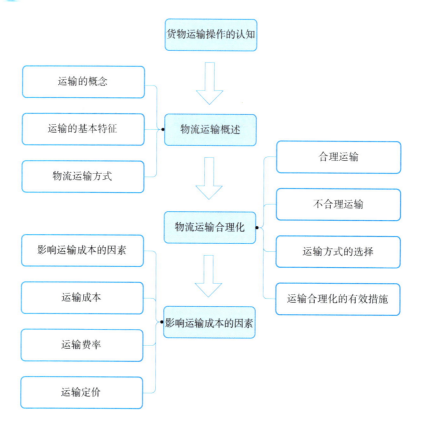

✉ 引 例

　　新型冠状病毒肺炎疫情发生后，按照辽宁省委、省政府部署，辽宁省交通运输厅迅速反应，第一时间启动应急响应，制定了新型冠状病毒感染的疫情防控指挥部公路运输应急运力保障方案，组织调集应急运力，配合卫生健康部门完成疫情防控医药物资和人员应急运输工作，扎实部署开通应急物资车辆优先通行的"绿色通道"，协调做好铁路、民航、水运等应急运输与"最后一公里"公路运输的衔接保障，全力做好运输保障工作。

　　保障疫情防控物资运输。截至 2021 年 5 月 10 日，辽宁省累计完成省内外疫情防控应急物资运输保障任务 10 892 批，车辆 40 865 台次，运送物资 1 036 665 吨，其中，发往外省应急货运车辆 9 542 台次，运送物资 224 992 吨（含发往湖北省的车辆 225 台次、物资 4 518 吨）；省内执行应急运输任务车辆 31 307 台次，运送物资 811 182 吨；外省入辽应急货运车辆 16 台次，运送物资 491 吨。

　　保障疫情防控人员运输。截至 5 月 10 日，辽宁省累计完成疫情防控相关人员应急运输 1 949 车次，运送人员 17 300 人次，其中，主要是驰援武汉医护人员、本地相关医护人员、医疗设备生产企业员工、有关部门防疫检查人员等。

　　保障重点生产生活物资运输。截至 5 月 10 日，辽宁省累计保障"米袋子""菜篮子"

等生活物资运输车辆 4 732 台次，运送物资 117 514 吨；累计保障复工复产上游原材料、下游产成品运输车辆 30 815 台次，运送物资 822 762 吨。

保障道路客运运输。截至 5 月 10 日，辽宁省 14 个市共有 3 200 台客运包车提供通勤服务，参加运营巡游出租车 39 102 台、网约出租车 3 702 台。轨道交通持续运营，部分地铁站实施进出口管控措施。

保障重点企业运输。坚持"急事急办"的原则，全力做好省疫情防控指挥部支援湖北襄阳紧急医疗物资运输保障工作；坚持从速从优办理车辆通行手续，统筹省市应急运力，配合中粮集团完成公路运输；坚持"特事特办"的原则，为中石油运输公司加油站提供专项服务，确保全省油品畅通运送；主动对接中石化集团，开展全运输链条农业春耕备耕所需种子、化肥等农用物资专项运输保障工作。

任务一 物流运输概述

任务导入

根据交通运输部《2021 年交通运输行业发展统计公报》（以下简称《统计公报》），2021 年交通运输行业统筹疫情防控和经济社会发展交通运输各项工作，全年完成交通固定资产投资 36 220 亿元，比上年增长 4.1%，发挥了重要的稳增长作用。2021 年，全国全年完成营业性货运量 521.6 吨，同比增长 12.3%；完成货物周转量 218 181.32 亿吨，同比增长 10.9%。全年完成营业性货运量 521 亿吨，同比增长 12.4%；全年完成港口货物吞吐量 155.5 亿吨，同比增长 6.8%；港口外贸货物的吞吐量大约 47 亿吨，同比增长 4.5%；完成港口集装箱吞吐量 2.8 亿标准集装箱，同比增长 7%；快递业务量 1 085 亿件，同比增长 30%。

根据以上材料请同学们思考：

（1）什么是货物运输？

（2）运输对整个经济社会发展有什么样的作用？

（3）运输方式都有哪些？

（4）每种运输方式各有什么样的优缺点？

知识链接

作为企业"第三利润源"的物流，完成其改变"物"的空间位置功能的主要手段是运输。综合分析表明，运费占全部物流费用近 50% 的比例。现实中，依然有很多人认为物流就是运输，就是因为物流的很大一部分功能是由运输完成的。由此可见，运输在物流中占有重要地位。

一、运输的概念

运输是用设备和工具，将物品从一地点向另一地点运送的物流活动。其中包括集货、分配、搬运、中转、装入、卸下、分散等一系列操作。图 1-1 所示为各种运输设备。

运输是物流主要的功能之一。按物流的概念，物流是物品实体的物理性运动，这种运动不但改变了物品的时间状态，也改变了物品的空间状态。运输承担了改变物品空间状态的主

图 1-1　各种运输设备

要任务，是改变物品空间状态的主要手段。运输以搬运、配送等活动，就能圆满完成改变空间状态的全部任务。在现代物流观念诞生之前，甚至就在今天，仍有不少人将运输等同于物流，其原因是物流中的很大一部分责任是由运输承担的，运输是物流的主要功能。

运输是社会物质生产的必要条件之一，是国民经济的基础和先行行业。马克思将运输称为"第四个物质生产部门"，是生产过程的继续。这个"继续"虽然以生产过程为前提，但如果没有它，生产过程则不能最后完成。运输这种生产活动和一般的生产活动不同，它不创造新的物质产品，不增加社会产品数量，不赋予产品新的使用价值，而只是一个价值不断增值的过程。之所以将其看成一个物质生产部门，是因为：

运输可以创造"场所效用"。"场所效用"的含义是：同种物品由于空间场所不同，其实用价值的实现程度不同，其效益的实现也不同。由于改变场所而发挥了最大的使用价值，最大限度地提高了产出投入比，因而称之为"场所效用"。通过运输，将物品运到场所效用最高的地方，就能发挥物品的潜力，实现资源的优化配置。从这个意义来讲，也相当于通过运输提高了物品的使用价值。

运输是"第三个利润源"的主要源泉。首先，运输是运动中的活动，它和静止的保管不同，要靠大量的动力消耗才能实现，且运输又承担大跨度空间转移的任务，所以活动的时间长、距离远、消耗大。消耗的绝对数量大，其节约的潜力也就大。其次，从运费来看，它在物流总成本中占据最大的比例，综合分析计算社会物流费用，运输费用在其中一般占近50%的比例，有些产品运费高于其生产成本。所以，节约的潜力非常大。最后，由于运输总里程长、运输量大，通过体制改革和运输合理化可大大缩短运输公里数，从而获得较大的节约。

二、运输的基本特征

由于运输过程是运输组织者使用运输设施、设备和工具作用于实体本身，改变实体的空间位置的过程，相对于物流的其他过程来说，有其明显的特征。

（一）运输不产生新的实物形态产品

物流运输业劳动对象可以是实体，只改变实体的空间位移，用货物吨千米计量。运输参与社会总产品的生产和国民收入的创造，却不增加社会产品的实物总量，不产生新的实物形态产品。

（二）运输的服务性

物流运输提供的是一种服务，运输业对劳动对象只有生产权（运输权），只改变劳动对象的空间位置，对物资实体不具有所有权。

（三）运输是社会生产过程在流通领域内的继续

产品在完成了生产过程后，必然要从生产领域进入消费领域，这就需要运输。产品只有完成这个运动过程，才能变成消费品。运输与流通是紧密相连的，是社会生产过程在流通领域内的继续。

（四）运输生产和运输消费是同一过程

运输业的产品不能储存、不能调配，生产出来的产品如果不及时消费就会被浪费。运输产品的效用是和运输生产过程密不可分的，这种效用只能在生产过程中被消费。生产过程开始，消费过程也就开始；生产过程结束，消费过程也就结束。这一特点要求运输一方面应留有足够的运输能力储备，以避免由于能力不足而影响消费者需求，另一方面应对运输过程进行周密的规划和管理，因为运输过程中出现的任何差错都无法通过对运输产品的"修复"而使消费者免受侵害或影响。

（五）运输具有"网络型产业"特征

运输生产具有"网状"特征，它的场所遍及广阔地域。运输的网络性生产特征决定了运输内部各个环节及各种运输方式相互密切协调的重要性。

（六）运输的资本结构有其特性

运输的固定资本比重大、流动资本比重小，资本的周转速度相对较慢。

三、物流运输方式

现代物流运输方式可按运输设备及运输工具、运输范畴、运输作用及运输协作程度和中途是否换载进行分类。

不同的运输方式如图 1-2 所示。

看一看

运输与运输方式

图 1-2　不同的运输方式

（一）按运输设备及运输工具分类

按运输设备及运输工具的不同，运输方式分类如表 1-1 所示。

表 1-1　运输方式按运输设备及运输工具分类

运输方式	特　点
水路运输	使用船舶等浮运工具，在江、河、湖、海及人工水道上载运客货的一种方式。 主要承担大吨位、长距离的货物运输，是在干线运输中起主力作用的运输方式。在内河及沿海，水运也常使用小型运输工具，担任补充及衔接大批量干线运输的任务
公路运输	主要使用汽车，也使用其他车辆（如人力车、畜力车）在公路上进行客货运输的一种方式。 在综合运输体系中，公路运输的灵活性是最高的，具体表现为：可实现"门到门"运输；可实现及时运输；起运批量最小；服务范围广；能最大限度满足货主个性化服务的需要

续表

运输方式	特点
铁路运输	利用机车、车辆等技术设备沿铺设轨道运行的一种运输方式。 目前世界上许多国家的铁路运输公司为拓展其服务领域、提高服务质量，也开始涉足汽车运输，组建自己的公路运输公司，为客户提供门到门的运输服务
航空运输	使用飞机或其他航空器进行客货运输的一种运输方式。 航空器运输是 20 世纪初出现，"二战"后才逐渐繁荣的现代运输方式，随着航空技术的不断成熟，航空运输在长距离运输（尤其是跨国运输）中显现出无可比拟的优势
管道运输	利用管道输送气体、液体和粉状固体的一种运输方式。 其运输形式是靠物体在管道内顺着压力方向循序渐进移动实现的，和其他运输方式的重要区别在于，管道设备是静止不动的

（二）运输范畴分类

按运输范畴的不同，运输方式分类如表 1-2 所示。

表 1-2　运输方式按运输范畴分类

运输方式	特点
干线运输	利用铁路、公路干线、大型船舶的固定航线进行的长距离、大载量的运输，是进行距离空间位移的重要运输方式。干线运输一般速度较同种运输工具的其他运输要快，成本也较低，是运输的主体
支线运输	与运输干线相接的分支线路上的运输。支线运输是干线运输与收、发货地点之间的补充运输方式，路程较短，运输量相对较小。支线的建设水平往往低于干线，运输工具水平也往往低于干线，因而速度较慢，如图 1-3 所示
二次运输	一种补充性的运输形式，路程较短。干线、支线运输到站后，站与仓库或制定接货地点之间的运输，均属于二次运输。由于是单位的需要，所以运量也较小
厂内运输	在工业企业范围内，直接为生产过程服务的运输。一般在车间与车间之间、车间与仓库之间进行。通常将小企业中的这种运输方式及大企业车间内部、仓库内部的运输称为"搬运"

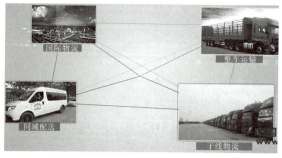

图 1-3　支线运输和干线运输

（三）按运输作用分类

按运输作用的不同，运输方式分类如表 1-3 所示。

表1-3　运输方式按运输作用分类

运输方式	特点
集货运输	将分散的货物汇集集中的运输方式，一般是短距离、小批量的运输。货物集中后才能利用干线运输方式进行长距离及大批量运输，因此，集货运输是干线运输的一种补充方式
配送运输	将配送中心已按用户要求配送好的货物分送各个用户的运输。一般是短距离、小批量的运输，也是对干线运输的一种补充和完善

（四）按运输协作程度分类

按运输协作程度的不同，运输方式分类如表1-4所示。

表1-4　运输方式按运输协作程度分类

运输方式	特点
一般运输	孤立地采用不同运输工具或采用同类运输工具但没有形成有机协作关系的一种运输方式
联合运输（联运）	使用同一运送凭证，由不同运输方式或不同运输企业进行有机衔接以接运货物，利用每种运输手段的优势，充分发挥不同运输工具效率的一种综合运输方式

（五）按运输中途是否换载分类

按运输中途是否换载，运输方式分类如表1-5所示。

表1-5　运输方式按运输中途是否换载分类

运输方式	特点
直达运输	在组织货物运输时，利用一种运输工具从起运站、港口一直运送至到达站、港口，中途不经过换载、不入库储存的运输方式 避免中途换载所出现的运输速度减缓、货损增加、费用增加等一系列弊病，从而能缩短运输时间、加快车船周转速度、降低运输费用、提高运输质量
中转运输	在组织货物运输时，在货物运送目的地的过程中，在途中的车站、港口、仓库进行转运换载，包括同各运输工具不同运输线路的转运换载，不同运输工具之间的转运换载 通过中转，往往将干线、支线运输有效地衔接，可以化整为零或集零为整，方便用户，提高运输效率；可以充分发挥不同运输工具在不同路段上的最优水平，获得节约或效益，也有助于加快运输速度 中转运输方式的缺点是在换载时会出现低速度、高货损，增加费用支出

任务二　运输合理化

任务导入

目前很多网购领域并没有充分关注发货地与收货地的距离远近问题。一个从很远的地方寄过来的产品，可能附近的地方就有同样的产品。这种舍近求远的运输大大增加了我国物流运输的负担。比如从杭州运到西安的商品，完全在西安本地就可以下订单，甚至在家楼下的超市里就有。这种运输无形当中浪费了很多运输资源。但是，也有一些平台和商家注意到这个问题，并且提出了解决方案。比如京东在全国各地建立了分仓制度，即将预售的商品先运输到各个地区的仓库中，当接到客户的订单时，就可以在就近的仓中发货，既节省了运输成本，又大大缩短了物流的时间；屈臣氏也做出了表率——屈臣氏在各大城市有数量庞大的线下门店，其借助这个优势，在网络平台接到订单时，可以直接利用本地的货仓发货，客户也可以选择直接到店自提。从这两个例子可以看出，减少不必要的运输，改善不合理的形式，对于中国交通运输领域有着极大的意义。

根据以上材料请同学们思考：

（1）不合理的运输方式有哪些？

（2）运输合理化的有效措施有哪些？

知识链接

现代物流概念的提出，对物流技术水平也提出了更高的要求，它要求在原有运输概念的基础上更加合理地选择运输工具、运输方式和运输线路来组织货物运输，力求做到运力省、速度快、费用低，以实现物流运输合理化，进而实现物流合理化。

一、合理运输

所谓合理运输，是指在实现货物从生产地到消费地转移的过程中，充分有效地运用各种运输工具的运输能力，以最少的人、财、物消耗，及时、准确、经济、安全地完成运输任务。其标志是运输距离最短、运输环节最少、运输时间最省、运输费用最低和运输质量最高。运输合理化的影响因素很多，起决定性作用的有以下五方面，称为合理运输的"五要素"。

（一）运输距离

在运输过程中，运输时间、运输费用等一系列技术经济指标都与运输距离有一定的比例关系，运输距离长短是运输合理与否的一个最基本的因素。

（二）运输环节

每增加一个运输环节，势必增加运输的附属活动，如装卸、包装等，各项技术经济指标也会因此发生变化，所以减少运输环节对合理运输有一定的促进作用。

（三）运输工具

各种运输工具都有其优势领域，对运输工具进行优化选择，最大限度地发挥运输工具的优越性和作用，是运输合理化的重要一环。

（四）运输时间

在全部物流时间中，运输时间占绝大部分，尤其是远程运输。因此，运输时间的缩短对整个流通时间的缩短有决定性的作用。此外，运输时间缩短还有利于加速运输工具的周转，充分发挥运力效能，提高运输线路通过能力，不同程度地改善不合理运输。

（五）运输费用

运输费用在全部物流费用中所占的比例很大，可以说，运费高低在很大程度上决定着整个物流系统的竞争能力。实际上，运费的相对高低是各种合理化措施是否行之有效的最终判断依据之一。

二、不合理运输

不合理运输是指在现有条件下可以达到的运输水平未达到，从而造成运力浪费、运输时间增加、运费超支等问题的运输形式。目前我国存在的不合理运输形式主要有以下几个方面：

看一看

不合理运输的表现形式

（一）空驶

空车无货载行驶是不合理运输的最严重形式。在实际运输组织中，有时候必须调运空车，从管理上不能将其看成不合理运输。但是，因调运不当、货源计划不周、不采用运输社会化而形成的空驶是不合理运输的表现。造成空驶的不合理运输主要有以下几种原因：一是能利用社会化的运输体系而不利用，却依靠自备车送货提货，这往往出现单程重车、单程空驶的不合理运输；二是工作失误或计划不周，导致货源不实，车辆空去空回，形成双程空驶；三是车辆过分专用，无法搭运回程货，导致只能单程重车、单程回空周转。

（二）对流运输

对流运输也叫"相向运输""交错运输"。将同一种货物或彼此间可以互相代用而又不影响管理、技术及效益的货物，在同一线路上或平行线路上做相对方向的运送，而与对方运程的全部或一部分发生重叠交错的运输，称作对流运输。已经制定了合理流向图的产品，一般必须按图中流向的方向运输，如果与合理流向图指定的方向相反，就属于对流运输，如图1-4所示。

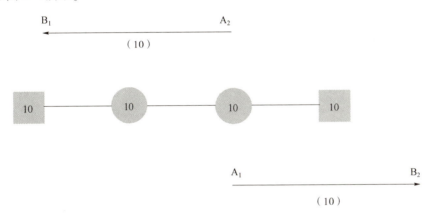

注：○：表示货物发运地，里面的数字表示货物供给量。

　　□：表示货物目的地，里面的数字表示货物需求量。

　　→：表示货物运输方向，下面括号里的数字表示运输里程。

图1-4　对流运输

在判断是否为对流运输时需注意，有的对流运输是不很明显的隐蔽对流，例如不同时间的相向运输，从发生运输的那个时间看，并无出现对流，可能做出错误判断。所以要注意隐蔽的对流运输。

（三）倒流运输

倒流运输是指货物从销地或中转地向产地或起运地回流的一种运输现象。其不合理程度要高于对流运输，原因在于往返两程的运输都是不必要的，形成了双程的浪费。倒流运输也可以看成是隐蔽对流的一种特殊形式。

（四）迂回运输

迂回运输是舍近求远的一种运输。它是指本可以选取短距离进行运输而不为之，却选择路程较长的线路进行运输的一种不合理形式。迂回运输有一定的复杂性，不能简单处理，只有当计划不周、地理不熟、组织不当而发生的迂回，才属于不合理运输。如果最短距离路径上有交通阻塞、道路情况不好，有对噪声、排气等的特殊限制而不能使用时发生的迂回，则不能称为不合理运输，如图1-5所示。

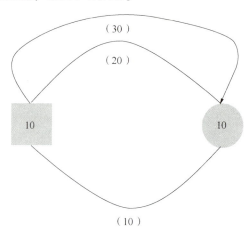

注：○：表示货物发运地，里面的数字表示货物供给量。

　　□：表示货物目的地，里面的数字表示货物需求量。

　　→：表示货物运输方向，下面括号里的数字表示运输里程。

图1-5　迂回运输

（五）过远运输

过远运输是指调运物资时舍近求远，即近处有资源不调而从远处调。这就造成本可以采取近程运输而未采取，拉长了货物运距的浪费现象。过远运输占用运力时间长、运输工具周转慢、物资占用资金时间长，同时，远距离自然条件相差大，易出现货损、货差，增加费用支出。

（六）重复运输

重复运输是指本来可以直接将货物运到目的地，却在未达目的地之处或目的地之处的其他场所将货物卸下，再重复装运送达目的地，这是重复运输的一种形式。另一种形式是，同品种货物在同一地点一面运进，一面又向外运出。重复运输的最大弊病是增加了非必要的中间环节，这就延缓了流通速度，增加了费用开支，增大了货损率。

（七）运力选择不当

运力选择不当是指未考虑各种运输工具的优劣势而没有正确地选用运输工具造成的运输不合理现象。常见运力选择不当有以下几种形式：

1. 弃水走陆

弃水走陆是指在同时可以利用水运和陆运时，不利用成本较低的水运或水陆联运，而选择成本较高的铁路运输或汽车运输。这就导致水运优势不能发挥。

2. 铁路、大型船舶的过折运输

铁路、大型船舶的过折运输是指不是铁路及大型船舶的经济运行里程却利用这些运力进行运输的不合理做法。其主要不合理之处在于，火车及大型船舶起运和到达目的地的准备、装卸时间长，且灵活机动性不足，在过近距离中运用，发挥不了运速快的优势。相反，由于装卸时间长，反而会延长运输时间。另外，和小型运输设备相比，火车及大型船舶装卸难度大，费用也较高。

3. 运输工具承载能力选择不当

运输工具承载能力选择不当是指未根据承运货物的数量及重量选择，而盲目决定运输

工具，造成过分超载、损坏车辆或货物不满载、浪费运力的现象。尤其是"大马拉小车"现象发生较多。由于装货量小，单位货物运输成本必然增加。

（八）托运方式选择不当

托运方式选择不当是指本可以选择最好的托运方式而未选择，造成运力浪费及费用支出加大的一种不合理运输，例如，应选择整车托运而未选择，却采用零担托运；应当直达而选择了中转运输；应当中转运输而选择了直达运输，诸如此类都属于这一类型的不合理运输。

（九）超限运输

超过规定的长度、宽度、高度和重量运输，容易引起货损、车辆损坏和路面等设施的损坏，还有可能造成严重的安全事故。超限运输是当前表现最为突出的不合理运输。

上述各种不合理运输形式都是在特定条件下表现出来的，在进行判断时必须注意其不合理的前提条件，否则就容易出现判断的失误。例如，如果同一种产品，商标不同、价格不同，不能将所发生的对流看成不合理，因为其中存在着对市场机制引导的竞争，优胜劣汰。如果强调因为表面的对流而不允许运输，就会导致保护落后、阻碍竞争甚至助长地区封锁的发生。

三、运输方式的选择

在各种运输方式中，如何选择适当的运输方式是物流运输合理化的重要内容。一般而言，应根据物流系统要求的服务水平和允许的物流成本来选择。这种选择不能限于单一的运输手段，而是通过两种及以上运输手段的合理组合来实现的。选择运输方式，应根据具体条件加以研究，作为这些具体条件的基础，可以从以下五个方面考虑：

1. 货物品种

在考虑所运输货物的品种时，应以其性质、形状、单件重量和体积等为依据，来选择适合所运货物特性和形状的运输方式。同时，货主对运费的承担能力也不容忽视。

2. 运输期限

运输期限必须与交货日期相联系。为能及时将货物送达客户指定的地点，承运人应保证运输期限。因此，必须严格掌握各种运输工具所需要的运输时间，以便根据运输时间来选择合适的运输工具。

单位运输时间的运输快慢顺序一般情况下依次为航空运输、公路运输、铁路运输、水路运输。各种运输工具可以按照自身的速度来安排行程，加上它的两端及中转的作业时间，就可以计算出总共所需要的运输时间。

3. 运输成本

运输成本因货物的种类、重量、体积、运距等的不同而不同。而且，随着运输工具的不同，运输成本也会发生变化。在考虑运输成本时，还必须注意运输费用与其他物流子系统之间存在着"效益背反"现象，故不能只考虑运输费用来决定运输方式，而要由全部的总成本来决定。

4. 运输距离

从运输距离看，选择运输方式可以依照以下原则：300千米以内，采用公路运输；300~500千米的区间，采用铁路运输；500千米以上，采用水路运输。实践表明，这样的选择是比较经济合理的。

5. 运输批量

运输和生产一样，在设计运作安排时规模经济必须被实现，费率的结构典型地体现出用折扣形式奖励那些大批量货主。选择合适的运输工具进行运输是降低成本的良策。一般而言，15吨以下的货物采用公路运输；15吨以上的货物采用铁路运输；数百吨的原材料之类的货物，应选择水路运输。

运输方式选定以后，如何进一步选择其相应的运输线路也是物流运输合理化的重要问题。运输线路的选择主要包括以下方面：发送者应如何分组来制定运输路线？何为最好的服务顾客的发送顺序？哪一条线路应分派给哪一种车辆？针对服务不同类型的客户，什么是最好的车辆类型？客户是如何限制发送时间的？

四、运输合理化的有效措施

（一）提高运输工具实载率

实载率有两个含义：一是指单车实际载重与运距之乘积和额定载重与行驶里程之乘积的比率，这在安排单车、单船运输时，是作为判断合理与否的重要指标；二是指车船的统计指标，即一定时期内车船实际完成的货物周转量（以吨千米计）占车船载重吨位与行驶里程数之乘积的百分比。在计算时，车船行驶的里程数不但包括载重行程，也包括空驶行程。

提高实载率的意义在于：充分利用载重工具的额定载重能力，减少车船空驶和不满载行驶的时间，减少浪费，从而求得运输的合理化。

（二）减少劳动力投入、增加运输能力

这种合理化的要点是少投入、多产出，走高效益之路。运输的投入主要是能耗和基础设施的建设，在设施建设已定型和完成的情况下，尽量减少能源投入，这是少投入的核心。做到了这一点就能大大节约运费，降低单位货物的运输成本，达到合理化的目的。国内外在这方面的有效措施有："满载超轴"、水运拖排、拖带法、顶推法及汽车挂车。

（三）发展社会化的运输体系

运输社会化的含义是发展运输的大生产优势，实行专业分工，打破一家一户自成运输体系的状况。目前，铁路运输的社会化运输体系已较完善，而在公路运输中，小生产作业方式非常普遍，是发展社会化运输体系的重点。

社会化运输体系中，各种联运体系是通过水平较高的方式。联运方式充分利用面向社会的各种运输系统，通过协议进行一票到底的运输，有效地打破了一家一户的小生产，受到了普遍欢迎。

（四）开展中短距离铁路公路分流、"以公代铁"的运输

这一措施的要点是在公路运输经济里程范围内利用公路，或者经过论证，超出通常平均经济里程范围，也尽量利用公路。这种运输合理化的表现主要有两点：一是对于比较紧张的铁路运输，用公路分流后，可以得到一定程度的缓解，从而加大这一区段的运输通过能力；二是充分利用公路从门到门和在中途运输中速度快且灵活机动的优势，以实现铁路运输服务难以达到的水平。

我国"以公代铁"目前在杂货、日用百货及煤炭运输中较为普遍，一般在200千米以内，有时可达700~1000千米。山西的煤炭外运经认真的技术经济论证，用公路代替铁路运至河北、天津、北京等地是合理的。

（五）尽量发展直达运输

直达运输是追求运输合理化的重要形式，其要点是通过减少中转过载换装，从而提高运输速度，节省装卸费用，降低中转货损。直达的优势，尤其是在一次运输批量和用户一次需求量达到了一整车时表现最为突出。此外，在生产资料、生活资料运输中，通过直达

可以建立稳定的产销关系和运输系统，也有利于提高运输的计划水平。考虑用最有效的技术来实现这种稳定运输，能够大大提高运输效率。

（六）配载运输

配载运输是充分利用运输工具载重量和容积，合理安排装载的货物及载运方法以追求合理化的一种运输方式。配载运输也是提高运输工具实载率的一种有效形式。

配载运输往往是轻重商品的混合配载，在以重质货物运输为主的情况下，同时搭载一些轻泡货物，例如，海运矿石、黄沙等重质货物，在舱面捎运木材、毛竹等；铁路运输矿石、钢材等重物，在上面搭运轻泡农副产品等。在基本不增加运力投入、不减少重质货物运输的情况下，解决了轻泡货物运输的搭运问题，因而效果显著。

（七）"四就"直拨运输

"四就"直拨是减少中转运输环节，力求以最少的中转次数完成运输任务的一种形式。一般批量到站或到港的货物，首先要进入分配部门或批发部门的仓库，然后再按程序分拨或销售给用户。这样一来，往往会出现不合理运输。

"四就"直拨首先是由管理机构预先筹划，然后就厂、就站（码头）、就库、就车（船）将货物分送给用户，而无须再入库了。

（八）发展特殊运输技术和运输工具

依靠科技进步是运输合理化的重要途径。例如，专用散装车及罐车，解决了粉状、液状物运输损耗大、安全性差等问题；袋鼠式车皮、大型半挂车解决了大型设备整体运输问题；滚装船解决了车载货的运输问题；集装箱船比一般船能容纳更多的箱体；集装箱高速直达车船加快了运输速度问题等，都是通过运用先进的科学技术来实现合理化。

（九）通过流通加工使运输合理化

有不少产品，由于产品本身形态及特性问题，很难实现运输的合理化，如果进行适当的加工，就能够有效地解决运输中的问题。例如，将造纸材在产地预先加工成干纸浆，然后压缩体积运输，能解决造纸材运输不满载的问题；将轻泡产品预先捆紧，包装成规定尺寸，然后装车，就容易提高装载量；将产品及肉类预先冷冻，可以提高车辆装载率并降低运输损耗。

任务三　影响运输成本的因素

任务导入

东方药业有限公司是一个以市场为核心、现代医药科技为先导、金融支持为框架的新型公司，是西南地区经营药品品种较多较全的医药专业公司。公司成立以来，效益一直稳居云南同行业前列，属下有1个制药厂、9个医药经营分公司、30个医药零售连锁药店。它有庞大的销售网络，该网络以昆明为中心，辐射整个云南省乃至全国，包括医疗单位网络、商业调拨网络和零售连锁网络。公司制定了完成"销售4个亿，利润400万元"的任务目标。但面对目前市场竞争愈演愈烈，该公司要顺利完成预定目标又谈何容易呢？目前，东方药业虽已形成规模化的产品生产和网络化的市场销售，但其流通过程中物流管理严重滞后，造成运输成本居高不下，不能形成价格优势。这严重阻碍了物流服务的开拓与发展，成为公司业务发展的"瓶颈"。

根据以上材料请同学们思考：
（1）运输成本都有哪些部分组成？
（2）影响运输成本的因素有哪些？

知识链接

一、影响运输成本的因素

（一）距离

距离是影响运输成本的主要因素，因为它直接对劳动、燃料和维修保养等变动成本发生作用。图1-6显示了距离和成本的一般关系，并说明了以下两个重点：第一，成本曲线不是从原点开始的，因为它与距离无关，只与货物的提取和交付活动所产生的固定费用有关；第二，成本曲线的增长幅度是随距离的增长而减少的一个函数，这种特征被称作递减原则（Tapering Principle），即运输距离越长，城市间每千米单位费用越低。但市内配送是个例外，因市内配送通常会频繁地停车，所以要增加额外的装卸成本。

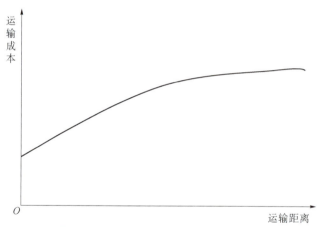

图1-6　运距与运输成本之间的一般关系

（二）装载量

装载量之所以会影响运输成本，是因为与其他许多物流活动一样存在着规模经济，每单位重量的运输成本随装载量的增加而减少，如图1-7所示。

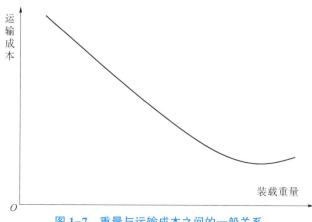

图1-7　重量与运输成本之间的一般关系

（三）产品密度

通常情况下，运输是按重量和体积收费的，产品密度是把重量和空间两方面因素结合起来考虑的。因此，产品密度低的货物可能装满了车辆，但实际装载吨位却达不到车辆的额定载重，车辆吨位利用率低；产品密度高的货物可能达到了车辆的额定载重，却不能装满车辆，车辆容积利用率低，如图 1-8 所示。

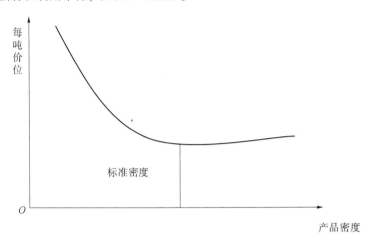

图 1-8　产品密度与运输成本之间的一般关系

（四）配积载能力

配积载能力这一因素是指产品的具体尺寸及其对运输工具（铁路车、拖车或集装箱）的空间利用程度的影响。一般来说标准矩形的产品要比形状古怪的产品更容易配积载，大批量的产品能够相互嵌套，要比小批量的产品容易配积载。

（五）装卸搬运

运输中货物的装卸搬运是难免的，装卸搬运成本与货物的种类、包装和运输方式有关，也影响到运输成本。

（六）责任

责任与货物的特征有关系，如货物的易损坏性、易腐蚀性、易被偷窃性、易自燃自爆性等，在运输过程中，极有可能发生因货物损坏或数量减少而导致货物索赔的事故。因此承运人必须通过向保险公司投保来预防可能的索赔，否则就有承担任何可能损坏的赔偿责任，这也会影响到运输成本。

（七）市场因素

市场因素，诸如运输市场供求的波动性、运输通道的流量和通道流量均衡等也会影响到运输成本。

二、运输成本

运输成本是指为货物在两个地理位置间的位移而支付的费用以及与行政管理和维持运输中的存货有关的费用。运输成本包含的成本内容很多，如人工成本、燃油成本、维护成本、端点成本、线路成本和管理成本等。

（一）成本结构

1. 固定成本

固定成本是不随车辆行驶里程和运输量变化而变化的成本，如管理费用、端点站、通道、信息系统和运输工具的使用等费用。在一定的行驶范围内，随着运输距离和运输量的增加，单位运输固定成本逐渐减少，这是运输规模经济的表现。

2. 可变成本

可变成本是随着车辆行驶里程和运输量变化而变化的成本，如人工费用、燃料费用和维修费用。人工费用在不同国家和地区差别很大，燃料费用受全球燃料市场价格的影响很大，运输企业往往无法控制。在一定的行驶范围内，变动成本随着运输距离和运输量的增加而增加，但单位运输变动成本基本保持不变。

3. 联合成本

联合成本是指提供某种特定的运输服务而产生的不可避免的费用。联合成本对运输收费有很大的影响，因为承运人索要的运价中介必须包含隐含的联合成本，它的确定是要考虑托运人有无适当的回程货，或者这种回程运输由托运人支付的运费来弥补。

4. 公共成本

公共成本是承运人代表所有的托运人或某个分市场的托运人支付的费用，如端点站和管理部门的费用，具有企业一般管理费的特征，通常是按照运输活动的距离和载运量等分摊给托运人。公共成本历来存在着合理与不合理的探讨。

（二）端点成本与线路成本

1. 端点成本

端点成本是指在运输过程的起点与终点产生的费用。包括固定成本和与运量有关的装卸、收货、存货和发货成本。

2. 线路成本

线路成本指在运输线路上产生的费用。通常包括工资、燃油、润滑油和运输工具的维护成本。线路成本的两个重要决定性因素是运距和运量。

（三）不同运输方式的成本特征

1. 铁路运输的成本特征

铁路运输的固定成本高，端点的可变成本也很高，线路成本相对较低，而且单位可变成本会随运量和运距的增加略有下降。

2. 公路运输的成本特征

公路运输的固定成本是所有运输方式中最低的，而卡车运输的可变成本很高，因为公路建设和公路维护成本都以燃油税、养路费、公路收费、吨千米税的方式征收。

3. 水路运输的成本特征

水路运输的固定成本主要投放在运输设备和端点设施上。水运中常见的高端点成本在很大程度上被很低的线路费用抵消。

4. 航空运输的成本特征

昂贵的固定成本和可变成本合在一起使航空运输成为最昂贵的运输方式，短途运输尤其如此。

5. 管道运输的成本特征

管道公司（或拥有管道的石油公司）拥有运输管道、泵站和气泵设备。这些固定装备的成本加上其他成本使管道的固定成本与总成本的比例是所有运输方式中最高的。可变成本主要包括运送产品（通常为原油和成品油）的动力和与泵站经营相关的成本。

三、运输费率

运输费率是指在两地间运输某种具体产品时的每单位运输里程或每单位运输重量的运价。运输费率一般由承运人制定并列于费率本中。

运输费率的基本形式如下：

1. 基于重量的费率

这种费率随运输货物的重量变化，而不是随距离变化。

2. 基于距离的费率

这种费率随运输距离和重量的变化而变化，对已给定的重量以线性或非线性形式变化，如整车运输费率。

3. 和需求相关的费率

这种费率既不取决于重量，也不取决于距离，只和外部市场需求有关。

4. 契约费率

这种费率是在货主和承运商之间进行协商的费率。

5. 等级费率

这种费率是根据运输距离、商品类型来确定的。

6. 其他特殊费率

特殊费率是指在一定时期内，对某些特殊地区或商品实行的费率，它可能比正常费率高或低。

四、运输定价

（一）计算行程费用

在运输定价中计算行程费用非常关键，行程费用一般由三种费用组成，每种都有不同的特征，第一种是基于载重量的费用，第二种是时间费用，第三种是距离费用。

行程费用=每次装载费用+每小时功能费用×运行时间 +每千米功能费用×千米数

每次装载费用使用历史费用数据和载货数据进行估计，每小时的功能费用是用驾驶员工资、利息、折旧及租金、设施费用之和除以人员、设备花费的总时间计算，每千米功能费用是用燃油费用、设备维修费用之和除以载货和空载运输的总里程计算。

（二）特殊费用

1. 行程空载费用

行程空载费用的分配及体积或密度系数的调整是特殊运输费用问题中的两个重要方面。空载费用的分配可按下述三种方法折算。

（1）把后面的空载距离加到本次载货运输距离上。

（2）把前面的空载距离加到本次载货运输距离上。

（3）前后两次空载距离的50%分别加到本次载货运输距离上。

2. 混合发载费用

对于车辆的混合发载（如货物的一部分是重货，另一些是泡货）问题，要对不同的货物进行不同的费用分配。可以按照下面的步骤安排这种情况。

（1）首先计算标准密度（车的容积除以载货汽车有效载重量。）

（2）再将产品体积通过标准密度转化为重量。

（3）最后用标准密度下的重量和实际重量相比较，选其中最大的作为收费依据。

（三）运输定价

运输定价是对为客户提供的运输服务的定价，可以应用以下三种定价方法：

1. 基于成本的运输定价

基于成本的运输定价方法，又包含了下面三种方式：

（1）向客户收取发生运输服务的实际成本费用。这种情况大都发生在使用公司内部自己的运输部门提供运输服务时。客户支付运输的实际费用，往往造成运输部门把无效的运营费用和不合理的运输费用也全部转嫁给了客户。

（2）按标准费用收取。在这种情况下，无效的运营费用不会转嫁给客户。

（3）收取边际费用。在这种情况下，固定费用作为日常开支不考虑，只收取变动费用。当运能很大时，这种方法比较有效。

2. 基于市场的运输定价

基于市场的运输定价一般可用以下两种方式执行：

（1）按市场上相竞争的承运人相似服务的费用收取，市场价格可能比实际价格高，也可能比实际价格低，如市场中过剩的运输能力可能会降低运输价格，这就需要经常进行检测。

（2）按调整后的市场价格（市场价格−费用节约）进行收费，如果运输组织效率高，调整后的市场价格就会低，反之就高。

3. 二者相结合的运输定价

这种定价方式包括以下两种执行方法：

（1）在运输组织和客户之间先签署一个协议价格，为了使协议更有效，必须有一个可以比较的市场价格，客户也有选择其他承运人的灵活性。

（2）根据运输组织的目标定价，在这种方法中价格等于实际或标准费用加上部门的目标利润。

 项目小结 ▶▶ ▶

运输业是国民经济运行与发展的基础和保证，运输市场发挥了信息传递功能、资源优化配置功能、结构调整功能和促进技术进步的功能。本项目是货物运输操作的认知，通过学习，学生对运输市场和运输企业、物流运输方式和物流运输业务运作流程、各种运输方式的技术经济特点和影响运输方式选择的因素、物流运输合理化、影响运输成本的因素等知识有了一个感性的认识，为后续货物运输操作的应用和拓展项目打下基础。

思政园地

70年交通巨变把提升人民幸福感、获得感放在首位

经济要发展，交通须先行；民生得改善，交通来开路。

雨后清晨，远山青翠。泰山脚下的泰安市里峪村君子居民宿又迎来游客爆满的场面。"现在北京到泰安只要两个小时，过去不敢想！三分之一的客人是坐京沪高铁过来的。村里不少老宅子都被开发成民宿，乡村游火了！"君子居民宿老板岳建说。泰安只是京沪高铁上的一站，却浓缩了京沪铁路的变化。

张金山是某物流公司的一位货运车司机，常年跑广州到北京这条线。"早些年我刚到咱物流公司开车时，广州到北京这条线只有京港澳高速，那时候京港澳高速经常堵车，后来咱国家又修通了靠东边点儿的大广高速，分流了很多车。2020年1月开始，全国高速公路取消了省界收费站，过去经常堵在省界收费站好几个小时的情况没有了，高速路走起来更顺畅了，现在基本都能按公司要求的时间准时送到，公司满意了，客户也就满意了。"

"要致富，先修路！"公路一通，蔬菜瓜果放上了广大市民的餐桌，山乡美景迎来了络绎不绝的游客；铁路一通，数以亿吨的矿石煤炭、琳琅满目的货物商品在大江南北辗转腾挪、昼夜不停；航路一通，五湖四海的商贾宾朋纷纷云集华夏，志向远大的中国企业昂首走向全球……70年交通巨变，改写了神州大地的时空格局。方便、快捷、舒适、温暖的出行体验，让越来越多的中国人"说走就走"，惬意拥抱绚烂广阔的世界。

【思政点评】交通运输是国民经济中基础性、先导性和战略性产业，也是重要的民生服务业。交通的巨变极大增强了人民群众的获得感、幸福感和安全感。党的十九大明确指出，带领人民创造美好生活，是我们党始终不渝的奋斗目标。展望未来，只要坚定不移跟党走，全国上下一盘棋，我们还能办成更多大事，阔步迈向交通强国！

项目一　检测单

自我检测

检测题目：课后的同步测试题。

小组检测

检测题目：常见的运输不合理的现象及运输合理化的措施。

检测要求：以小组为单位，形成 PPT，课堂进行汇报。

检测标准：1. 团队合作（10 分）；2. 扣题情况（5 分）；3. 内容完整性（15 分）。

小组互评：_____

_____

_____

教师检测

检测标准：1. 团队合作（10 分）；2. 汇报有理有据（10 分）；3. 讲解清楚（10 分）。

教师点评：_____

_____

_____

检测评分

自我检测（40 分）	同步检测（40 分）		
小组检测（30 分）	团队合作（10 分）	紧扣题目（5 分）	内容完整（15 分）
教师检测（30 分）	标准 1：团队合作（10 分）		
	标准 2：解释有理有据（10 分）		
	标准 3：汇报思路清晰（10 分）		
满分（100 分）			

个人反思

同步测试

一、不定项选择题

1. 运输实现物流的 (   ) 价值。
   A. 时间   B. 经济   C. 空间   D. 可得性

2. (   ) 是将运输线路和运输工具合二为一的一种专门运输方式。
   A. 铁路运输   B. 公路运输   C. 航空运输   D. 管道运输

3. (   ) 运输可以及时地提供 "门到门" 的联合运输服务。
   A. 公路运输   B. 铁路运输   C. 水路运输   D. 航空运输

4. 固定成本占总成本的比例最高的运输方式是 (   )。
   A. 铁路运输   B. 管道运输   C. 水路运输   D. 航空运输

5. 运输费率一般由 (   ) 制定。
   A. 承运人   B. 运输管理部门   C. 托运人   D. 物价部门

二、简答题

1. 运输企业的组织结构类型有哪些？
2. 常见的运输方式有哪些？
3. 选择运输方式时要考虑哪些因素？
4. 实施运输合理化的措施有哪些？
5. 影响运输成本的因素有哪些？

三、案例分析

中华人民共和国成立 70 年来，中国基础产业和基础设施实现了重大飞跃，为经济社会持续发展提供了坚实保障，特别是交通运输发展成就斐然。中国已建成世界上最具现代化的铁路网和最发达的高铁网。截至 2021 年年底，全国铁路营业里程达到 15 万千米，其中高铁营业里程达到 4 万千米。铁路复线率为 59.5%，电化率为 73.3%，全国铁路路网密度 156.7 千米/万平方千米；公路总里程 528.07 万千米，比上年年末增加 8.26 万千米，其中高速公路里程 16.91 万千米，增加 0.81 万千米；内河航道通航里程 12.76 万千米，比上年年末减少 43 千米，港口万吨级及以上泊位 2 659 个；年末颁证民用航空运输机场 248 个，比上年年末增加 7 个，其中定期航班通航机场 248 个，定期航班通航城市（或地区）244 个。

中国交通运输网络的完善和服务水平的提高，推动了中国经济运行效率的提升，降低了物流成本，带动了汽车、船舶、冶金、物流、电商、旅游、房地产等相关产业的发展，创造了大量就业岗位。当前，中国正在向交通强国迈进，着力构建安全、便捷、高效、绿色、经济的现代化交通经济体系。

思考：

（1）运输在中国经济发展中的作用是什么？这些作用至今依然重要吗？

（2）谈谈你对运输发展趋势的看法。

综合实训

一、实训名称

认识货物运输。

二、实训目标

1. 通过实地调研和查找资料，加强对运输系统的认识，感受货物运输与经济发展的关系。

2. 掌握一些调研方法和途径，培养研究分析问题的能力。

三、实训内容

1. 认识各种运输工具。

2. 运输合理化的表现。

3. 运输合理化的要求。

四、实训步骤

1. 在某条运输线路（例如公路、铁路线路）上选择一个观测点，对一定时间内通过的货运车辆进行记录。

2. 可以按照车辆行驶方向、重空车、车型等分类记录统计。

3. 查阅与调研内容相关的资料。

4. 学生分组完成以上工作内容。

五、评价标准

1. 学生能够熟悉各种运输工具。

2. 能够进行相关资料的查询。

3. 学生能够对观察到的信息进行分析整理。

六、成果形式

1. 将调研获得的资料做成统计报告，提出结论、观点等。

2. 组织各组进行交流讨论。

3. 各组相互评议、打分，以小组为单位进行成绩评估。

项目二

公路运输业务

 学习目标

知识目标
1. 了解公路货物运输设施设备
2. 掌握整车、零担货物运输组织
3. 掌握特种货物运输组织
4. 掌握公路货物运输运费计算

能力目标
1. 能够组织整车货物运输
2. 能够组织零担货物运输
3. 能够计算公路货运运费

思政目标
1. 培养学生的爱国主义情操
2. 培养学生严谨的工作态度
3. 培养学生的节约意识

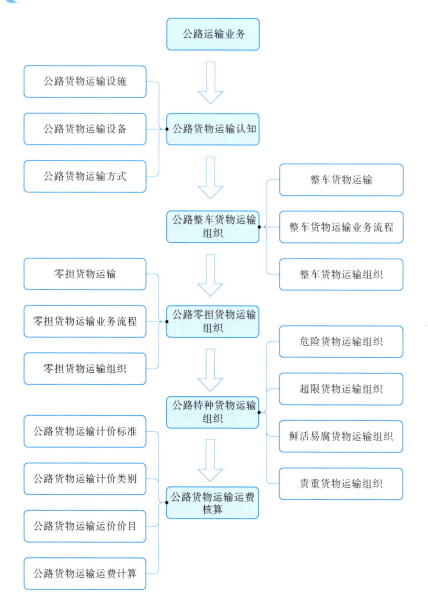

知识逻辑图

引 例

　　运输是衔接生产和消费的重要环节，其中最为常见的运输方式就是公路运输。随着中国经济的不断发展和人们对运输需求的激增，公路运输业得以快速发展。在物流的两大最基本职能之中，运输被誉为物流业的"血管"，是物流业的根本，是实现物质流通，创造物流时间价值、空间价值的基础，没有运输一切就无从谈起。

　　近年来，虽然公路运输的能力迅速增长，且行业的集约化程度有所提高，但是从总体上看，有效供给仍显不足。主要表现有：全国公路网络和运输站场的总体数量和结构，还不能满足运输发展的需要，特别是公路运输站场的发展仍然落后于公路建设；

公路运输的车辆、组织和经营结构仍欠合理；营运车辆空驶率高，能耗高，运输效率和服务水平低；城乡交通一体化的进程比较缓慢，城乡客运管理体制尚未理顺；公路运输的管理和经营水平、信息化建设仍然有待进一步提高和加强；市场主体依然处于多、小、散、弱状态，缺少处于主导地位的大而强的企业；大量超过公路、桥梁限载标准的运输车辆在公路上行驶，致使公路严重损坏，大大地缩短了其使用年限。

就公路运输的发展趋势而言，想要突破瓶颈，实现共赢的可持续发展，唯有向大型运输企业发展，提高集约化、规模化、网络化经营水平和市场集中度，逐步形成大型专业集团主导行业发展方向的市场格局，改变提供货物信息服务机构以小型化和独立化为主的行业现状。

任务一　公路货物运输认知

任务导入

公路货物运输的概念有广义和狭义之分。从广义来说，公路货物运输是指利用一定载运工具（汽车、拖拉机、畜力车、人力车等）沿公路实现货物空间位移的过程。从狭义来说，公路运输就是指汽车运输。公路货物运输是现代运输的主要方式之一，同时，也是构成陆上运输的两个基本运输方式之一。公路运输虽比水路运输、铁路运输的发展起步晚，但发展速度却异常迅速。我国 20 世纪 90 年代以来，公路运输已一举将铁老大拉下了马，其货运量已远远超过其他四种运输方式的总和，在整个运输领域中占有重要的地位，并发挥着越来越重要的作用。

请同学们查找资料完成以下任务：

（1）我国公路货物运输发展现状如何？

（2）公路货物运输的特点有哪些？

（3）公路货物运输在运输体系中的地位如何？

知识链接

一、公路货物运输设施

（一）公路

1. 按行政级别划分

（1）国道。国道是指具有全国性政治、经济意义的主要干线公路，包括重要的国际公路，国防公路，连接首都与各省省会、自治区首府、直辖市的公路，连接各大经济中心、港站枢纽、商品生产基地和战略要地的公路。

（2）省道。省道是指具有全省（自治区、直辖市）政治、经济意义，并由省（自治区、直辖市）公路主管部门负责修建、养护和管理的公路干线。

（3）县道。县道是指具有全县（县级市）政治、经济意义，连接县城和县内主要乡（镇）、主要商品生产和集散地的公路，以及不属于国道、省道的县际公路。

（4）乡道。乡道是指主要为乡（镇）村经济、文化、行政服务的公路，以及不属于县道以上公路的乡与乡之间及乡与外部联系公路。

看一看

高速公路编号及名称

(5) 专用公路。专用公路是指专供或主要供厂矿、林区、农场、油田、旅游区、军事要地等与外部联系的公路。

2. 按交通量划分

(1) 高速公路。具有特别重要的政治经济意义的公路，有四个或四个以上车道，并设有中央分隔带、全部立体交叉并具有完善的交通安全设施与管理设施、服务设施，全部控制出入，专供汽车高速行驶的专用公路。能适应年平均日交通量 25 000 辆以上。

(2) 一级公路。连接重要政治经济文化中心、部分立交的公路，一般能适应车辆日交通量为 1 000~25 000 辆。

(3) 二级公路。连接政治经济中心或大工矿区的干线公路或运输繁忙的城郊公路，能适应车辆日交通量为 2 000~10 000 辆。

(4) 三级公路。沟通县或县以上城市的支线公路，能适应车辆日交通量为 200~2 000 辆。

(5) 四级公路。沟通县或乡镇的支线公路，能适应车辆日交通量小于 200 辆。

（二）公路货运站

看一看

国家综合立体交通网规划纲要

货运站是专门办理货物运输业务的汽车站，一般设在公路货物集散点。货运站可分为集运站（或集送站）、分装站和中继站等几类。集运（送）站是集结货物或分送货物的场站；分货站是将货物按某种要求分开，并进行配装的场站；中继站是供长途货运驾驶员及随车人员中途休整的场所。

1. 货运站的任务与职能

货运站的主要工作是组织货源、受理托运、理货、编制货车运行作业计划，以及车辆的调度、检查、加油、维修等。汽车货运站的职能，包括下列几个方面：

(1) 调查并组织货源，签订有关运输合同。

(2) 组织日常的货运业务工作。

(3) 做好运行管理工作。运行管理的核心是做好货运车辆的管理，保证各线路车辆正常运行。

2. 汽车货运站的分类

货运站可分为整车货运站、零担货运站和集装箱货运站三类。

(1) 整车货运站。整车货运站主要经办大批货物运输，也有的站兼营小批货物运输。它是调度并组织货源，办理货运商务作业的场所。商务作业包括托运、承运、受理业务、结算运费等项工作。

(2) 零担货运站。零担货运站专门办理零担货物运输业务，是进行零担货物作业、中转换装、仓储保管的营业场所。货物一般由托运人自行运至货运站，也可以由车站人员上门办理托运手续。站务作业工作量大而复杂，内容及其程序是：受理托运、检货司磅、验收入库、开票收费、装车与卸车、货物交接、货物中转、到达与交付等。

(3) 集装箱货运站。集装箱货运站主要承担集装箱的中转运输任务，所以又称集装箱中转站。其主要业务是：集装箱"门到门"运输与中转运输；集装箱适箱货物的拆箱、装箱、仓储和接取送达；集装箱的装卸、堆放、检查、清洗、消毒和维修；车辆、设备的检查、清洗、维修和存放；为货主代办报关、报检等货运代理业务。

3. 汽车货运站的分级

(1) 零担站的站级划分。根据零担站年货物吞吐量，将零担站划分为一、二、三级。年货物吞吐量在 6 万吨及以上者为一级站；2 万吨及以上，但不足 6 万吨者为二级站；2 万吨以下者为三级站。

（2）集装箱货运站的站级划分。根据年运输量、地理位置和交通条件不同，集装箱货运站可分为四级。年运输量是指计划年度内通过货运站运输的集装箱量总称。一级站年运输量为 3 万标准箱以上；二级站年运输量为 1.6 万~3 万标准箱；三级站年运输量为 0.8 万~1.6 万标准箱；四级站年运输量为 0.4 万~0.8 万标准箱。

二、公路货物运输设备

（一）普通货车

普通货车又称为载货汽车、载重汽车或卡车。主要用来运送各种货物或牵引全挂车。货车常采用前置发动机，车身设置为独立驾驶室和货厢两部分。

1. 按载重量划分

（1）微型货车：最大总质量不超过 1.8 吨；

（2）轻型货车：最大总质量为 1.8~6.0 吨；

（3）中型货车：最大总质量为 6.0~14.0 吨；

（4）重型货车：最大总质量超过 14.0 吨以上。

2. 按结构形态划分

（1）厢式车。厢式车装备有全封闭的厢式车身，可使货物免受风吹、日晒、雨淋。将货物置于车厢内，能防止货物散失、丢失，安全性好，而且小型厢式载货汽车一般兼有滑动式侧门和后开车门，因此货物装卸作业非常方便。厢式货车如图 2-1 所示。

（2）拦板式货车。拦板式货车具有整车重心低、载重量适中的特点。适用于企事业单位、批发商店、百货商店载货用车，用于装卸百货和杂品，在装卸过程中，可以将栏板打开。拦板式货车如图 2-2 所示。

图 2-1　厢式货车　　　　　　图 2-2　拦板式货车

（二）特种货车

作为普通货车的变型，特种货车具有特殊货厢，并考虑了货物装载和运输上的专门需求。

1. 保温货车

保温货车是"专用货车"的一种，专为运送肉、鱼、鲜果和蔬菜等易腐货物时使用。此类货物在输送过程中，需要保持一定的温度、湿度和通风条件。保温货车如图 2-3 所示。

2. 罐式货车

罐式货车具有密封性强的特点。运送易挥发、易燃、危险品选用罐式货车。罐式货车如图 2-4 所示。

图 2-3   保温货车

图 2-4   罐式货车

(三) 自卸式货车

自卸式货车可以自动后翻或侧翻，使货物能够依靠本身的重力自行卸下，具有较大的动力和较强的通过能力。矿山和建筑工地一般采用自卸式货车。自卸式货车如图 2-5 所示。

(四) 牵引车与挂车

一般来说，牵引车与挂车配合使用。牵引车就是车头和车厢之间是用工具牵引的一般的大型货车或半挂车，也就是该牵引车可以脱离原来的挂车而牵引其他的挂车，而挂车也可以脱离原牵引车头被其他的车头牵引。在货

图 2-5   自卸式货车

物运输组织中，牵引车提供动力，将提供车厢的挂车固定于牵引车车身，然后进行货物的往返运输。其中，挂车可分为全挂与半挂。牵引车与挂车如图 2-6、图 2-7、图 2-8 所示。

图 2-6   牵引车

图 2-7   半挂车

图 2-8   全挂车

三、公路货物运输方式

（一）按货物运营方式划分

1. 整车运输

整车运输是指托运人一次托运货物的重量必须在 3 吨及以上的运输。

2. 零担运输

零担运输是指托运人一次托运货物的重量不足 3 吨的运输。零担运输一般要求定线路、定班期发运。

3. 联合运输

联合运输是指货物通过两种或两种以上运输方式，或需要同种运输方式中转两次以上的运输。联合运输实行一次托运、一次收费、一票到底、全程负责。联合运输的方式有公铁联运、公水联运、公航联运以及公公联运等。

4. 集装箱运输

集装箱运输是指将货物集中装入规格化、标准化的集装箱内进行运输，是一种先进的现代化运输方式。

（二）按货物类别划分

1. 普通货物运输

普通货物运输是指对普通货物的运输。普通货物是指在运输、保管及装卸作业中没有特殊要求、不必采用专用汽车运输的货物。

2. 特种货物运输

特种货物运输是指货物的本身性质、体积、质量和价值等方面具有特别之处，在运输、保管或装卸等环节上必须采取特别措施才能保证完好地输送货物。特种货物一般包括：危险货物、贵重货物、长大笨重货物、易腐货物、冷藏货物、鲜活货物等。

公路运输
普通货物
分类表

（三）按货物运送速度划分

1. 一般货物运输

一般货物运输主要是指在运送速度上没有特殊要求，只要满足常规的货物运送速度就可以达到托运人要求的一种运输方式。

2. 快件运输

根据《道路零担货物运输管理办法》的规定，快件货运是指从货物受理的当天 15 时算起，300 千米运距内 24 小时以内运达，1 000 千米运距内 48 小时以内运达，2 000 千米运距内 72 小时以内运达。一般是由专门从事该项业务的公司和运输公司、航空公司合作，派专人以最快的速度在发件人、货运中转站或机场、收件人之间递送急件。

公路运输
特种货物
分类表

3. 特快专运

特快专运指应托运人要求即托即运，在约定时间内运达。

任务二　公路整车货物运输组织

任务导入

华江运输公司是一家从事各类货物输运的专业物流运输公司，近期接到某生产企业的零配件运输业务。考虑到产品特性和数量，需要进行整车运输。作为公司的物流专员，在完成本次运输任务之前，需先厘清以下问题。

(1) 整车运输的条件包含哪些？

(2) 整车运输业务流程包含哪些？

(3) 整车货运如何组织？

知识链接

一、整车货物运输

托运人一次托运的货物在 3 吨及以上，或虽不足 3 吨，但其性质、体积、形状需要一辆 3 吨以上车辆进行公路运输的，称为整车货物运输。为明确运输责任，整车货物运输通常是一车一张货票、一个发货人。

二、整车货物运输业务流程

公路整车货物运输过程是从货物受理托运开始，到交付收货人为止的生产活动。公路整车货物运输作业的流程如图 2-9 所示。

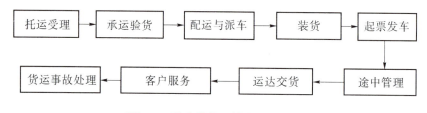

图 2-9　整车货物运输作业流程图

(一) 托运受理

整车货物运输托运受理注意事项

1. 操作内容

托运人填写托运单。

2. 操作要求

一张托运单托运的货物必须是同一托运人；对拼装分卸的货物应将每一拼装或分卸情况在托运单记事栏内注明。每一个卸货地点或每一个收货人只能开一张托运单，如表 2-1、表 2-2 所示。易腐、易碎、易溢漏的液体、危险货物与普通货物以及性质相抵触、运输条件不同的货物，不得用同一张托运单托运。一张托运单托运的件货，凡不是具备同品名、同规格、同包装条件的货物，应提交物品清单，如表 2-3 所示。托运人要求自理装卸车的，经承运人确认后，在托运单内注明。托运人委托承运人向收货人代递有关证明文件、化验报告或单据等，须在托运人记事栏内注明名称和份数。托运人对所填写的内容及所提供的有关证明文件的真实性负责，并签字盖章；托运人或承运人改动运单时，也须签字盖章说明。

表2-1　托运单1

×××汽车运输公司货物托运单

托运单位：_____　　　承运单位：_____

电　话：_____　　　电　话：_____

地　址：_____　　　地　址：_____

货物名称	包装式样	件数	每件体积/米³ 长×宽×高	重量/千克		托运总吨位	
				每件	最重件	实重吨	车辆吨

需要车辆数：_____

需要车种：_____

起运地：_____路_____号

到达地：_____路_____号

发货单位：_____

收货单位：_____

运到日期：_____年_____月_____日

委托注意事项：

1._____

2._____

3._____

4._____

5._____

6._____

运输距离：_____公里

运费人民币（大写）：_____

经济责任：不按运输托运单规定的时间和要求配货发车的，由承运单位酌情赔偿损失；运输过程中货物灭失、短少、损坏，按货物的实际损失赔偿。托运方未按托运单规定的时间和要求提供托运的货物，应偿付承运方实际损失的违约金。由于货物包装缺陷产生破损，造成人身伤亡，托运方应承担赔偿责任。

附：结算单据等

托运方：　　（盖章）

　　　　年　　月　　日

承运方：

　　　营业员（盖章）

　　　　年　　月　　日

表 2-2　托运单 2

×××汽车运输公司货物运单

托运人（单位）：_____　经办人：_____

电话：_____　地址：_____　运单编号：_____

发货人		地址		电话		装货地点				厂休日	
收货人		地址		电话		卸货地点				厂休日	
付款人		地址		电话		约定起运时间	月　日	约定到达时间	月　日	需要车种	
货物名称及规格	包装形式	件数	体积 长×宽×高/立方厘米	件重/千克	重量/吨	保险、保价价格	货物等级	计费项目		计费重量	单价
								运费			
								装卸费			
合计							计费里程				
托运人注意事项			付款人银行账号			承运人记载事项			承运人银行账号		
注意事项	1. 货物名称应填写具体品名，如货物品名过多不能在运单内逐一填写须另附物品清单。 2. 保险或保价货物，在相应价格栏中填写货物声明价格					托运人： （签章） 年　月　日			承运人： （签章） 年　月　日		

[说明]：

1. 填在一张货物运单内的货物必须是属同一托运人。对拼装分卸货物，应将每一拼装或分卸情况在运单记事栏内注明。易腐蚀、易碎货物，易溢漏的液体，危险货物与普通货物，以及性质相抵触、运输条件不同的货物，不得用同一张托运单托运。托运人、承运人修改运单时，需签字盖章。

2. 本托运单一式两份：①受理存根；②托运回执。

表 2-3　物品清单表

物品清单

起运地点：_____　起运日期：　年　月　日　运单号：_____

编号	货物名称及规格	包装形式	件数	长×宽×高/m³	重量/kg	保险或保价金额	备注

托运人签章：_____　承运人签章：_____　日期：　年　月　日

（二）承运验货

1. 操作内容

托运单审核员对托运单内容进行审核和认定；库管验货员验收货物。

2. 操作要求

（1）托运单审核和认定。托运单的审核主要依据托运单填写的要求进行。具体包括：审核货物的详细情况（名称、件数、重量、体积、有关运输要求）；检查有关运输凭证；审核货物有无特殊要求，如运输期限、押运人数、托运方协定的相关事项。

（2）验收货物。库管验货员验货主要依据托运单中填写的货物情况和运输要求进行。具体包括：托运单上的货物与实际货物的名称、件数、重量、体积是否属实、是否处于待运状态；装运的货物数量、发运日期有无变更；货物的包装是否符合运输要求；装货场地的机械设备是否完好、道路通行条件是否良好。

（三）配运与派车

1. 操作内容

调度员根据运输任务编制车辆运行作业计划和发布调度命令。

2. 操作要求

根据货物运输数量、时间要求，调度室的调度人员编制货物分日运输计划表，再根据出车能力计划表，最后编制出车辆运行作业计划表，下达车队执行。值班调度员进行具体派车，填发派车单（如表2-4所示），交驾驶员装货。同时，在托运单上做出已派车记录。

派车时应坚持三不派：未经检验合格的车辆不派；装载粮食，车辆上次装运毒品、污染品，未经清洗消毒者不派；挤装挤卸的地点，改善前不派。

表2-4　物流公司派车单

×××物流公司派车单

单号：＿＿＿＿＿＿＿＿

车号	吨位	驾驶员	发车时间	任务	调度员	驾驶员签字

（四）装货

1. 操作内容

装货员负责装货物，装货班长填写装车记录。

2. 操作要求

货物装车作业前，装货员应对车辆进行必要的安全检查。装货员应向货主了解货物品名、性质、作业安全事项并准备好消防器材和安全防护用品。装货员作业时要轻拿轻放，大不压小，重不压轻，堆码整齐稳固，防止倒塌，严禁倒放。

（五）起票发车

1. 操作内容

开单录单员制作托运单并录入计算机；定价员计算运杂费；收款员填制货票与收费；调度员填写行车路单。

2. 操作要求

（1）开单录单员制作运单并录入计算机；定价员计算运杂费；收款员填制货票（如表2-5所示）与收费。车辆装货后，开单录单员把货物托运单及发货单位的发货清单或磅码单录入计算机，定价员根据货物性质、包装条件、数量、体积、运距、运输线路等情况确定收取运费金额。收款员根据定价员确定的运费金额填制货票和收费。货票是一种财务性质的票据，也是货物运输企业向托运人核收运费的收据和结算运费、缴纳税款的依据。货票必须顺号使用，不许跳号、漏号，票面各栏要填写齐全，不能任意简略。金额不得涂改，涂改应作废无效。其他涂改，应在涂改处加盖填票人业务章，以明责任。

（2）调度员填写行车路单（如表 2-6 所示）。行车路单是整车货物运输条件下车辆从事运输生产的凭证。它是企业调度机构代表企业签发给汽车驾驶员进行生产的指令。另外，行车路单还可作为公路货运企业之间结算费用、免费服务的凭证。同时，行车路单还是统计运输工作量的原始凭据。

表 2-5　运输货票

×××省汽车运输货票

甲 No：<u>000001</u>

托运人：_____			车属单位：_____					牌照号：_____		
装货地点				发货人			地址		电话	
卸货地点				收货人			地址		电话	
运单或货签号码		计费里程		付款人			地址		电话	
货物名称	包装形式	件数	实际重量（吨）	计费运输量		吨公里运价			运费金额	其他收费		运费小计
				吨	吨公里	货物等级	道路等级	运价率		计费项目	金额	
										装卸费		
运杂费合计金额（大写）				￥								
备注				收货人签收盖章								

开票单位（盖章）：　　　　　　　开票人：　　　　　　　　承运驾驶员：

年　　月　　日　　　　　　年　　月　　日　　　　　　年　　月　　日

［说明］：

1. 本货票适用于所有从事营业性运输的单位和个人的货物运输费结算；

2. 本货票共分四联：第一联黑色存根；第二联红色运费收据；第三联浅蓝色报单；第四联绿色收货回单，经收货人盖章后送车队统计；

3. 票面尺寸为 220 mm×130 mm；

4. 货票第四联右下端设"收货人签收盖章"栏，在其他联中不设。

表2-6　行车路单

×××物流公司行车路单

N0:

车属单位：_____	车号：_____		吨位：_____		驾驶员_____		
起点	发车时间	止点	到达时间	货物名称	件数	运量/t	行驶里程/km
备注							
路单有效日期			年　月　日至　年　月　日				
签发单位（章）：		签发人：		回收人：			

备注：1. 本单一次有效；2. 本联随车携带，使用后按期交回签发单位。

（六）途中管理

1. 操作内容

驾驶员对途中货物的运送与管理。

2. 操作要求

出车前，驾驶员应检验车辆技术状况，检查货物装载情况，与装车员办理交接手续，从调度员处领取行车路单，确保无误后发车。发车后，安全驾驶车辆。做好途中行车检查，防止车门松动致使货物漏散、绳索松动致使货物丢失、油布松动产生漏水等事故。途中要注意防火、防盗。如发现问题，驾驶员应立即处理，处理不了的应立即联系货物运输企业和托运人，协商处理。

（七）运达交货

1. 操作内容

装卸员卸货；驾驶员与收货员交接货物，填写交接记录；收货人收货。

2. 操作要求

整车货物运抵目的地，收货人应积极组织卸货员进行卸车。货物卸车作业前，卸货员应向驾驶员了解货物品名、性质、作业安全事项并准备好消防器材和安全防护用品。卸货员作业时，驾驶员、收货人要在旁边点件交接。

（八）客户服务

1. 操作内容

客户服务人员进行在途车辆跟踪，重点客户跟踪，邮件反馈，与客户结返款、结算运费、外车结运费、货物查询等。

2. 操作要求

（1）在途车辆跟踪：根据相对应的车号，以电话方式或GPS进行跟踪，咨询该车的在途位置、在途路况等，并且做好相关笔记。对每一部车都必须跟踪到卸完货为止才算跟踪完成。客户服务人员下班之前对当天到达终点的车辆电话询问卸货情况，并做好相关笔记。如果有异常，则必须登记到差错统计表上，并且后续还要继续跟踪，直到处理完毕为止。

（2）邮件反馈：客户经常会发邮件询问发货情况、到货情况或咨询企业其他情况。客户服务人员必须把发货情况通过邮件及时告知客户，并且每天必须更新在途车辆情况，信息必须如实反馈。

（3）与客户结返款、结算运费以及代收货款：付款方式是提付的，大部分都有返款和结算运费。返款和结算运费，就是待收货人付完运费提完货后，发货单位取返款或付运费。许多货物运输企业给发货单位返款时间都设定为发完货后半个月以后，一般金额较大的需要提前通知，让财务有个准备。发货单位人员拿着托运单返款联过来取款，客户服务人员要把对应的单号录入计算机，查看回单是否收到或者系统已有签收人。

（4）货物查询：客户来电查询货物，先询问发货时间，把对应的托运单号录入计算机，再核对发货日期，然后核对车牌号，并核对自己当天跟踪车辆的笔记本，可以告知客户该票货物的在途位置，预计到货时间。

（九）货物事故处理

1. 操作内容

客户服务人员处理商务事故等。

2. 操作要求

客服人员在平时接电话中，要把涉及破损、赔款的情况统计到商务事故表中，并且要进一步跟踪。如果现场司机打电话反馈某单据客户要求赔款的，尽量现场沟通解决，现场赔付的应让客户提供赔款证明，并尽量盖上公章。如遇到赔付，到达站不报案的，起始站要写商务事故报公司品质部。根据上报的情况定时跟踪一下，查看品质部什么时候能定责或者还缺什么凭据；如果凭据不够，则要以最快的速度安排客户提供并寄回品质部。

三、整车货物运输组织

（一）站务工作组织

看一看

整车货物
运输组织

1. 发送站务工作

货物在始发站的各项货运作业统称为发送站务工作。

（1）受理托运。受理货物托运必须做好货物包装，确定重量和办理单据等作业。

（2）组织装车。货物装车前必须对车辆进行技术检查和货运检查，以确保其运输安全和货物完好。装车时要注意货物的码放，努力改进装载技术，在严格执行货物装载规定的前提下，充分利用车辆的车载重量和容量。驾驶员要负责点件交接，填写物品清单，保证货物完好无损和计量准确。货物装车完了后，应严格检查货物的装载情况是否符合规定的技术条件。

（3）核算制票。发货人办理货物托运时，应按规定向车站缴纳运杂费，并领取承运凭证——货票。货票是一种财务性质的票据，是根据货物托运填记的。在发站它是向发货人核收运费的收费依据，在到站它是与收货人办理货物交付的凭证之一。始发站在货物托运单和货票上加盖承运日期之时起即算承运，承运标志着企业对发货人托运的货物开始承担运送义务和责任。

2. 途中站务工作

（1）途中货物交接。为了保证货物运输的安全与完好，便于划清企业内部的运输责任，货物在运输途中如发生装卸、换装、保管等作业，驾驶员之间、驾驶员与站务人员之间，应认真办理交接检查手续。一般情况下交接双方可按货车现状及货物装载状态进行交接，必要时可按货物件数和重量交接，如接收方发现异状，由交出方编制记录备案。

（2）途中货物整理或换装。货物在运输途中如发现有装载偏重、超重，货物撒漏，车辆技术状况不良而影响运输安全，货物装载状态有异状，加固材料折断或损坏，货车篷布遮盖不严或捆绑不牢等情况出现，且有可能危及行车安全和货物完好时，应采取及时措施，对货物加以及时整理或换装，必要时调整车辆，同时登记备案。

3. 到达站务工作

货物在到达站发生的各项货运作业统称为到达站站务工作。到达站务工作主要包括货运票据的交接，货物卸车、保管和交付等内容。车辆装运货物抵达卸车地点后，收货人或车站货运员应组织卸车。卸车时，对卸下货物的品名、件数、包装和货物状态等应作必要的检查。整车货物一般直接卸在收货人仓库或货场内，并由收货人自理。收货人确认卸下货物无误并在货票上签收后，货物交付即完毕。在到达地向收货人办完交付手续后，才意味着完成该批货物的全部运输过程。

看一看

装卸作业
方法

（二）货物装卸组织

装卸作业组织工作应尽量通过运用现代装卸技术方法，提高实际作业质量和效率。组织工作水平高低，直接关系到装卸工作质量、装卸工作效率，对提高车辆生产率、加速车辆周转、确保物流效率都有十分重要的作用。

任务三 公路零担货物运输组织

任务导入

快达速递经营以快递业务为主业，同时还包括供应链、国际、冷链等丰富的周边产品线，持续打造综合快递物流服务提供商，服务网络覆盖全国各省市区，通达全球30余个国家和地区，为国内外客户提供优质的生活方式体验。假设你是刚毕业的大学生，进入公司后在零担运输业务部轮岗，在完成零担货运业务之前，先厘清以下问题。

（1）零担运输的条件包含哪些？
（2）零担运输业务流程包含哪些？
（3）零担运输相关单证有哪些？

知识链接

一、零担货物运输

汽车零担货物运输，是指汽车运输企业承办的一次托运的货物不足规定整车重量限额货物的运输。各国对上述重量限额，根据不同时期的具体情况有不同的规定。我国汽车运输管理部门制定的《公路汽车货物运输规则》规定：托运人一次托运的货物，其重量不足 3 吨者为零担货物。按件托运的零担货物，单件体积一般不得小于 0.01 立方米（单件重量超过 10 千克的除外），不得大于 1.5 立方米；单件重量不得超过 200 千克；货物长度、宽度、高度分别不得超过 3.5 米、1.5 米和 1.3 米。

二、零担货物运输业务流程

零担货物运输业务是根据零担货运工作的特点，按流水作业形式构成的一种作业程序，可用图 2-10 简单表示。

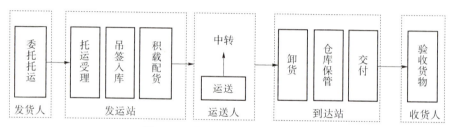

图 2-10　零担货物运输业务流程

（一）托运受理

托运受理是指零担货物承运人根据经营范围内的线路、站点、运距、中转站及各车站的装卸能力、货物的性质及受运输限制等业务规则和有关规定接受托运零担货物、办理托运手续。

看一看

零担货物运输托运受理方法

（二）过磅起票

零担货物受理人员在接到托运后，应及时验货过磅，认真点件交接，做好记录。按托运单编号填写货物标签，填写零担货物运输货票，收取运杂费。表 2-7 所示为汽车行李、包裹、零担标签。

表 2-7　汽车行李、包裹、零担标签

车 次	
起 点	
到 站	
总件数	

（三）仓库保管

零担货物进出站发仓要照单入库或出库，做到以票对票、票票不漏、货票相符。零担货物仓库应严格划分货位，一般可为待运货位、急运货位、到达待交货位。零担货物仓库要具有良好的通风能力、防潮能力、防火和灯光设备、安全保卫能力。

（四）配载装车

看一看

汽车零担货物运输管理办法

1. 零担货物的配载原则

（1）中转先运、急件先运、先托先运、合同先运；

（2）尽量采用直达方式，必须中转的货物，则应合理安排流向；

（3）充分利用车辆载货量和容积；

（4）严格执行混装限制规定；

（5）加强对中途各站待运量的掌控，尽量使同站装卸的货物在重量和体积上相适应。

2. 装车准备工作

（1）按车辆容积、载重和货物的形状、性质进行合理配载，填制配装单和货物交接清单。填单时应按货物先远后近、先重后轻、先大后小、先方后圆的顺序进行，以便按单顺次装车，对不同到达站和中转的货物要分单填制。表 2-8 所示为公路汽车零担货物交接及运费结算清单。

（2）将整理后的各种随货单证分别附于交接清单后面。

（3）按单核对货物堆放位置，做好装车标记。

表 2-8　公路汽车零担货物交接及运费结算清单

车属单位：＿＿＿＿＿＿＿＿　　编号：＿＿＿＿＿＿　字第＿＿＿＿号

车　　号：＿＿＿＿＿＿＿＿

吨　　位：＿＿＿＿＿＿＿＿　　　　＿＿年＿＿月＿＿日

原票记录			中转记录		票号	收货单位或收货人	品名	包装	承运路段				备注
原票起站	到达站	里程	中转站	到达站					件数	里程	计费重量	运费	
合　计													

附件	零担货		发票	证明	

上述货物已于　　月　　日经点件验收所属附件收讫无误

中转站：　　　　　　　到达站：（盖章）　　月　　日

填发站：　　　　填单人：　　　驾驶员：（盖章）

3. 装车

（1）按交接清单的顺序和要求点件装车；

（2）将贵重物品放在防压、防撞的位置，保证运输安全；

（3）驾驶员（或随车理货员）清点随车单证并签章确认；

（4）检查车辆、关锁及遮盖捆扎情况。

（五）车辆运行

零担货运班车必须严格按期发车，按规定线路行驶，在中转站要由值班人员在路单上签证。有车辆跟踪系统的要按规定执行，使基站能随时掌控车辆在途情况。

看一看

中转作业方法

（六）货物中转

对于需要中转的货物需以中转零担班车或沿途零担班车的形式运到规定的中转站进行中转。中转作业主要是将来自各个方向的仍需继续运输的零担货物卸车后重新集结待运，继续运至终点站。

三、零担货物运输组织

（一）固定式

固定式也称汽车零担货运班车，即所谓的"四定运输"，是指车辆运行采取定线路、定班期、定车辆、定时间的一种组织形式。

1. 直达式

直达式指在起运站，将各发货人托运到同一到达站，而且性质适合配装的零担货物，同一车装运直接送至到达站，途中不发生装卸作业的一种组织形式，如图 2-11 所示。

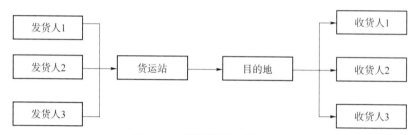

图 2-11　直达式零担货物运输

直达式零担货运的货物在中途无须倒装，因此具有较好的经济性。

（1）节约了中转装卸作业设备及劳动，节省了中转费用，有利于减少货损货差；

（2）有利于提高运送速度，减少货物的在途时间；

（3）有等于降低运输成本和提高运输服务质量。

2. 中转式

中转式是指在起运站将各托运人发往同一去向，不同到达站，而且性质适合于配装的零担货物，同车装货运到规定的中转站中，卸货后另行配装，重新组成新的零担班车运往各到达站的一种组织形式，如图 2-12 所示。

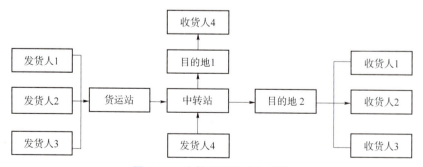

图 2-12　中转式零担货物运输

中转式和直达式是互为补充的两种不同的组织形式。直达式效果较好，但它受到货源数量、货流及行政区域的限制，而中转式可使那些运量较小、流向分散的货物通过中转及时运送，所以它是一种不可缺少的组织形式，但中转式耗费的人力、物力较多，作业环节也比较复杂。

3. 沿途式

沿途式是指在起运站将各个托运人发往同一线路，不同到站，且性质适宜配装的各种零担货物，同车装运，按计划在沿途站点卸下或装上零担货再继续前进，运往各到达站的一种组织形式，如图 2-13 所示。这种形式组织工作较为复杂，车辆在途中运行时间也较长，但它能更好地满足沿途各站点的需要，充分利用车辆的载重和容积，是一种不可缺少的组织形式。

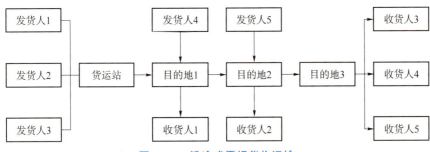

图 2-13　沿途式零担货物运输

（二）非固定式

非固定式是指按照零担货流的具体情况，根据实际需要，随时开行零担货车的一种组织形式。这种组织形式由于缺少计划性，必将给运输部门和客户带来一定不便，因此只适宜于在季节性或在新辟零担运线路上作为一项临时性的措施。

任务四　公路特种货物运输组织

任务导入

某特货物流股份有限公司经营范围包括道路货物运输；无船承运；销售食品；人力资源服务；特种货物的铁路运输及货物的装卸、仓储、配送、流通加工、包装、信息服务；铁路运输设备、设施、配件的制造、安装、维修；铁路特种货物专用车及相关设备的租赁；铁路特种货物专用车装卸、加固用具的生产、销售、租赁；普通货物的运输及代理。在开展特种货运输业务之前，你必须了解相关专业知识。

（1）哪类货物运输属于特种货物？

（2）特种货物运输业务流程包含哪些？

（3）特种货物运输要注意哪些？

知识链接

一、危险货物运输组织

（一）危险货物概念

凡具有爆炸、易燃、毒害、腐蚀、放射性等性质，在运输、装卸和储存保管过程中容易造成人身伤亡和财产损毁而需要特别防护的货物，均属危险货物。我国交通部《汽车危险货物运输规则》按危险货物的危险程度将其分为两个级别，即一级危险货物和二级危险货物。

（二）危险货物的包装

危险货物运输包装不仅为保证产品质量不发生变化、数量完整，而且是防止运输过程中发生燃烧、爆炸、腐蚀、毒害、放射性污染等事故的重要条件之一，是安全运输的基础。对道路危险货物的包装有下列基本要求：

（1）包装的材质应与所装危险货物的性质适应，即包装及容器与所装危险货物直接接触部分，不应受其化学反应的影响。

（2）包装及容器应具有一定的强度，能经受运输过程中正常的冲击、震动、挤压和摩擦。

（3）包装的封口必须严密、牢靠，并与所装危险货物的性质相适应。

（4）内、外包装之间应加适当的衬垫，以防止运输过程中内、外包装之间，包装和包装之间以及包装与车辆、装卸机具之间，发生冲撞、摩擦、震动而使内容器破损。同时又能防止液体货挥发和渗漏，并当其渗漏时，可起吸附作用。

（5）包装应能经受一定范围内温、湿度的变化，以适应各地气温、相对湿度的差异。

（6）包装的质量、规格和形式应适应运输、装卸和搬运条件，如包装的质量和体积不能过大；形式结构便于各种装卸方式作业；外形尺寸应与有关运输工具包括托盘、集装箱的容积、载重量相匹配等。

（7）应有规定的包装标记和储运指示标记，以利于运输、装卸、搬运等安全作业。

（三）危险货物包装标记

一般货物运输包装标记分为识别标记和储运指示标记。危险货物运输包装除前述两种标记外还须有危险性标记，以明确显著地识别危险货物的性质。这种标记以危险货物的分类为基础，针对不同类别、项别的危险货物，相应设计标记图案、颜色和形状等，使危险货物及其特性的识别一目了然，并为装卸搬运、贮存提供指南。

（四）危险货物的运输

1. 托运

托运人必须向已取得道路危险货物运输经营资格的运输单位办理托运。托运单上要填写危险货物品名、规格、件重、件数、包装方法、起运日期、收发货人详细地址及运输过程中注意事项；对与货物性质或灭火方法相抵触的危险货物，必须分别托运；对有特殊要求或凭证运输的危险货物，必须附有相关单证并在托运单备注栏内注明；危险货物托运单必须是红色的或带有红色标志，以引起注意；托运未列入《汽车运输危险货物品名表》的危险货物新品种必须提交《危险货物鉴定表》。凡未按以上规定办理危险货物运输托运，由此发生运输事故，由托运人承担全部责任。

2. 承运

从事营业性道路危险货物运输的单位，必须具有 10 辆以上专用车辆的经营规模，5 年以上从事运输经营的管理经验，配有相应的专业技术管理人员，并已建立健全安全操作规程、岗位责任制、车辆设备保养维修和安全质量教育等规章制度。承运人受理托运时应根据托运人填写的托运单和提供的有关资料，予以查对核实，必要时应组织承托双方到货物现场和运输线路进行实地勘察。承运爆炸品、剧毒品、放射性物品及需控温的有机过氧化物、使用受压容器罐（槽）运输烈性危险品，以及危险货物月运量超过 100 吨，均应于起运前 10 天，向当地道路运政管理机关报送危险货物运输计划，包括货物品名、数量、运输线路、运输日期等。营业性危险货物运输必须使用交通部统一规定的运输单证和票据，并加盖危险货物运输专用章。

3. 运输和装卸

（1）车辆。车厢、底板必须平坦完好，周围栏板必须牢固。铁质底板装运易燃、易爆货物时应采取衬垫防护措施，如铺垫木板、胶合板、橡胶板等，但不得使用谷草、草片等松软易燃材料；机动车辆排气管必须装有有效的隔热和熄灭火星的装置，电路系统应有切断总电源和隔离电火花的装置；凡装运危险货物的车辆，必须按国家标准《道路运输危险货物车辆标志》悬挂规定的标志和标志灯（车前悬挂有危险字样的三角旗）。根据所装危险货物的性质，配备相应的消防器材和捆扎、防水、防散失等用具。

（2）装卸。装运危险货物应根据货物性质，采取相应的遮阳、控温、防爆、防火、防震、防水、防冻、防粉尘飞扬、防撒漏等措施。装运危险货物的车厢必须保持清洁干燥，车上残留物不得任意排弃，被危险货物污染过的车辆及工具必须洗刷消毒，未经彻底消毒，严禁装运食用、药用物品、饲料及活动物。危险货物装卸作业，必须严格遵守操作规程，轻装、轻卸，严禁摔碰、撞击、重压、倒置。使用的工具不得损伤货物，不准粘有与所装货物性质相抵触的污染物。货物必须堆放整齐、捆扎牢固、防止失落。操作过程中有关人员不得擅离岗位。危险货物装卸现场的道路、灯光、标志、消防设施等必须符合安全装卸的条件。灌（槽）车装卸地点的储槽口应标有明显的货物名牌，储槽注入、排放口的高度。容量和路面坡度应能适合运输车辆装卸的要求。

（3）运送。运输危险货物时必须严格遵守交通、消防、治安等法规。车辆运行应控制车速，保持与前车的距离，严禁违章超车，确保行车安全。对在夏季高温期间限运的危险货物，应按各地公安部门规定进行运输。装载危险货物的车辆不得在居民聚居点、行人稠密地段、政府机关、名胜古迹、风景游览区停车。如必须在上述地区进行装卸作业或临时停车，应采取安全措施并征得当地公安部门同意。运输爆炸品、放射性物品及有毒压缩气体、液化气体，禁止通过大中城市的市区。如必须进入上述地区应事先报经当地县、市公安部门批准，按照指定的路线、时间行驶。三轮机动车、全挂汽车列车、人力三轮车、自行车和摩托车不得装运爆炸品、一级氧化剂、有机过氧化物；拖拉机不得装运爆炸品、一级氧化剂、有机过氧化物、一级易燃物品；自卸汽车除二级固体危险货物外，不得装运其他危险货物。运输爆炸品和需要特殊防护的烈性危险货物，托运人须派熟悉货物性质的人员指导操作、交接和随车押运。危险货物如有丢失、被盗应立即报告当地交通运输主管部门并由交通运输主管部门会同公安部门查处。

（4）交接。货物运达后，要做到交付无误。货物交接双方，必须点收点交，签证手续完全。收货人在收货时如发现差错、破损应协助承运人采取有效的安全措施及时处理并在运输单证上批注清楚。

二、超限货物运输组织

（一）超限货物概念

凡整件货物，长度在 6 米以上，宽度超过 2.5 米，高度超过 2.7 米时，称为长大货物，如大型钢梁、起吊设备等。笨重货物：货物每件质量在 4 吨以上（不含 4 吨），称为笨重货物，如锅炉、大型变压器等。笨重货物以可分为均重货物与集重货物，均重货物是指货物的重量能均匀或近乎均匀地分布于装载底板上。而集重货物系指货物的重量集中于装载车辆底板的某一部分，装载集重货物，需要铺垫一些垫木，使重量能够比较均匀地分布于底板。

（二）大件货物运输的基本技术条件

（1）使用适宜的装卸机械，装车时应使货物的全部支承面均匀地、平稳地放置在车辆底板上，以免损坏车辆。

（2）用相应的大型平板车等专用车辆，严格按有关规定装载。

（3）对于集重货物，为使其重量能均匀地分布在车辆底板上，必须将货物安置在纵横垫木上或相当于起垫木作用的设备上。

（4）货物重心应尽量置于车底板纵横中心交叉点的垂直线上。严格控制横移位和纵向移位。

（5）重车重心高度应控制在规定限制内，若重心偏高，除应认真进行加载加固以外，还应采取配重措施，以降低其重心高度。

（三）长大货物的运输

1. 托运

托运人在办理托运时，必须做到向已取得道路大件货物运输经营资格的运输业户或其代理人办理托运；必须在运单上如实填写大件货物的名称、规格、件数、件重、起运日期、收发货人加地址及运输过程中的注意事项。托运人还应向运输单位提交货物说明书；必要时应附有外形尺寸的三面视图（以"+"表示重心位置）和计划装载加固等具体意见及要求。凡未按上述规定办理托运或运单填写不明确，由此发生运输事故的由托运人承担全部责任。

2. 承运

（1）受理。承运人在受理托运时，必须做到根据托运人填写的运单和提供的有关资料，予以查对核实；承运大件货物的级别必须与批准经营的类别相符，不准受理经营类别范围以外的大件货物。

（2）装卸。大型物件运输的装卸作业应根据托运人的要求、货物的特点和装卸操作规程进行作业。货物的装卸应尽可能使用适宜的装卸机械。

（3）运送。按指定的路线和时间行驶，并在货物最长、最宽、最高部位悬挂明显的安全标志，日间挂红旗夜间挂红灯，以引起往来车辆的注意。特殊的货物，要有专门车辆在前引路，以便排除障碍。

三、鲜活易腐货物运输组织

（一）鲜活易腐货物

在运输过程中，需要采取一定措施防止货物死亡和腐坏变质，并须在规定运达期限内抵达目的地的货物。汽车运输的鲜活易腐货物主要有：鲜鱼虾、鲜肉、瓜果、牲畜、观赏野生动物、花木秧苗、蜜蜂，等等。

（二）鲜活易腐货物主要特点

（1）季节性强、货源波动性大，如水果、蔬菜、亚热带瓜果等。

（2）时效性强。鲜活货物极易变质，要求以最短的时间、最快的速度及时运到。

（3）运输过程需要特殊照顾，如牲畜、家禽、蜜蜂、花木秧苗等的运输，需配备专用车辆和设备，并有专人沿途进行饲养、浇水、降温、通风等。

（三）鲜活易腐货物的运输

（1）托运。托运鲜活货物前，应根据货物不同特性，做好相应的包装。托运时须向具备运输资格的承运方提出货物最长的运到期限，某一种货物运输的具体温度及特殊要求，提交卫生检疫等有关证明，并在托运单上注明。

（2）承运。承运鲜活易腐货物时，应对托运货物的质量、包装和温度进行认真的检要求质量新鲜，包装达到要求，温度符合规定。对已有腐烂变质象征的货物，应加以当处理，对不符合规定质量的货物不予承运。

（3）装车。鲜活货物装车前，必须认真检查车辆的状态，车辆及设备完好方能使用，厢如果不清洁应进行清洗和消毒，适当风干后，才能装车。装车时应根据不同货物的特，确定其装载方法。如冷冻货物需保持货物内部蓄积的冷量，可紧密堆码；水果、蔬菜需要通风散热的货物必须在货物之间保留一定的空隙，相压的货物必须在车内加价板，层装载。

（4）运送。根据货物的种类、运送季节、运送距离和运送方向，按要求及时起运、双运输、按时运达。炎热天气运送时，应尽量利用早晚行驶。运送牲畜、蜜蜂等货物时，注意通风散热。

四、贵重货物运输组织

（一）贵重货物

贵重货物是指价格昂贵，运输责任重大的货物。贵重货物可分为货币、证券、贵重金及稀有金属、珍贵艺术品、贵重药材和药品、贵重毛皮、珍贵食品、高级精密机械及仪、高级光学玻璃及高档日用品等。

（二）贵重货物运输的要点

装车前应进行严格清查，查包装是否完整，货物的品名、质量、件数和货运单是否相。装卸时怕震的贵重货物要轻拿轻放，不要压挤。运送贵重货物需派责任心强的驾驶员送，要有托运方委派的专门押运人员跟车。交付贵重货物要做到交接手续齐全责任明确。

任务五 公路货物运费核算

任务导入

公路货物运输运费计算是货运业务组织中关键一步。作为业务员，请完成以下任务。
（1）说明整车货物运输运费计算过程。
（2）说明零担货物运输运费计算过程。
（3）说明集装箱和包车运输运费计算过程。

知识链接

一、公路货物运输计价标准

（一）计费重量

1. 计量单位
（1）整批货物运输以吨为单位。
（2）零担货物运输以千克为单位。
（3）集装箱运输以箱为单位。

2. 重量确定
（1）一般货物：无论整批、零担货物，计费重量均按毛重计算。轻泡货物：指每立方米重量不足 333 千克的货物。

（2）整批货物吨以下计至 100 千克，尾数不足 100 千克的，四舍五入。装运整批轻泡货物的高度、长度、宽度，以不超过有关道路交通安全规定为限度，按车辆标记吨位计算重量。

（3）零担货物起码计费重量为 1 千克。重量在 1 千克以上，尾数不足 1 千克的，四舍五入。零担运输轻泡货物以货物包装最长、最宽、最高部位尺寸计算体积，按每立方米折合 333 千克计算重量。

（4）包车运输按车辆的标记吨位计算。

（5）散装货物，如砖、瓦、砂、石、土、矿石、木材等，按体积由各省、自治区、直辖市统一规定重量换算标准计算重量。

（二）计费里程

1. 里程单位

货物运输计费里程以千米为单位，尾数不足 1 千米的，进整为 1 千米。

2. 里程确定

（1）货物运输的营运里程，按交通部和各省、自治区、直辖市交通行政主管部门核定、颁发的《营运里程图》执行。《营运里程图》未核定的里程由承、托双方共同测定或经协商按车辆实际运行里程计算。

（2）出入境汽车货物运输的境内计费里程以交通主管部门核定的里程为准；境外里程按毗邻国（地区）交通主管部门或有权认定部门核定的里程为准。未核定里程的，由承、托双方协商或按车辆实际运行里程计算。

（3）货物运输的计费里程：按装货地点至卸货地点的实际载货的营运里程计算。

（4）因自然灾害造成道路中断，车辆需绕道行驶的，按实际行驶里程计算。

（5）城市市区里程按当地交通主管部门确定的市区平均营运里程计算；当地交通主管部门未确定的，由承托双方协商确定。

3. 计时包车货运计费时间

计时包车货运计费时间以小时为单位。起码计费时间为 4 小时；使用时间超过 4 小时，按实际包用时间计算。整日包车，每日按 8 小时计算；使用时间超过 8 小时，按实际使用时间计算。时间尾数不足半小时舍去，达到半小时进整为 1 小时。

4. 运价单位

（1）整批运输：元/（吨·千米）。

（2）零担运输：元/（千克·千米）。

（3）集装箱运输：元/（箱·千米）。

（4）包车运输：元/（吨位·小时）。

（5）出入境运输涉及其他货币时，在无法按统一汇率折算的情况下，可使用其他自由货币为运价单位。

二、公路货物运输计价类别

（一）车辆类别

载货汽车按其用途不同，划分为普通货车、特种货车两种。特种货车包括罐车、冷藏车及其他具有特殊构造和专门用途的专用车。

（二）货物类别

货物按其性质分为普通货物和特种货物两种。普通货物分为三等；特种货物分为长大重货物、危险货物、贵重货物、鲜活货物四类。

（三）集装箱类别

集装箱按箱型分为国内标准集装箱、国际标准集装箱和非标准集装箱三类，其中国内标准集装箱又分为 1 吨箱、5 吨箱、10 吨箱三种，国际标准集装箱分为 20 英尺①箱、40 英尺箱两种。集装箱按货物种类分普通货物集装箱和特种货物集装箱。

（四）公路类别

公路按公路等级分等级公路和非等级公路。

（五）区域类别

汽车运输区域分为国内和出入境两种。

（六）营运类别

根据道路货物运输的营运形式分为道路货物整批运输、零担运输和集装箱运输。

三、公路货物运输运价价目

（一）基本运价

1. 整批货物基本运价

整批货物基本运价指一吨整批普通货物在等级公路上运输的每吨千米运价。

2. 零担货物基本运价

零担货物基本运价指零担普通货物在等级公路上运输的每千克千米运价。

3. 集装箱基本运价

集装箱基本运价指各类标准集装箱重箱在等级公路上运输的每箱千米运价。

（二）吨（箱）次费

1. 吨次费

对整批货物运输在计算运费的同时，按货物重量加收吨次费。

2. 箱次费

对汽车集装箱运输在计算运费的同时，加收箱次费。箱次费按不同箱型分别确定。

（三）普通货物运价

普通货物实行分等级计价，以一等货物为基础，二等货物加成 15%，三等货物加成 30%。

（四）特种货物运价

1. 长大笨重货物运价

（1）一级长大笨重货物在整批货物基本运价的基础上加成 40%～60%。

（2）二级长大笨重货物在整批货物基本运价的基础上加成 60%～80%。

2. 危险货物运价

（1）一级危险货物在整批（零担）货物基本运价的基础上加成 60%～80%。

（2）二级危险货物在整批（零担）货物基本运价的基础上加成 40%～60%。

3. 贵重、鲜活货物运价

贵重、鲜活货物在整批（零担）货物基本运价的基础上加成 40%～60%。

---

① 1 英尺 = 0.304 8 米。

（五）特种车辆运价

按车辆的不同用途，在基本运价的基础上加成计算。特种车辆运价和特种货物运价两个价目不准同时加成使用。

（六）非等级公路货运运价

非等级公路货物运价在整批（零担）货物基本运价的基础上加成 10%～20%。

（七）快速货运运价

快速货物运价按计价类别在相应运价的基础上加成计算。

（八）集装箱运价

1. 标准集装箱运价

标准集装箱重箱运价按照不同规格的箱型的基本运价执行，标准集装箱空箱运价在标准集装箱重箱运价的基础上减成计算。

2. 非标准箱运价

非标准箱重箱运价按照不同规格的箱型，在标准集装箱基本运价的基础上加成计算。非标准集装箱空箱运价在非标准集装箱重箱运价的基础上减成计算。

3. 特种箱运价

特种箱运价在箱型基本运价的基础上按装载不同特种货物的加成幅度加成计算。

（九）出入境汽车货物运价

出入境汽车货物运价，按双边或多边出入境汽车运输协定，由两国或多国政府主管机关协商确定。

（十）其他费用

1. 调车费

（1）应托运人要求，车辆调往外省、自治区、直辖市或调离驻地临时外出驻点参加营运，调车往返空驶者，可按全程往返空驶里程、车辆标记吨位和调出省基本运价的 50% 计收调车费。在调车过程中，由托运人组织货物的运输收入，应在调车费内扣除。

（2）经承托双方共同协商，可以核减或核免调车费。

（3）经铁路、水路调车，按汽车在装卸船、装卸火车前后行驶里程计收调车费；在火车、在船期间包括车辆装卸及待装待卸时，每天按 8 小时、车辆标记吨位和调出省计时调车运价的 40% 计收调车延滞费。

2. 延滞费

（1）发生下列情况，应按计时运价的 40% 核收延滞费：

因托运人或收货人责任引起的超过装卸时间定额、装卸落空、等装待卸、途中停滞、等待检疫的时间。

应托运人要求运输特种或专项货物需要对车辆设备改装、拆卸和清理延误的时间；因托运人或收货人造成不能及时装箱、卸箱、掏箱、拆箱、冷藏箱预冷等业务，使车辆在现场或途中停滞的时间。

延误时间从等待或停滞时间开始计算，不足 1 小时者，免收延滞费；1 小时及以上，以半小时为单位递进计收，不足半小时进整为半小时。车辆改装、拆卸和清理延误的时间，从车辆进厂（场）起计算，以半小时为单位递进计算，不足半小时进整为半小时。

（2）由托运人或收、发货人责任造成的车辆在国外停留延滞时间（夜间住宿时间除外），计收延滞费。延滞时间以小时为单位，不足 1 小时进整为 1 小时。延滞费按计时包车运价的 60% ~ 80% 核收。

（3）执行合同运输时，因承运人责任引起货物运输期限延误，应根据合同规定，按延滞费标准，由承运人向托运人支付违约金。

3. 装货（箱）落空损失费

应托运人要求，车辆开至约定地点装货（箱）落空造成的往返空驶里程，按其运价的 50% 计收装货（箱）落空损失费。

4. 道路阻塞停运费

汽车货物运输过程中，如发生自然灾害等不可抗力造成的道路阻滞，无法完成全程运输，需要就近卸存、接运时，卸存、接运费用由托运人负担。已完运程收取运费；未完远程不收运费；托运人要求回运，回程运费减半；应托运人要求绕道行驶或改变到达地点时，运费按实际行驶里程核收。

5. 车辆处置费

应托运人要求，运输特种货物、非标准箱等需要对车辆改装、拆卸和清理所发生的工料费用，均由托运人负担。

6. 车辆通行费

车辆通过收费公路、渡口、桥梁、隧道等发生的收费，均由托运人负担。其费用由承运人按当地有关部门规定的标准代收代付。

7. 运输变更手续费

托运人要求取消或变更货物托运手续，应核收变更手续费。因变更运输，承运人已发生的有关费用，应由托运人负担。

四、公路货物运输运费计算

（一）运费计算公式

1. 整批货物运费计算

整批货物运费=吨次费×计费重量+整批货物运价×计费重量×计费里程+货物运输其他费用

2. 零担货物运费计算

零担货物运费=计费重量×计费里程×零担货物运价+货物运输其他费用

3. 集装箱运费计算

重（空）集装箱运费=重（空）箱运价×计费箱数×计费里程+箱次费×计费箱数+货物运输其他费用

4. 包车运费的计算

包车运费=包车运价×包用车辆吨位×计费时间+货物运输其他费用

（二）运费单位

运费以元为单位。运费尾数不足 1 元时，四舍五入。

练一练

运输调度题目

🚗 项目小结 ▶▶ ▶

本项目首先概要介绍了公路运输业务，包括公路运输相关的基础设施设备及特点。其次介绍了整车货物运输、零担货物运输、特种货物运输的基本内涵、特点、业务流程及组织过程。最后介绍了公路货物运输运费计算规则和公式。

　　港珠澳大桥是"一国两制"框架下、粤港澳三地首次合作共建的超大型跨海通道，全长55千米，设计使用寿命120年，总投资约1 200亿元人民币。大桥于2003年8月启动前期工作，2009年12月开工建设，筹备和建设前后历时达15年，于2018年10月开通营运。

　　大桥主体工程由粤、港、澳三方政府共同组建的港珠澳大桥管理局负责建设、运营、管理和维护，三地口岸及连接线由各自政府分别建设和运营。主体工程实行桥、岛、隧组合，总长约29.6千米，穿越伶仃航道和铜鼓西航道段约6.7千米为隧道，东、西两端各设置一个海中人工岛（蓝海豚岛和白海豚岛），犹如"伶仃双贝"熠熠生辉；其余路段约22.9千米为桥梁，分别设有寓意三地同心的"中国结"青州桥、人与自然和谐相处的"海豚塔"江海桥，以及扬帆起航的"风帆塔"九洲桥三座通航斜拉桥。

　　珠澳口岸人工岛总面积208.87公顷①，分为三个区域，分别为珠海公路口岸管理区107.33公顷、澳门口岸管理区71.61公顷、大桥管理区29.93公顷，口岸各自独立管辖。13.4千米的珠海连接线衔接珠海公路口岸与西部沿海高速公路月环至南屏支线延长线，将大桥纳入国家高速公路网络；澳门连接线从澳门口岸以桥梁方式接入澳门填海新区。

　　【思政点评】港珠澳大桥的建设创下多项世界之最，非常了不起，体现了一个国家逢山开路、遇水架桥的奋斗精神，体现了中国的综合国力和自主创新能力，体现了我们勇创世界一流的民族志气。这是一座圆梦桥、同心桥、自信桥、复兴桥。大桥建成通车，进一步坚定了我们对中国特色社会主义的道路自信、理论自信、制度自信、文化自信，充分说明社会主义是干出来的，新时代也是干出来的。对港珠澳大桥这样的重大工程，既要高质量建设好，全力打造精品工程、样板工程、平安工程、廉洁工程，又要用好管好大桥，为粤港澳大湾区建设发挥重要作用。

---

　　①　1公顷＝10 000平方米。

项目二 检测单

自我检测

检测题目：课后的同步测试题。

小组检测

检测题目：公路运输常见的形式、各自特点及组织过程。

检测要求：以小组为单位，形成PPT，课堂进行汇报。

检测标准：1. 团队合作（10分）；2. 扣题情况（5分）；3. 内容完整性（15分）。

小组互评：_____

_____

_____

教师检测

检测标准：1. 团队合作（10分）；2. 汇报有理有据（10分）；3. 讲解清楚（10分）。

教师点评：_____

_____

_____

检测评分

自我检测（40分）	同步检测（40分）		
小组检测（30分）	团队合作（10分）	紧扣题目（5分）	内容完整（15分）
教师检测（30分）	标准1：团队合作（10分）		
	标准2：解释有理有据（10分）		
	标准3：汇报思路清晰（10分）		
满分（100分）			

个人反思

同步测试

一、不定项选择题

1. 从狭义来说，公路运输就是指（   ）运输。

A. 拖拉机　　　　B. 畜力车　　　　C. 人力车　　　　D. 汽车

2. 一般连接重要的政治经济中心，汽车分道行驶并且部分控制出入、部分立体交叉，平均昼夜交通量设计能力在 10 000～25 000 辆的公路是（   ）。

A. 高速公路　　B. 一级公路　　　C. 二级公路　　　D. 三级公路

3. 快件货物运送速度从货物受理当日 15 时开始，运距在 1 000 千米内（   ）小时到达。

A. 24　　　　　B. 36　　　　　　C. 48　　　　　　D. 72

4. 下列物品不能作为零担运输的是（   ）。

A. 活鱼　　　　B. 计算机　　　　C. 书籍　　　　　D. 棉被

5. 零担货物中转作业的三种方法是（   ）。

A. 落地法　　　B. 坐车法　　　　C. 过车法　　　　D. 换车法

二、简答题

1. 简述公路运输的主要组成部分。

2. 什么是整车货物运输？什么是零担货物运输？

3. 简述整车货物运输的生产组织过程。

4. 简述零担货物运输的组织形式。

5. 简述鲜活易腐货物运输的基本流程及注意事项。

三、案例分析

某物流公司接到某汽车配件生产厂家的一项运输业务，有一批汽车配件要在两天之内送到全市所有大众汽车修配厂。公司考虑到这项运输任务时间紧、任务重、手续多，将这项业务交给经验丰富的运输物流员来具体负责组织实施。运输物流员按照零担货物运输的作业程序，顺利完成了任务。

假如你是运输物流员，你将如何组织实施此项零担货物运输？请写出实施的流程。

综合实训

一、实训名称

公路货运站认知。

二、实训目标

1. 通过实地调研和查找资料，加强对公路货运站的认识，理解公路货运站的功能及重要地位。

2. 掌握一些调研方法和途径，培养研究分析问题的能力。

三、实训内容

1. 认识公路货运站整体构成。

2. 了解公路货运站作业流程。

3. 熟悉公路货运站相关设备。

四、实训步骤

1. 寻找具有代表性的中等规模公路货运站。

2. 参观调研公路货运站整体布局、基本功能、业务流程、相关设备。

3. 查阅与调研内容相关的资料。

4. 学生分组完成调研，形成调研报告。

五、评价标准

1. 公路货运站选择合理。

2. 对公路货运站调研全面。

3. 对调研结果进行分析，形成调研报告。

六、成果形式

1. 将调研获得的资料做成统计报告，提出结论、观点等。

2. 组织各组进行交流讨论。

3. 各组相互评议、打分，以小组为单位进行成绩评估。

项目三

铁路运输业务

 学习目标

知识目标
1. 了解铁路货物运输设施设备
2. 掌握运到期限计算
3. 掌握铁路货物运输组织流程
4. 掌握高铁货物运输组织
5. 掌握铁路货物运输运费计算

能力目标
1. 能够组织铁路货物运输
2. 能够组织高铁货物运输
3. 能够计算铁路货运运费

思政目标
1. 培养学生的爱国主义情操
2. 培养学生仔细严谨的工作态度
3. 培养学生的优化意识

知识逻辑图

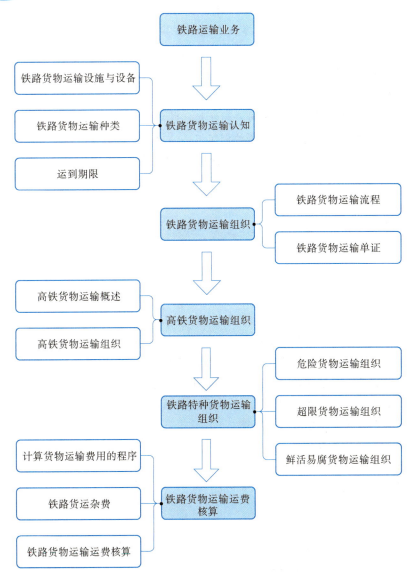

中欧班列是指按照固定车次、线路、班期和全程运行时刻开行，往来于中国与欧洲以及"一带一路"沿线各国的集装箱等国际铁路联运班列。近年来，在"一带一路"倡议推动下，中欧班列充分发挥其在时效、价格、运能、安全性等方面的比较优势，逐渐被中欧广大客户接受，成为中欧间除海运、空运外的第三种物流方式。

目前，中欧间已形成了西、中、东三大铁路运输通道。西通道，主要吸引西南、西北、华中、华北、华东等地区进出口货源，经陇海、兰新线在新疆阿拉山口（霍尔果斯）铁路口岸与哈萨克斯坦、俄罗斯铁路相连，途经白俄罗斯、波兰等国铁路，通达欧洲其他各国。中通道，主要吸引华中、华北等地区进出口货源，经京广、京包、集二线在内蒙古二连浩特铁路口岸与蒙古国、俄罗斯铁路相连，途经白俄罗斯、波兰等国铁路，通达欧洲其他各国。东通道，主要吸引华东、华南、东北地区进出口货源，经京沪、京哈、滨州线在内蒙古满洲里铁路口岸、黑龙江绥芬河铁路口岸与俄罗斯铁路相连，途经白俄罗斯、波兰等国铁路，通达欧洲其他各国。

在中国铁路的倡议和推动下，中国、白俄罗斯、德国、哈萨克斯坦、蒙古国、波兰、俄罗斯等国积极合作。同时，中铁集装箱运输有限公司与重庆、成都、郑州、武汉、苏州、义乌、西安等多家班列平台公司共同发起，成立了由各地中欧班列经营管理相关企业和单位及研究机构广泛参与的议事协调组织——中欧班列运输协调委员会，搭建了企业层面的统一运输协调平台，推动中欧班列优质可持续发展，让更多地区人民、更多企业客户共享中欧班列发展成果。

任务一　铁路货物运输认知

任务导入

铁路是国家重要的基础设施，是国民经济的大动脉。基于全面、协调和可持续的发展观，人们从资源、环境和生态等角度，重新审视各种交通运输方式的发展前景。铁路占地少、能耗低、污染轻、能源利用的可替代性强、环境效益好等可持续发展特性获得了越来越多的认同。大力发展铁路，是发展国民经济、增强国防力量、繁荣城乡市场、促进国土开发、增强民族团结和扩大对外开放的需要，符合我国的基本国情和经济社会可持续发展的战略要求。请同学们查找资料完成以下任务。

（1）我国铁路货物运输发展现状如何？

（2）铁路货物运输的特点有哪些？

（3）铁路货物运输在运输体系中的地位如何？

知识链接

一、铁路货物运输设施与设备

（一）铁路运载工具

1. 铁路机车

铁路车辆本身没有动力装置，无论是客车还是货车，都必须把许多车辆连接在一起编成一列，由机车牵引才能运行。所以，机车是铁路车辆的基本动力。铁路上使用的机车按照机车原动力，可分为蒸汽机车、内燃机车和电力机车三种。从今后发展来看，最有发展前途的机车是电力机车。

2. 车辆及其标记

（1）车辆。铁路车辆是运送旅客和货物的工具，它本身没有动力装置，需要把车辆连接在一起由机车牵引，才能在线路上运行。铁路车辆可分为客车和货车两大类。铁路货车的种类很多，可从以下几个方面对其分类。

按照用途或车型划分：可分为通用货车和专用货车两大类（如表 3-1 所示）。

表 3-1　铁路货车的车种、用途与特点

车辆类型		基本型号	用途及特点
通用货车	棚车	P	棚车车体由端墙、侧墙、棚顶、地板、门窗等部分组成。主要装运怕日晒、雨淋、雪侵的货物（粮食、日用品、贵重仪器设备等），部分棚车还可运送人员和马匹
	敞车	C	敞车仅有端墙、侧墙和地板，主要装运煤炭、矿石、木材、钢材等，也可装运重量不大的机械设备，苫盖篷布可装运怕雨淋的货物
	平车	N	大部分平车只有一平底板，供装运特殊长大重型货物，因而也称作长大货物车
	冷藏车	B	车体装有隔热材料，车内设有冷却、加温等装置，具有制冷、保温和加温三种性能，用于运送新鲜蔬菜、水果、鱼、肉等易腐的货物
	罐车	G	其车体为圆筒形，罐体上设有装卸口。罐车主要用于运送液化石油气、汽油、硫酸、酒精等液态货物或散装水泥等
专用货车	专用敞车	C	供具有翻车机的企业使用，主要用于装运块粒状货物且采用机械化方式装卸
	专用平车	X，SQ	运送小汽车（型号为 SQ）与集装箱（型号为 X）的平车。运送小汽车的平车车体一般分为 2~3 层，并设有跳板，以便汽车自行上下
	漏斗车	K	用于装运块粒状散装货物，主要运送煤炭、矿石、粮食等
	水泥车	U	用来运送散装水泥的专用车
	家畜车	J	用于运送活家禽、家畜等的专用车。车内有给水、饲料的储运装置，还有押运人乘坐的设施

①按载重划分：我国的货车可分为 20 吨以下、25~40 吨、50 吨、60 吨、65 吨、75 吨、90 吨等各种不同的车辆。为适应我国货物运量大的客观需要，有利于多装快运和降低货运成本，我国目前以制造 60 吨车为主。

②按轴数分：车辆分为四轴车、六轴车和多轴车等。我国铁路以四轴车为主。

（2）车辆标记。一般常见的标记如下：

①路徽：凡中国国家铁路集团有限公司所属车辆均有人民铁道的路徽。

②车号：是识别车辆的最基本的标记。车号包括型号和号码。型号又有基本型号和辅助型号两种。基本型号代表车辆种类，用汉语拼音字母表示。我国部分货车的种类及其基本型号如表 3-2 所示。辅助型号表示车辆的构造型式，它以阿拉伯数字和汉语拼音组合而成，例如：P64A，表示结构为 64A 型的棚车。号码一般编在车辆的基本型号和辅助型号之后。车辆号码是按车种和载重分别依次编号，例如：P62.3319324。

表 3-2　部分货车的种类及其基本型号

顺序	车种	基本型号	顺序	车种	基本型号
1	棚车	P	7	保温车	B
2	敞车	C	8	集装箱专用车	X
3	平车	N	9	家畜车	J
4	砂石车	A	10	罐车	G
5	煤车	M	11	水泥车	U
6	矿石车	K	12	长大货物车	D

③配属标记：对固定配属的车辆，应标上所属铁路局和车辆段的简称，如"京局京段"表示北京铁路局北京车辆段的配属车。

④载重：即车辆允许的最大装载重量，以吨为单位。

⑤自重：即车辆本身的重量，以吨为单位。

⑥容积。为货车（平车除外）可供装载货物的容积，它以立方米（m³）为单位。

⑦特殊标记：是根据货车的构造及设备情况，在车辆上还涂打各种特殊的标记。

（二）铁路线路与轨道

铁路线路承受机车、车辆和车列的重量，并且引导它们的行走方向，所以它是运行的基础。铁路线路是由轨道（包括钢轨、连接零件、轨枕、道床、爬坡设备和道岔等）、路基和桥隧建筑物（包括桥梁、涵洞、隧道等）组成的一个整体工程结构。

（三）信号设备

信号设备的主要作用是保证列车运行安全和提高铁路的通过能力。它包括铁路信号、闭塞设备和联锁设备。

1. 信号

信号是对列车运行和调车工作的命令，以保证安全和提高作业效率。我国规定用红色、黄色和绿色作为信号的基本颜色，红色表示停车，黄色表示减速慢行，绿灯表示按规定的速度运行。铁路信号形式可分为视觉信号和听觉信号两大类；按设备形式可以分为固定信号、移动信号和手信号三类。

2. 闭塞设备

闭塞设备用来保证列车在区间内运行安全的区间信号设备。

3. 联锁设备

联锁设备的主要作用是保证站内列车运行和调车作业的安全以及提高车站的通过能力。为了保证机车车辆和列车在前进路上的安全，有效利用站内线路，高效率地指挥行车和调车，改善行车人员的劳动条件，利用机械、电气自动控制和远程控制、计算机等技术和设备，使车站范围内的信号机、进路和进路上的道岔相互具有制约关系，这种关系称为联锁。为完成联锁关系而安装的技术设备称为联锁设备。

（四）铁路站场

1. 中间站

中间站是为提高铁路区段通过能力，保证行车安全和为沿线城乡及工农业生产服务而设的车站。其主要任务是办理列车会让、越行和客货运输业务。

2. 区段站

区段站一般设在中等城市和铁路网上牵引区段的分界线。其主要任务是办理货物列车的中转作业，进行机车乘务组的换班或机车的更换以及解体，摘挂列车和编组区段列车。

3. 编组站

编组站是铁路网上专门办理货物列车解体、编组作业，并为此设有比较完善的车辆设备的车站。其主要任务是根据列车编组计划的要求，办理各种货物列车解体和编组作业，并组织和取送本地区车流（小运转列车），供应列车动力，整备、检修机车，货车的日常技术保养四项。

二、铁路货物运输种类

（一）按运输条件划分

（1）普通货物运输：除按特殊运输条件办理的货物外的其他各种货物运输。

（2）特殊货物运输：

①阔大货物运输：阔大货物包括超长货物、集重货物和超限货物，是一些长度长、重量重、体积大的货物。

②危险货物运输：危险货物指在铁路运输中，凡具有爆炸、易燃、毒蚀、放射性等特性，在运输、装卸和储存保管过程中，容易造成人身伤亡和财产毁损而需要特殊防护的货物。

③鲜活货物运输：鲜活货物指在铁路运输过程中需要采取制冷、加温、保温、通风、上水等特殊措施，以防止腐烂变质或死亡的货物，以及其他托运人认为须按鲜活货物运输条件办理的货物。

④灌装货物运输：灌装货物是指用铁路罐车运输的货物。

（二）按运输速度划分

（1）按普通货物列车办理的货物运输。

（2）按快运列车办理的货物运输。

（3）按客运速度办理的货物运输。

（三）按一批货物的重量、体积、性质、形状划分

1. 铁路运输中的一批货物

"一批"是铁路运输货物的计数单位，铁路承运货物和计算运输费用等均以批为单位。按一批托运的货物，其托运人、收货人、发站、到站和装卸地点必须相同。由于货物性质、运输的方式和要求不同，下列货物不能作为同一批进行运输。

（1）易腐货物和非易腐货物；

（2）危险货物和非危险货物；

（3）根据货物的性质不能混装的货物；

（4）投报运输险的货物和未投报运输险的货物；

（5）按保价运输的货物和不按保价运输的货物；

（6）运输条件不同的货物。

2. 整车运输

整车运输是指一批货物至少需要一节列车车厢的运输。具体地说，凡一批货物的重量、体积或形状需要以一节或一节以上列车车厢装运的，均应按整车托运。

（1）货物的重量与种类。我国现有的货车以棚车、敞车、平车和罐车为主。标记载重量（简称为标重）大多"50T"和"60T"，棚车容积在100立方米以上，达到这个重量或容积条件的货物，即应按整车运输。

（2）货物的性质与形状。有些货物虽然其重量、体积不够一车，但按性质与形状需要单独使用一节车厢时，应按整车运输。

①需要冷藏、保温、加温运输的货物；

②规定限按整车运输的危险货物；

③易于污染其他货物的污秽品；

④蜜蜂；

⑤不易计算件数的货物；

⑥未装容器的活动物。

整车运输装载量大，运输费用较低，运输速度快，能承担的运量也较大，是铁路的主要运输形式。

3. 零担运输

凡不够整车运输条件的货物，即重量、体积和形状都不需要单独使用一辆货车运输的一批货物，除可使用集装箱运输外，应按零担货物托运。零担货物一件体积最小不得小于0.02立方米（一件重量在10千克以上的除外）。每批件数不得超过300件。

4. 集装箱运输

使用集装箱装运货物或运输空集装箱，称为集装箱运输。集装箱运输适合于运输精密、贵重、易损的货物。凡适合集装箱运输的货物，都应按集装箱运输。

5. 快运货物运输

为加速货物运输，提高货物运输质量，适应市场经济的需要，在全路的主要干线上开行了快运货物列车。托运人按整车、集装箱、零担运输的货物可要求铁路按快运办理。

6. 班列运输

铁路货运五定班列（简称班列）是指铁路开行的发到站间直通、运行线和车次全程不变，发到日期和时间固定，实行以列、组、车或箱为单位报价、包干办法，即定点、定线、定车次、定时、定价的货物列车。

（1）运达迅速：班列运行速度双线区间为800千米/天以上，单线区间为500千米/天以上，运达速度快。

（2）手续简便：托运人可在车站一个窗口，一次办理好手续。

（3）运输费用由铁道部统一组织测算并公布，除此不得收取或代收任何其他费用，透明度高。

（4）班列在运输组织上实行"五优先、五不准"：优先配车、优先装车、优先挂运、优先放行、优先卸车，除特殊情况报铁道部批准外，不准途中解体、不准变更到站。

三、运到期限

铁路在现有技术设备条件和运输工作组织水平基础上，根据货物运输种类和运输条件将货物由发站运至到站而规定的最长运输限定天数，称为货物运到期限。

（一）货物运到期限计算

货物运到期限按日计算。起码日数为3天，即计算出的运到期限不足3天时，按3天计算。运到期限由下述三部分组成：

（1）货物发送期间（$T_发$）为1天。货物发送期间是指车站完成货物发送作业的时间，它包括发站从货物承运到挂出的时间。

（2）货物运输期间（$T_运$）。每250运价千米或其未满为1天；按快运办理的整车货每 500 运价千米或其未满为 1 天。货物运输期间是货物在途中的运输天数。

（3）特殊作业时间（$T_特$）。特殊作业时间是为某些货物在运输途中进行作业所规定的时间，具体规定如下：

①需要中途加冰的货物，每加冰 1 次，另加 1 天。

②运价里程超过 250 千米的零担货物和 1 吨、5 吨型集装箱另加 2 天，超过 1 000 千米加 3 天。

③一件货物重量超过 2 吨、体积超过 3 立方米或长度超过 9 米的零担货物另加 2 天。

④整车分卸货物，每增加一个分卸站，另加 1 天。

⑤准、米轨间直通运输的整车货物，因需在接轨站换装另加 1 天。

对于上述五项特殊作业时间应分别计算，当一批货物同时具备几项时，累计相加计算。

若运到期限用 T 表示，则：$T = T_发 + T_运 + T_特$

【例】广安门站承运到石家庄站零担货物一件，重 2 300 千克，计算运到期限。已知运价里程为 274 千米。

解：$T_发 = 1$（天）；

$T_运 = 274/250 = 1.096 = 2$（天）；

运价里程超过 250 千米的零担货物另加 2 天，一件货物重量超过 2 吨的零担货物另加 2 天，$T_特 = 2+2 = 4$（天），所以这批货物的运到期限为：

$$T = T_发 + T_运 + T_特 = 1+2+4 = 7 （天）$$

（二）班列运到期限

班列运输的运到期限，按列车开行天数（始发日和终到日不足 24 小时按 1 天计算）加 2 天计算，运到期限自班列始发日开始计算。

任务二　铁路货物运输组织

任务导入

铁路货物运输是货物运输体系中一种非常重要的组织形式。铁路货物运输组织过程较复杂，需要多方协作才能有条不紊。你作为铁路货运物流专业人员，请先完成以下任务。

（1）铁路货物运输方式都有哪些？

（2）铁路货物运输流程都包含哪些内容？

知识链接

一、铁路货物运输流程

（一）零担货运流程

零担货物发送和接收的流程如表 3-3 和表 3-4 所示。其中，在活动内容中标有"※"的表示该项业务是需要重点控制的；标有"■"的表示在进行该项活动时有运输方和托运方（货主方）的货物或单证等的交接发生；标有"●"的表示需要进行产品的监视和测量。

表 3-3 零担货物发送服务程序流程表

过　程	活　动	记　录
1. 受理	1. 评审货物运单※ 2. 进行过程能力认可	运单
2. 接收货物	1. 检查现货与运单记载※■ 2. 检查货物包装 3. 检查货物标识	
3. 承运	1. 检斤● 2. 入库	货票
4. 核算	1. 核算制票※ 2. 收款 3. 结缴款	缴款单
5. 装车	1. 编制配装车计划 2. 检查待装车辆认可核对货物 3. 装车前对装车能力进行认可 4. 监装※ 5. 装车后检查●	装卸工作单
6. 货运票据交接	1. 编制货车装载清单 2. 票据装封套并填记 3. 票据、现车交接※■	货车装载清单 票据封套 票据交接簿

表 3-4 零担货物到达服务程序流程表

过　程	活　动	记　录
1. 卸车前准备	1. 按货位情况制定调车计划，并接车，检查设备※ 2. 现车、票据交接※■	
2. 卸车作业	1. 卸车前装卸设备认可 2. 监卸※ 3. 卸车后检查● 4. 填记卸货簿和货签 5. 移交货运票据	有问题编制货运记录 卸货簿、货签票据 交接簿
3. 到货通知	1. 发出到货通知 2. 填记货票	
4. 货物保管	货物储存保管防护交接班交接	
5. 收取领货凭证	1. 确认领货凭证及证件 2. 计算核收运杂费 3. 结缴款	运杂费收据缴款单
6. 现货交付	1. 清点货物 2. 核对运杂费 3. 交付货物 4. 收货人签收	卸货簿

（二）集装箱货运流程

集装箱货物发送和接收的流程如表 3-5 和表 3-6 所示。

表 3-5　集装箱货物发送服务程序流程表

过　程	活　动	记　录
1. 计划与受理	1. 评审货物发送单※ 2. 进行运输过程能力认可 3. 安排进货日期和装箱日期	货物运单
2. 承运	1. 拨配适当箱型，进行箱体检查 2. 监装、施封※■ 3. 登记集装箱承运簿	集装箱承运簿
3. 核算	1. 核算制票 2. 收款 3. 结缴款	货票 缴款单
4. 装车	1. 对待装车辆进行检查※ 2. 监控装车※ 3. 装车后检查● 4. 填记装载清单和票据封套	装载清单、 封套
5. 货运票据交接	1. 填记票据交接簿 2. 与转运交接票据和现车	票据交接簿

表 3-6　集装箱货物到达服务程序流程表

过　程	活　动	记　录
1. 卸车前准备	1. 现车集装箱交接※■ 2. 确定货位，装卸设备认可	到达票据
2. 卸车作业	1. 监卸※ 2. 填记集装箱到达登记簿	集装箱到达登记簿
3. 到达登记	1. 发出到达通知 2. 填记货票	到达货票
4. 集装箱保管	1. 货物保管储存 2. 交接班交接	交接班簿
5. 确认领货凭证	1. 内勤核算运杂费 2. 收款 3. 结缴款	运杂费收据 缴款单
6. 现场交付	1. 接运单核对箱号、封号 2. 核对运杂费 3. 会同收款人清点货 4. 填记运单 5. 收款人签收	票据封套 运杂费收据 运单 卸车簿

(三) 整车货运流程

整车货物发送和接收的流程如表 3-7 和表 3-8 所示。

表 3-7　整车货物发送服务程序流程表

过　程	活　动	记　录
1. 合同评审	1. 评审铁路货物运输服务订单※ 2. 过程能力认可 3. 报请批准	货物运输服务订单

续表

过　程	活　动	记　录
2. 受理	1. 评审货物运单 2. 安排进货时间、地点 3. 验收货物※●	
3. 装车作业	1. 向发站铁路分局请示车辆，经批准后，调入车辆 2. 对待装车辆进行检查和认可※ 3. 对装卸机具进行认可 4. 对装车过程进行监控※ 5. 装车后检查● 6. 填写货物承运簿、货物运单	运货单 货车调送单 装车工作单 货物承运簿
4. 核算运费	1. 核算填制货票※ 2. 收款■ 3. 结缴款■	货票
5. 货运票据交接	1. 填记货票交接簿 2. 交运转车间■ 3. 现车交接	票据交接簿

表 3-8　整车货物到达服务程序流程表

过　程	活　动	记　录
1. 卸车前准备	1. 按货位情况制定调车计划，并接车，检查设备 2. 核对现车，检查货物现状※	索取或编制 货运记录
2. 卸车作业	1. 卸车前对装卸机具认可 2. 监卸※ 3. 卸车后检查● 4. 填记货票并转交内勤核算	编制货运记录， 填写卸车簿和 卸车工作单
3. 到货通知	1. 发出到货通知■ 2. 填写货票	
4. 货物储存保管	1. 货物储存、保管、防护 2. 交接班交接■	交接班簿
5. 收取领货凭证	1. 内勤交付、核对证件※ 2. 计算核收运杂费、装卸费 3. 结缴款	杂费、装卸费 缴款单
6. 现货交接	1. 清点货物● 2. 核对运杂费 3. 交付货物※■ 4. 收货人签收	填记运单、 卸货簿

二、铁路货物运输单证

(一) 货物运单

零担货物、集装箱货物以货物运单作为运输合同，托运人向承运人提出货物运单是一种签订合同的要约行为，即表示其签订运输合同的意愿。运单由承运人印制，在办理货运业务的车站按规定的价格出售。运量较大的托运人经发站同意，可以按照承运人规定的格式，自行印制运单。货物运单的正面如表 3-9 所示。

表 3-9　货物运单的正面

货物指定于　月　日搬入				
货位	广州铁路局	承运人/托运人装车	
号码或运输号码	**货物运单**	承运人/托运人装车	
运到期限　日	托运人→发站→到站→收货人	货票第　　　号	

托运人填写			承运人填写		
发站		到站（局）	车种车号		货车标重
到站所属省（市）、自治区			施封号码		
托运人	名称		经由		铁路货车棚车
	住址	电话			
收货人	名称		运价里程		集装箱号码
	住址	电话			

货物名称	件数	包装	货物价格	托运人确定重量/kg	承运确定重量/kg	计费重量	运价号	运价率	运费
合计									

托运人记载事项	保险：	承运人记载事项		

注：本单不作为收款凭证，托运人签约须见背面。规格：350 mm×185 mm	托运人盖章或签字　年　月　日	到日站期交戳付	发日站期承戳运

右侧领货凭证部分：

领货凭证　计划
车种及车号
货票第　号
运到期限　日

发站		
到站		
托运人		
收货人		
货物名称	件数	重量

托运人盖章或签字

发站承运日期戳

注：收货人领货须知见背面

* 货物运单填写说明：

① "发站"栏和"到站（局）"栏，应分别按《铁路货物运价里程表》规定的站名完整填写，不得填写简称。"到站（局）"填写到达站主管铁路局名的第一个字，例如：（哈）、（上）、（广）等，但到达北京铁路局的，则填写（京）字。

②"到站所属省（市）、自治区"栏，填写到站所在地的省、市、自治区名称。托运人填写的到站、到达局和到站所属省、市、自治区名称，三者必须相符。

③"托运人"栏应详细填写发货人姓名或发货单位的名称、所在地地址以及联系电话。

④"收货人"栏应详细填写收货人姓名或售货单位的名称、所在地地址以及联系电话。

⑤"件数"栏，应按货物名称及包装种类，分别记明件数。若是集装箱运输，则以集装箱的个数为准，而不是按货物件数计算。

- 零担：一批票不能多于 300 件；
- 10 吨箱：一批票不能多于 4 箱；
- 20 英尺箱：一批票不能多于 2 箱；
- 40 英尺箱：一批票不能多于 1 箱。

⑥"包装"栏按货物的外包装为准，若是集装箱货物应在包装栏添写"集装箱"，并注明是几吨箱。

⑦货物价格按货物的实际价格算。

⑧"托运人确定重量（kg）"栏，集装箱货物以集装箱的最大载重量算：

- 1 吨箱是 825 kg；
- 5 吨箱是 4 800 kg；
- 6 吨箱是 5 200 kg；
- 10 吨箱是 8 300 kg；
- 20 英尺箱是 21 000 kg；
- 40 英尺箱是 36 000 kg。

运单内各栏有更改时，在更改处，属于托运人填记事项，应由托运人盖章证明；属于承运人记载事项，应由车站加盖站名戳记。承运人对托运人填记事项除按《货物运单和货票填制办法》第 17 条规定内容可以更改外，其他内容不得更改。货运单背面写有托运人和收货人应该注意的几个要点，如表 3-10 所示。

表 3-10　货物运单背面

领货凭证（背面）　　　　　　　　　　　　　　　　　　　　货物运单（背面）

收货人领货须知	托运人须知
1. 收货人接到托运人寄交的领货凭证后，应及时向到站联系领取货物 2. 收货人领取货物已超过免费暂存期限时，应按规定支付货物暂存费。 3. 收货人到站领取货物，如遇货物未到时，应要求到站在本证背面加盖车站戳证明货物未到	1. 托运人持本货物运单向铁路托运货物，证明并确认愿意遵守铁路货物运输的有关规定。 2. 货物运单所记载的货物名称、重量与货物的实际完全相符，托运人对其真实性负责。 3. 货物的内容、品质和价值是托运人提供的，承运人在接收和承运货物时并未全部核对。 4. 托运人应及时将领货凭证寄交收货人，凭以联系到站领取货物

（注：本须知排印时，应放在凭证背面下端）　　　　　　（注：本须知排印时，应放在运单背面右下侧）

（二）铁路货票

铁路货票是铁路承运人开具的运费结算单据，其具体形式如表 3-11～表 3-14 所示。

表 3-11　铁路货票样式（a）甲联

计划号码或运输号码　　　　　　　　　　　　　　××铁路局　　　　　　　　　　　甲　联

货物运到期限　　　日　　　　　　　　　　　　　货　票　　　　　　　　　　　　A00001

发 站 存 查

发站		到站（局）		车种车号	货车标重	承运人/托运人装车
托运人	名称			施封号码		承运人/托运人装车
	住址	电话		铁路货车篷布号码		
收货人	名称			集装箱号码		
	住址	电话		经由		运价

货物名称	件数	包装	货物重量/kg		计费重量	运价号	运价率	现付	
			托运人确定	承运人确定				费别	金额
								运费	
								装费	
								取送车费	
								过秤费	
合计									
记事								合计	

发站承印日期戳　　　　　　　　　　　　　　经办人盖章

表 3-12 铁路货票样式 （b）乙联

计划号码或运输号码　　　　　　　　　　　　　××铁路局　　　　　　　　　　　　　乙　联

货物运到期限　　日　　　　　　　　　　　　　货　票　　　　　　　　　　　　　　　A00001

　　　　　　　　　　　　　　　　　　　　　发站至发局

发站		到站（局）		车种车号		货车标重		承运人/托运人装车
托运人	名称			施封号码				承运人/托运人装车
	住址		电话	铁路货车篷布号码				
收货人	名称			集装箱号码				
	住址		电话	经由			运价	
货物名称	件数	包装	货物重量/kg		计费重量	运价号	运价率	现付
			托运人确定	承运人确定				
								费别 金额
								运费
								装费
								取送车费
								过秤费
合计								
记事							合计	

规格：270 mm×185 mm　　　　　　　发站承印日期戳

　　　　　　　　　　　　　　　　　　经办人盖章

表 3-13　铁路货票样式（c）丁联

计划号码或运输号码　　　　　　　　　　　　　××铁路局　　　　　　　　　　　　　丁　联

货物运到期限　日　　　　　　　　　　　　　　货　票　　　　　　　　　　　　　　A00001

承运凭证：发站至到站查存

发站		到站（局）		车种车号	货车标重	承运人/托运人装车
托运人	名称			施封号码		承运人/托运人装车
	住址	电话		铁路货车篷布号码		
收货人	名称			集装箱号码		
	住址	电话		经由		运价

货物名称	件数	包装	货物重量/kg		计费重量	运价号	运价率	现付	
			托运人确定	承运人确定				费别	金额
								运费	
								装费	
								取送车费	
								过秤费	
合计									
记事							合计		

发站承运日期戳

卸货时间　月　日　时　　　　　　　　　　　　　　　　　　经办人盖章

到货通知方法：　　　　　　　　　　　收货人盖章或签字　　到站交付日期戳　发站承运日期戳

到货通知时间　月　日　时

到站收费的收据号码

规格：270 mm×185 mm

经办人盖章　　　经办人盖章

表 3-14　铁路货票样式　（d）丁联背面

1. 货物运输变更事项

受理站	电报号	变更事项	运杂费收据号码
处理站日期戳		经办人盖章	

2. 关于记录事项

编制站	记录号	记录内容

3. 交接站日期戳

1.	2.	3.	4.	5.	6.

4. 货车在中途站摘车事项

车种、车号车次、时间	摘车原因	货物发出时间、车次车种、车号

摘车站日期戳　　经办人盖章

车种、车号车次、时间	摘车原因	货物发出时间、车次车种、车号

摘车站日期戳　　经办人盖章

（三）铁路货物运输服务订单

铁路货物运输服务订单是运输服务合同或运输合同的组成部分，它一经签订，承运人和托运人均应承担责任。其格式如表 3-15 所示。

表 3-15　铁路货运运输服务订单

托运人： 地址： 电话：　　　　邮码：			收货人： 地址： 电话：　　　　邮码：		
发站：		到站：	车种：		车数：
装货地点			箱型：		箱数：
要求班列车次：			付款方式：		
货物品名：		品名代码：	件数：	单件尺寸：	货物重量：
要求服务项目： □1. 发送综合服务 □2. 到达综合服务 □3. 货物仓储保管 □4. 篷布服务			□5. 海关监管货物服务 □6. 速递到货通知上门 □7. 货物包装、集装 □8. 接取送达、门到门运输		
其他要求事项					
申请人盖章或签字： 　　　　　年　　月　　日			违约金额： 车站指定装车日期：	铁路签注： 　　年　　月　　日	

任务三　高铁货物运输组织

任务导入

当前，消费者对货物运输的时效要求越来越高。为了更好地提高客户服务满意度，高铁货物运输应运而生。在从事高铁货物运输工作过程中，你需要解决以下问题。

（1）高铁货物运输特点是什么？

（2）高铁货物运输组织形式都有哪些？

知识链接

一、高铁货物运输概述

（一）高铁货运的内涵

高铁货运也称为高铁快递，以高速铁路运输网络为基础，于规定的时间范围，把客户需转递的货物安全、快捷、准确地运输至客户要求的目的地，同时满足货物信息跟踪、货款管理等高附加值服务的需求。

（二）高铁货物运输特点

1. 运输速度快

目前高铁列车运营速度可达 350 千米/小时，接近汽车的 3 倍，达到喷气客气的 1/3 和短途飞机的 1/2，与最高运行速度为 160 千米/小时的特快货物班列相比较，列车时速有明显提升。随着高铁的建设，中心城市与大城市间实现了 500 千米运距 2 小时到达、2 000 千米运距 8 小时到达、3 000 千米运距 12 小时到达的目标。

2. 安全可靠

高铁列车安全保障措施多，受天气影响的程度相比其他运输方式小，从客观上可以有效减少快件延误问题。并且高速线路平、纵断面设计中采用较大的线路平面曲线半径、较长的纵断面坡段长度和较大的竖曲线半径，从而保证了线路的平顺、稳定，使得列车在运行途中振动和摇摆幅度很小，将有效降低货物在运输途中的货损率。

3. 绿色节能

在货运造成的单位污染强度方面，每百吨公里碳排放量公路为 79.8 千克、航空为 10.7 千克、铁路为 2.6 千克，数据表明，铁路货运产生的碳排放量仅为公路货运的 1/30；能耗方面，铁路货运能耗仅为公路的 1/25、航空的 1/125。同使用不可再生能源（汽油、柴油）的汽车、飞机相比，高铁采用的是清洁能源，这将有效避免石油或汽油燃烧带来的粉尘、油烟、废气等环境污染问题。

4. 输送能力较大

运能方面，高铁也具有一定优势。一列 TGV 邮政专列净载重能力可达 61 吨，远大于邮政飞机 14.3 吨的载重量。最新研制的欧洲高铁货运专列载重可达 120 吨，相当于 2 列 TGV 高速邮政列车、1 架波音 B747-400F、3 架空客 A310F、7 辆铰接式卡车的运量。高铁货运专列运能大，与不断增长的快捷货运需求相适应。

二、高铁货物运输组织

(一) 高铁货运组织模式

1. 高铁确认车模式

高铁确认车就是在每天早上运输第一批旅客之前，开行的承担线路检测任务的"探路车"。该车不搭载旅客，每日只开一次，为了确保准时，货物必须在发车前 1 小时到达站台，否则就会使一整天的列车全都延误。使用高铁确认车运输货物的方式，可以以较少的额外成本获得较高的利润，但车次仅有一次，这就决定了高铁确认车运输的货物不能过多，仅适合小件快递的运输。另外，这一模式的快递货运不能跨局运输，只能管内运输，所以不能形成高铁快递货运网络。

2. 客运动车组客货共运模式

该模式依靠图定旅客列车运输快递货物，将货物放在行李存放区、座位空隙区，可以装运小件包裹，实现特定区间的运输需求。采用这种模式时，每一个图定动车组可以存放货物的空间都是有限的，所以货物的长、宽、高及总重量等都有严格要求。另外，对货物的堆放方式也有限制，如不得堵塞通道，不得堆叠过高，必须加盖网罩予以区分等。

3. 客货共编动车组模式

客货共编动车组模式指将客运动车组车辆与货运动车组车辆共同编组运输，可以采取以下三种方式：第一种是根据货运需求，将旅客列车的 1~2 节车厢不卖客票，用于装运货物。第二种是在客运能力较充裕的时候，通过移除座椅、车门加大等方式改造客运动车组车体中的某一节或几节车厢，用于快递货物运输。第三种方式是研发客货共编动车组，将动车组中一节车厢设计为货运车厢，在列车运行前完成装载，到站后将货运车辆在高铁车站解挂，然后利用联络线或支线将货运车辆拉至具有货运作业能力的铁路行包基地或货运站进行卸车。

4. 高铁货运专列模式

高铁货运专列模式是指将客运动车组上的客运设备全部拆除改造成货运车厢或者依靠新研发的高铁货运动车组进行运输，加开货运专列，可以在重要的城市之间进行点对点双向运输，满足大货量、高速度的需求。并且因为和客运专列分离，降低对站点卸货速度的要求的同时降低了对旅客乘降的影响。

(二) 高铁货物运输组织

1. 高铁货物运输组织过程

高铁货物运输组织过程由集运系统的收件作业、疏运系统的发件作业和两系统之间的高铁运输作业过程构成。通过运输组织实现货物由发货人运输到收货人的同时将货运过程中的状态信息传递给收发货人。高铁货物运输组织过程如图 3-1 所示。

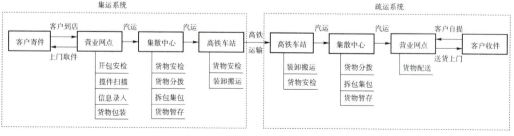

图 3-1　高铁货物运输组织过程

　　集运系统中将分散的货源通过公路运输等方式向营业网点集中，并逐步向车站站点汇集，实现货物"门到站"的运输过程；疏运系统中将集中货物由终到站向营业网点分拨，逐步实现货物由高层次向低层次疏散的"站到门"运输过程。当货物从发送端的车站站点通过高铁运输运到送达端的车站站点时，货物实现了"站到站"的运输。在快递运输的整个过程中，从收件形成订单到货物送达客户签收为止，通过信息管理平台将整个运输服务过程展示给客户，客户可以实时查询货物的运输状态，实现货物"全过程"追踪。

2. 高铁货物运输作业流程

　　业务流程的良好运行能够确保为客户提供高质量、高价值的产品服务，是服务管理的基础。既有高铁货物运输服务作业流程涉及发送作业、途中作业、到达作业三个环节，具体作业内容如表3-16、表3-17、表3-18所示。

表3-16　高铁货运发送作业程序和内容

作业程序	作业内容
接收发送流程	1. 高铁车站营业部作业人员实时通过信息系统接收、核准揽收"高铁快递"的预报信息 2. 作业人员根据预报信息，统计集货预报量，合理分配作业分拣人员、集装容器等 3. 与车站客运计划员（或客运值班员）确认高铁动车组运力变化情况；确认当日高铁动车组有无停运、减编情况；确认有无专运任务和其他临时任务影响高铁快件运输
安检入场	1. 由接驳员在规定时间（运力发车前40分钟）前到达高铁车站指定地点进行快件安检、交接 2. 由交接双方在交接地点共同点验数目、规格，按照公司高铁快运验视标准和流程，逐件进行验视，并加盖"已验视"章，双方确认无误后在《高铁极速达快件交接表》上签字确认，交接表双方各留一份 3. 快件指定安检通道进行过机安检，发现异常快件转交顺丰接驳员处理，并在交接表上注明
扫描集包	将安检后的快件使用无线手持终端逐件进行到件扫描确认、装包扫描，并按集包要求进行集包装箱（集装箱使用蓝色G型高铁箱）
配载计划	使用无线手持终端将集装件根据计划运力车次，在高铁快运信息系统中进行"配载"和"配载审核"操作
运输票据	"配载审核"后由高铁快运信息系统推送至高铁站间运输系统生成电子包裹票作为高铁站间运输收入票据
上站装运	1. 结合高铁动车组列车运输计划合理安排作业人员、机具 2. 根据配载计划核对集装件 3. 使用装载工具将集装件通过固定走行通道转运至相应站台指定位置等待装车 4. 待列车停稳后，进行装车作业 5. 装车完毕后，作业人员应向列车长汇报集装件装车位置（使用高铁行包专用柜）及件数，并在高铁快运信息系统中进行装车确认操作

表3-17　高铁货运途中作业程序和内容

作业程序	作业内容
站车交接	凭货物交接清单与列车长办理交接手续，由列车长通知动车组司机关闭车门
途中检查	装车后，列车长对集装货件装载情况和随车作业人员票证等进行检查并登记
运输障碍的处理	列车运行途中发生障碍时，分别按照障碍类型按规定进行处理

表 3-18   高铁货运到达作业程序和内容

作业程序	作业内容
卸车准备	作业人员由指定通道进入站台指定位置,车站工作人员监督装卸车作业过程
站车交接	作业人员组织卸车,完毕后,与列车长办理交接手续
入库保管	作业人员将接收的货物搬入库房,整理、核对货物运单和货物
到货通知	向收货人发出领货通知或送货通知
确认信息	送货时,核对收货人的有关信息并签字确认
交付货物	将货物交付收货人

任务四   铁路特种货物运输组织

任务导入

铁路货物运输具有运量大、准点率高的特点,受到大批量货物运输的青睐。危险品、超限货物、鲜活易腐货物也常常用到铁路运输。在开展铁路特种货物运输之前,先弄清以下问题。

(1)什么是铁路特种货物运输?

(2)铁路特种货物运输组织注意事项有哪些?

知识链接

一、危险货物运输组织

(一)危险货物运输的办理条件

1. 铁路危险货物托运人资质

铁路危险货物托运人,是指经过国家有关部门认定,取得危险货物生产、储存、使用、经营资格,从事铁路危险货物运输托运业务的单位。

(1)申请铁路危险货物托运人资质应具备的条件:

①具有国家规定的危险物品生产、储存、使用、经营的资格。

②危险货物自备货(罐)车、集装箱等运输工具的设计、制造、使用、充装、检修等符合交通运输部的安全管理规定。

③危险货物容器及包装物的生产符合国家规定的定点生产条件并取得产品合格证书。

④办理危险货物作业场所的消防、防雷、防静电、安全检测、防护、装卸、充装等安全设备应符合国家有关规定。储存仓库的耐火等级、防火间距应符合《建筑设计防火规范》等有关国家标准。

⑤相关专业技术人员、运输经办人员和押运人员应经过铁路危险货物运输业务知识培训,熟悉本岗位的相关危险货物知识,掌握铁路危险货物运输规定。

⑥有铁路危险货物运输事故处理应急预案,配备应急救援人员和必要的救援器材及设备。

（2）申请铁路危险货物托运人资质需提交的材料。

①行政许可申请书。

②申请办理危险化学品、爆炸品、放射性物质托运人资质的，应提供相应生产许可证或经营许可证。

③营业执照（副本）。

④交通运输部或铁路管理机构认可的培训机构对专业技术人员、运输经办人员、押运人员进行培训的合格证明。申请办理气体类危险货物托运人资质的，还需提交轨道衡年检合格证。

⑤危险货物运输时过处理应急预案。

2. 铁路进出口危险货物代理人

铁路进出口危险货物代理人是指从事铁路危险货物进出口运输代理的国际货贷企业，需具备铁路进出口危险货物代理资格。取得进出口危险货物代理人资格，需具备以下条件。

（1）具备中华人民共和国商务部批准颁发的国际货代资格证书。

（2）必须有3年以上从事铁路危险货物运输的工作经验和完善的管理制度，应有相应数量的熟悉铁路危险货物基本知识的专业技术人员。

（3）危险货物进出口运输经办人员必须通过技术培训考试合格，并取得铁路局合法的《铁路危险货物运输业务培训合格证》。

3. 铁路危险货物办理站（专用线、专用铁路）办理规定

铁路危险货物运输办理站是指站内、专用线、专用铁路办理危险货物发送、到达及中转作业的车站。为严格和细化铁路危险货物运输办理条件，提高铁路危险货物运输管理水平，交通运输部制定了《铁路危险货物运输办理站（专用线、专用铁路）办理规定》（以下简称《办理规定》），包括如下几个方面。

（1）危险货物办理站名表，规定站内办理危险货物的发到品类。

（2）危险货物集装箱办理站名表，规定站内办理危险货物集装箱发到站站名及允许的箱型。

（3）剧毒品办理站名表，规定站内、专用线剧毒品发到品名。

（4）专用线、专用铁路办理规定一览表，规定与车站衔接的专用线、专用铁路产权单位名称、公用单位名称，铁路罐车、集装箱、整车装运危险货物的发到品名，轨道衡计量以及集装箱作业条件（起重能力、其中设备类型）等。

（二）铁路危险货物托运

危险货物仅办理整车和10吨以上集装箱运输。托运人托运危险货物时，应在货物运单"货物名称"栏内填写"危险货物品名索引表"内列载品名和相应编号，在运单的右上角用红色戳记表明类项名称，并在货物运单"托运人记载事项"栏内填写《托运人资质证书》、经办人身份证和《铁路危险货物运输业务培训合格证》号码，对派有押运员的还需填写押运员姓名和《液化气体铁路罐车押运员证》或《铁路危险货物运输业务培训合格证》号码。托运爆炸品（如烟花爆竹）时，托运人还须出具到达地县级人民政府公安部门批准的《爆炸物品运输许可证》（《烟花爆竹运输许可证》），并注明许可证名称和号码，并在运单右上角用红色戳记表明"爆炸品（烟花爆竹）"字样。

二、超限货物运输组织

（一）超限货物等级划分

（1）超限货物以装车站列车运行方向为准，由线路中心线起，分为左侧、右侧和两侧超限。

（2）按超限程度划分为一级超限、二级超限和超级超限。

（3）按超限部位进行如下划分：

①上部超限。由轨面起高度（以下简称高度）超过 3 600 毫米，有任何部位超限者，按其超限程度划分为一、二级和超级超限。

②中部超限。在高度 1 250~3 600 毫米，有任何部位超限者，按其超限程度划分为一、二级和超级超限。

③下部超限。在高度 150~1 250 毫米，有任何部位超限者，按其超限程度划分为二级和超级超限。

④对装载通过或到达特定装载限界区段内各站的货物，虽然没有超出机车车辆界限，但超出特定装载界限区段的装载界限时，亦应视为超限货物。

（二）超限货物的托运

托运超限货物时，托运人应根据批准的要车计划向车站提出货物运单外，还应提供如下资料。

（1）有托运超限货物说明书，如表 3-19 所示。

表 3-19　托运超限货物说明书

发局		装车站			预计装后尺寸		
到局		到站			由轨面起高度	由车辆纵中心线起	
品名		件数				左宽	右宽
每件重量		总重量		重心位置	中心高		
货物长度		支重面长度			侧高		
高度	中心高		由线路纵中心线起的宽度	左	右	侧高	
	侧高			左	右	侧高	
	侧高			左	右	侧高	
	侧高			左	右	侧高	
要求使用车种			标记载重		侧高		
装卸时的要求							
其他要求				车地板高度			
				垫木或转向架高度			
				预计装在车上货物中心位置距轨面的高度			
				重车重心高度			

（2）有货物外形尺寸三视图，并以"+"号标明货物重心的位置。

（3）有计划装载、加固计算根据的图纸和说明。

（4）自轮运转超限货物，应有自重、轴数、轴距、固定轴距、长度、转向架中心销间距离、制动机类型及限制条件。

三、鲜活易腐货物运输组织

(一) 鲜活易腐货物分类

鲜活货物分为易腐货物和活动物两大类。

1. 易腐货物

易腐货物包括肉、鱼、蛋、奶、鲜水果、鲜蔬菜、冰、鲜活植物等。按其热状态又分为冻结货物、冷却货物和未冷却货物。

(1) 冻结货物是指经过冷冻处理成为冻结状态，温度达到承运温度范围内的易腐货物，如冻肉、冰激凌等。

(2) 冷却货物是指经过冷冻处理后，温度达到承运温度范围内的易腐货物，如经过冷却的水果、蔬菜等。

(3) 未冷却货物是指未经过冷却、冷冻处理，处于自然状态的易腐货物，如采收后以初始状态提交运输的水果、蔬菜等。

2. 活动物

活动物包括禽、畜、兽、蜜蜂、活鱼以及鱼苗等。

(二) 鲜活易腐货物的运输组织

1. 按一批托运的规定

(1) 不同热状态的易腐货物不得按一批托运。

(2) 按一批托运的整车易腐货物，一般限运同一品名。但不同品名的易腐货物，如在冷藏车内保持或要求的温度上限 (或下限) 差别不超过 3 ℃时，允许拼装在同一冷藏车内按一批托运。

2. 运单填写

(1) 货物品名：托运人托运易腐货物，应在货物运单"货物名称"栏内填写具体的货物品名，并注明其品类序号及热状态。

(2) 容许运输期限：托运易腐货物时，托运人应注明那个易腐货物的容许运输期限 (天)。易腐货物的容许运输期限至少须大于铁路规定的运输期限 3 天时，方可承运。

(3) 冷藏车的运输方式：使用冷藏车运输易腐货物时，托运人应按"易腐货物运输条件表"或按运输协议的条件确定运输方式，并在"托运人记载事项"栏内具体注明"途中加冰""途中制冷""途中加温""途中通风""同种不加冰""途中不制冷""途中不加温""不加冰运输"等字样，以便铁路按要求组织运输。

(4) 加冰冷藏车途中加冰的运输经由：对需要在途中加冰的冷藏车，发站应在货物运单的"经由"栏内按加冰所分工，一次填记应加冰的各加冰所站名；如最短途经陆上未设加冰所，不能确保易腐货物质量时，托运人可要求铁路绕路运输，此时发站应在货物运单的"经由"栏内依次填记绕路运输经由的各加冰所站名。

(5) 快速挂运标记 (△k) 发站承运易腐货物后应在货物运单以及货票、票据封套上分别填记红色"△k"标记。

3. 鲜活易腐货物的检疫证明

托运人托运需检疫运输的易腐货物时，应按国家有关规定提出检疫证明，在货物运单"托运人记载事项"栏内注明检疫证明的名称和号码，并将随货同行联牢固地粘贴在运单背面，车站凭此办理运输。

4. 运输季节和运输方式

(1) 运输季节的划分：运输易腐货物必须考虑外界气温的影响。铁路运输易腐货物，按运输时外界平均气温的高低将运输季节划分为热季 (平均气温在 20 ℃以上)、温季

（平均气温在 1℃~19℃）、和寒季（平均气温 0℃以下）。在温季的温度范围内又细分成
1℃~6℃、7℃~12℃、13℃~19℃三个温度段。

（2）运输季节的确定：运输季节要按发站至到站的全程平均气温来确定。当全程沿途各地的温差较大，运输距离较长，跨及两个以上平均气温不同的区段时，则应根据沿途各地气温的变化情况分段考虑，按各段平均气温来确定。

（3）运输方式：易腐货物在不同的外界气温条件下，需要采用不同的运输方式。运输易腐货物有冷藏、保温、防寒、加温和通风五种运输方式。

（三）活动物的托运与承运

1. 活动物检疫证明

托运人托运活动物时，应按国家有关规定提出检疫证明，在货物运单"托运人记载事项"栏内注明检疫证明的名称和号码，并将随货同行联牢固地粘贴在运单背面，车站凭此办理运输。

2. 猛禽、猛兽商定条件运输

托运人托运猛禽、猛兽（包括演艺用）时，应与发送铁路局商定运输条件和运输防护方法。跨局运输时，发送局应将商定的事项通知有关的铁路局。

3. 对押运人的规定

活动物运输的最大特点是运输过程中要同时进行饲养工作，养运难以分离。因此，装运活动物时，托运人必须委派熟悉活动物习性的押运人随车押运。托运人应在货物运单"托运人记载事项"栏内注明押运人的姓名、证明文件名称及号码。押运人的人数，每车以 1~2 人为限，托运人要求增派时，须经车站承认，但增派人数一般不得超过 5 人。鱼苗每车押运人不得超过 8 人，蜜蜂每车押运人不得超过 9 人。租用的家畜、家禽车回空时，每次准许派 2 人押运。押运人携带物品必须符合安全要求，只限途中生活用品和途中需要的饲料和饲养工具，数量在规定限量内。

4. 注明"活动物"字样

对承运的活动物，发站应在货物运单、货票、封套、装载清单内注明"活动物"字样，以便沿途做好服务工作。

任务五　铁路货物运费核算

任务导入

作为铁路货物运输业务人员，要能够依据货物特性、质量、数量等基本情况，选择适当的运输方式，并给出准确的运费计算。对此，请完先成以下任务。

（1）铁路货物运输费用计算程序包含哪些？

（2）不同运输方式的计算公式具体内容是什么？

知识链接

一、计算货物运输费用的程序

（1）按《货物运价里程表》算出发站至到站的运价里程。

（2）根据货物运单上填写的货物名称查找《铁路货物运输品名分类与代码表》和《铁路货物运输品名检查表》，确定适用的运价号。

（3）整车、零担货物按货物适用的运价号，集装箱货物根据箱型，冷藏车货物根据车种分别在《货物运价率表》中查出适用的发到基价和运行基价。

（4）货物适用的发到基价与按《铁路货物运输规则》确定的计费重量（集装箱为箱数）相乘，计算出发到运费；运行基价与货物的运价里程相乘之积再与按《铁路货物运输规则》确定的计费重量（集装箱为箱数）相乘计算出运行运费。

（5）杂费按《铁路货物运输规则》的规定计算。

二、铁路货运杂费

铁路货物运输营运中的杂费按实际发生的项目和《铁路货运营运杂费费率表》的规定核收。

（一）基本杂费

（1）使用冷藏车运输货物的杂费；

（2）使用铁路专用货车运输货物，除核收运费外，还应该核收专用货车使用费；

（3）使用长大货物车（D型车）运输货物的杂费；

（4）准、米轨间整车货物直通运输的换装费；

（5）运输里程在250千米以上的货物，核收货车中转作业费；

（6）派有押运人押运的货物，核收押运人乘车费。

（二）其他费用

（1）铁路建设基金；

（2）铁路电气化附加费；

（3）新路新价均摊运费；

（4）京九分流；

（5）加价运费、印花税。

三、铁路货物运费核算

（一）运价里程确定

1. 运价里程

运价里程通过查找《货物运价里程表》获得。《货物运价里程表》分为上、下两册。其中，上册为站名索引表；下册为里程表，用来计算从发站至到站的运价里程。

2. 运价里程查询方法

从里程表上册"站名首字汉语拼音索引表"或"站名首字笔画索引表"查出车站在"站名索引表"中的页码。翻到该页码所在位置，就可查到该车站的"电报略码"，所在的铁路局，省、市、自治区的简称，"最大起重能力"，"营业办理限制"等有关事项。

看一看

铁路货物
运价规则

3. 运价里程确定规则

运价里程根据《货物运价里程表》按照发站至到站间国铁正式营业线最短径路计算，但货物运价里程表内或交通运输部规定有计费经路的，按规定的计费经路计算运价里程。运价里程不包括专用线、货物支线的里程。通过轮渡时，应将规定的轮渡里程加入运价里程内计算。水陆联运的货物，应将换装站至码头线的里程加入运价里程内计算。

下列情况发站在货物运单内注明运价里程按实际经由计算：

（1）因货物性质，如鲜活货物超限货物等必须绕路运输时；

（2）因自然灾害或其他非铁路责任托运人要求绕路运输，承运后的货物发生绕路运输时仍按货物运单内记载的经路计算运费；

（3）计算货物运费的起码里程为100千米。

实行统一运价的营业铁路与特价营业铁路直通运输，运价里程分别计算。

（二）运价号及运价

运价号通过查找《铁路货物运输品名分类与代码表》和《铁路货物运输品名检查表》获得。《铁路货物运输品名分类与代码表》由代码、货物品类、运价号（整车、零担）、说明等项组成。代码由 4 位阿拉伯数字组成，是类别码（前 2 位表示货物品类的大类，第 3 位表示中类，第 4 位表示小类），根据货物所属的类项，便可确定货物的运价号。铁路运输的货物共分 26 类，每一类都是按大类、中类、小类的顺序排列。

运价分为发到基价和运行基价。整车、零担货物按货物适用的运价号，集装箱货物根据箱型、冷藏车货物根据车种，分别在《铁路货物运价表》中查出适用的发到基价和运行基价。

（三）计费重量

货物运费的计费重量，整车货物以吨为单位，吨以下四舍五入。零担货物以千克为单位，不足千克进为千克。集装箱货物以箱为单位。

（四）铁路货物总运费计算公式

1. 整车货物运输

整车货物运输总运费＝（发到基价+运行基价×运价里程）×计费重量+杂费

2. 零担货物运输

零担货物运输总运费＝（发到基价+运行基价×运价里程）×计费重量/10+杂费

3. 集装箱货物运输

集装箱货物运输总运费＝（发到基价+运行基价×运价里程）×箱数+杂费

 项目小结 ▶▶ ▶

本项目首先介绍了铁路运输业务内涵，包括铁路货物运输设施与设备、铁路货物运输种类、运到期限计算。其次，介绍了铁路货物运输流程及相关单证。再次，介绍了高铁货物运输与铁路特种货物运输的组织流程等。最后，介绍了铁路货物运输运费计算过程及公式。

思政园地

青藏铁路（英文名称：Qinghai-Tibet Railway），简称青藏线，是一条连接青海省西宁市至西藏自治区拉萨市的国铁Ⅰ级铁路，是中国新世纪四大工程之一，是通往西藏腹地的第一条铁路，也是世界上海拔最高、线路最长的高原铁路。

青藏铁路分两期建成，一期工程东起青海省西宁市，西至格尔木市，于 1958 年开工建设，1984 年 5 月建成通车；二期工程，东起青海省格尔木市，西至西藏自治区拉萨市，于 2001 年 6 月 29 日开工，2006 年 7 月 1 日全线通车。

青藏铁路由西宁站至拉萨站，线路全长 1 956 千米，其中西宁至格尔木段 814 千米，格尔木至拉萨段全长 1 142 千米；共设 85 个车站，设计最高速度为 160 千米/小时（西宁至格尔木段）、100 千米/小时（格尔木至拉萨段）。截至 2015 年 3 月，青藏铁路的运营速度为 140 千米/小时（西宁至格尔木段）、100 千米/小时（格尔木至拉萨段）。

【思政点评】青藏铁路二期工程开工建设以来，1 800 多个日日夜夜，五度炎夏寒冬，10 多万建设大军在"生命禁区"，冒严寒，顶风雪，战缺氧，斗冻土，以惊人的毅力和勇气，挑战极限，战胜各种难以想象的困难，攻克了"高寒缺氧、多年冻土、生态脆弱"三大难题，谱写了人类铁路建设史上的光辉篇章。青藏铁路建设者以敢于超越前人的大智大勇，拼搏奋斗，开拓创新，攀登不止，在雪域高原上筑起了中国铁路建设新的丰碑，也铸就了挑战极限、勇创一流的青藏铁路精神。

项目三　检测单

自我检测

检测题目：课后的同步测试题。

小组检测

检测题目：高铁货物运输市场现状调研。

检测要求：以小组为单位，形成 PPT，课堂进行汇报。

检测标准：1. 团队合作（10 分）；2. 扣题情况（5 分）；3. 内容完整性（15 分）。

小组互评：＿＿＿＿＿＿＿＿＿＿＿＿＿＿＿＿＿＿＿＿＿＿＿＿＿＿＿＿＿＿＿

＿＿＿＿＿＿＿＿＿＿＿＿＿＿＿＿＿＿＿＿＿＿＿＿＿＿＿＿＿＿＿＿＿＿＿＿＿

＿＿＿＿＿＿＿＿＿＿＿＿＿＿＿＿＿＿＿＿＿＿＿＿＿＿＿＿＿＿＿＿＿＿＿＿＿

教师检测

检测标准：1. 团队合作（10 分）；2. 汇报有理有据（10 分）；3. 讲解清楚（10 分）。

教师点评：＿＿＿＿＿＿＿＿＿＿＿＿＿＿＿＿＿＿＿＿＿＿＿＿＿＿＿＿＿＿＿

＿＿＿＿＿＿＿＿＿＿＿＿＿＿＿＿＿＿＿＿＿＿＿＿＿＿＿＿＿＿＿＿＿＿＿＿＿

＿＿＿＿＿＿＿＿＿＿＿＿＿＿＿＿＿＿＿＿＿＿＿＿＿＿＿＿＿＿＿＿＿＿＿＿＿

检测评分

自我检测（40 分）	同步检测（40 分）		
小组检测（30 分）	团队合作（10 分）	紧扣题目（5 分）	内容完整（15 分）
教师检测（30 分）	标准 1：团队合作（10 分）		
	标准 2：解释有理有据（10 分）		
	标准 3：汇报思路清晰（10 分）		
满分（100 分）			

个人反思

同步测试

一、不定项选择题

1. 我国常用的铁路货车的载重量是 (   )。

A. 60 吨   B. 20 吨   C. 50 吨   D. 90 吨

2. 棚车、敞车、平车、保温车、罐车的基本型号分别是 (   )。

A. G－P－C－N－B   B. P－U－N－C－G   C. P－C－N－B－G   D. P－C－K－B－G

3. 铁路零担货物运输中，一批货物的件数不得超过 (   )，一件体积最小不得小于 (   ) 立方米 (一件重量在 10 千克以上的除外)。

A. 200 件，0.02   B. 300 件，0.02   C. 400 件，0.03   D. 500 件，0.03

4. 铁路货运"五定"班列是指 (   )。

A. 定点、定线、定车次、定货物、定价

B. 定车组成员、定线、定车次、定时、定价

C. 定车组成员、定线、定车次、定货物、定价

D. 定点、定线、定车次、定时、定价

5. 铁路货物运到期限的起码日数为 (   ) 天。

A. 1   B. 2   C. 3   D. 5

二、简答题

1. 铁路哪些货物可以按零担托运？哪些货物不能按零担托运？

2. 在铁路货场领取货物时，应提供哪些手续？

3. 简述内地对香港地区铁路货运的流程和对香港地区铁路货运分别需要哪些单证。

4. 何谓国际铁路货物联运？针对国际铁路货物联运，目前有哪些国际公约，其作用如何？

5. 高铁货运的组织形式有哪些？

6. 国际铁路货物联运运费包括哪些项目，如何计收？

三、案例分析

2004 年 5 月 20 日，托运人黑龙江省北大荒米业有限公司将 1 200 件 60 000 千克大米交铁路佳木斯站运至杭州南星桥站，承运方式为整车直达，装车方式为托运人自装，并办理了保价运输，保价金额为 14 万元 (货物实际价值 16.2 万元)，货物运到期限为 15 天，收货人为大米购买人宁军。6 月 2 日，货到南星桥站。6 月 4 日，南星桥站卸车，卸前检查车辆篷布苫盖良好，无异状，卸时发现车厢底部有 200 件大米不同程度受潮，6 月 8 日原告提货时发现受潮霉大米为 253 件，南星桥站编制了货运记录。经南星桥站与宁军确认，253 件受潮大米的实际损失为 30 992.5 元。因铁路承运人对上述损失不予赔偿，宁军遂将到站南星桥站所属的艮山门站和上海铁路局杭州铁路分局诉至法院。

宁军认为，铁路承运人接收货物后，应在约定期限内将货物安全运送到目的地。根据合同法规定，承运人应对运输货物的毁损、灭失承担损害赔偿责任，除非承运人能够证明自己存在免责事由，否则即应赔偿原告上述 253 件货物的损失 30 992.5 元。两被告作为铁路统一承运人的到站和分局，应对上述损失予以赔付。

两被告对大米受损事实无异议。但称该批货物系托运人自装，承托运双方凭篷布现状交接。到站卸货时篷布苫盖良好，无异状。承运人无任何造成大米可能受潮的情形，故完全为托运人责任，承运人不承担赔偿责任，请求法院驳回原告的诉讼请求。

思考题：如果你是法官会如何裁决？

 **综合实训**

一、实训名称

铁路货运枢纽认知。

二、实训目标

1. 通过实地调研和查找资料，加强对铁路枢纽的认识，理解铁路货运枢纽的功能及重要地位。

2. 掌握一些调研方法和途径，培养研究分析问题的能力。

三、实训内容

1. 认识铁路货运枢纽整体构成。

2. 了解铁路货运枢纽作业流程。

3. 熟悉铁路货运枢纽相关设备。

四、实训步骤

1. 寻找具有代表性的铁路货运枢纽。

2. 参观调研铁路货运枢纽整体布局、基本功能、业务流程、相关设备。

3. 查阅与调查内容相关的资料。

4. 学生分组完成调研，形成调研报告。

五、评价标准

1. 铁路货运枢纽选择合理性。

2. 对铁路货运枢纽调研全面。

3. 对调研结果进行分析，形成调研报告。

六、成果形式

1. 将调研获得的资料做成统计报告，提出结论、观点等。

2. 组织各组进行交流讨论。

3. 各组相互评议、打分，以小组为单位进行成绩评估。

水路运输业务

 学习目标

知识目标

1. 掌握水路货物运输的概念、特点、分类和相关设施等基本常识
2. 了解水路货物运输的发展及我国水路货物运输的现状
3. 认识水路货物运输的各种设施设备，并掌握各自的作用及性能
4. 掌握水路货物运输的类型及主要特点

能力目标

1. 掌握水路货物运输运费的计算方法
2. 学会编制水路货物运输合同
3. 学会水路运单的填写方法
4. 熟练掌握货物装船前的准备工作和货物交付的几种方式

思政目标

1. 培养团队协作精神
2. 培养认真的工作态度
3. 培养节约的生活习惯
4. 培养吃苦耐劳的精神

知识逻辑图

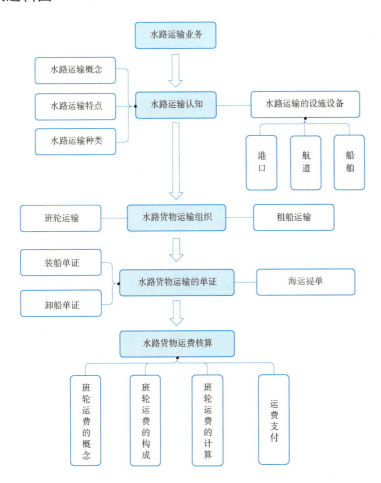

引 例

　　人类与生俱来的好奇心使得人们总有越过江河、湖泊甚至大海去探索新天地的愿望。正是这些原因促使人类的祖先发明了木筏、独木舟等水上交通工具，并借助帆来利用丰富的风力资源。当然，仅仅靠风驱动是不够的，所以人们还发明了桨。把帆、桨装在独木舟上，就成了最原始的帆船。对于那些进行海上贸易的人们来说，对帆船的要求就更高了。因此，船的不断发展促进了水路运输的快速发展。

　　任务描述：水路运输是一种最古老、最经济的运输方式。利用水路运输货物，在大批量和远距离的运输中价格便宜，可以运送超大型和超重物品。运输线路主要利用自然的海洋和河流，不受道路的限制，在隔海的区域之间是代替陆地运输的必要方式。水运系统综合运输能力主要由船队的运输能力和港口的通过能力来决定。

　　任务分析：该项目要求分析该外贸公司与船务公司发生纠纷的原因，归纳总结出远洋运输的相关知识，掌握班轮运输业务流程及主要单证的流转，尤其应熟悉提单及提单业务。并查阅资料判断我国远洋运输业的发展方向，根据任务要求，应详细剖析案例，结合课下知识，归纳总结出相关知识点。

　　概念点击：水路运输的概念、水路运输设备、船舶、航线、港口。

任务一　水路货物运输认知

任务导入

　　马六甲海峡是世界著名的通航要道，它位于两座岛屿之间，由三个国家共同进行管理，分别是马来西亚、印度尼西亚和新加坡。马六甲海峡全长大约 1 080 千米，整体呈现出东南到西北的走向。

　　据数据统计，每年通过马六甲海峡的船只高达 10 万余艘，因此马六甲海峡也是世界上最繁忙的海峡之一。它与霍尔木兹海峡等其余九个海峡并称为世界十大海峡，拥有着极其重要的地理位置，那么马六甲海峡为什么这么重要呢？

　　请同学们查找资料完成以下任务：

　　(1) 我国水路货物运输发展现状如何？

　　(2) 水路运输的特点有哪些？

　　(3) 水路运输是如何分类的？

知识链接

一、水路运输概述

(一) 水路运输的概念

　　水路运输是以船舶为主要运输工具，以港口或港站为运输基地，以水域（包括海洋、河流和湖泊）为运输活动范围的一种运输方式。

(二) 水路运输的特点

　　水路运输的特点如表 4-1 所示。

表 4-1　水路运输的特点

水路运输优点	从技术性能来看	①运输能力大。在五种运输方式中，水路运输能力最大，在长江干线支拖驳或顶推驳船队的载运能力已超过万吨，世界上最大的油船已超过 50 万吨。 ②在运输条件良好的航道，通过能力几乎不受限制。 ③水路运输通用性能也不错，既可运客，也可运货，可以运送各种货物，尤其是大件货物
	从经济技术指标来看	①水运建设投资小。水路运输只需利用江、河、湖、海等自然水利资源，除必须投资购造船舶、建设港口之外，沿海航道几乎不需投资，整治航道也仅仅只有铁路建设费用的 1/5～1/3。 ②运输成本低。我国沿海运输成本只有铁路运输的 40%，长江干线运输成本只有铁路运输的 84%。 ③劳动生产率高。沿海运输劳动生产率是铁路运输的 6.4 倍，长江干线运输劳动生产率是铁路运输的 1.26 倍。 ④平均运距长。水路运输平均运距分别是铁路运输的 2.3 倍、公路运输的 59 倍、管道运输的 2.7 倍、民航运输的 68%。 ⑤远洋运输在我国对外经济贸易方面占有独特重要地位，我国有超过 90% 的外贸货物采用远洋运输，是发展国际贸易的强大支柱，战时又可以增强国防能力，这是其他任何运输方式都无法代替的

水路运输缺点	①受自然条件影响较大，内河航道和某些港口受季节影响较大，冬季结冰，枯水期水位变低，难以保证全年通航。 ②运送速度慢，在途中的货物多，会增加货主的流动资金占有量。 总之，水路运输综合优势较为突出，适于运距长、运量大、时间性不太强的各种大宗物资运输

（三）水路货物运输的种类

1. 按航行的区域分类

水路货物运输按船舶航行区域可划分为内河运输和海上运输，如图 4-1、图 4-2 所示。

图 4-1　内河运输

图 4-2　海上运输

（1）内河运输：指利用船舶、排筏和其他浮运工具，在江、河、湖泊、水库及人工水道上从事的运输。我国的江河资源十分丰富，历史上就是世界领先的水运大国。东西向长江、珠江、黑龙江、淮河、钱塘江、闽江等几大水系组成内河运输体系，长江长达 6 300 千米，历来有"黄金水道"之称，随着三峡工程和长江上游梯级电站的建设和国家西部大开发战略的实施，长江内河运输将会发挥更大作用。

（2）海上运输：简称海运。海上运输包括远洋运输、近洋运输和沿海运输。远洋运输是指我国与其他国家或地区经过一个或数个大洋的海上运输，我国至北美、南美、大洋洲、欧洲等地区之间的运输，属于远洋运输。近洋运输是指我国与邻近国家或地区的海上运输，如我国到日本、朝鲜、印尼等地的运输，属于近洋运输。沿海运输是指在我国沿海各港口之间的运输。海上运输是开展国际贸易的主要方式，是发展经济和友好往来的主要交通工具之一。

2. 按货物包装分类

按货物的包装状况分为散装货物（无包装）、集装箱、单元滚装运输等。集装箱运输和散杂货物运输是我国水路运输的主要形式。

（1）集装箱运输：集装箱是指具有一定强度、刚度和规格，专供周转使用的大型装货容器。使用集装箱装运货物，可直接在发货人的仓库装货，运到收货人的仓库卸货，中途更换船时，无须将货物从箱内取出换装。

按所装货物种类可分为杂货集装箱、散货集装箱、液体集装箱、冷藏集装箱、板架集装箱、超高集装箱等。

集装箱货物按装箱方式可分为整箱货（FCL）和拼箱货（LCL）。集装箱货物按交接方式可分为门到门（DOOR-DOOR）、场到场（CY-CY）、站到场（CFS-CY）、站到站

（CFC-CFS）、场到站（CY-CFS）。

（2）散杂货运输：包括散装货运输和件杂货运输。

散装货运输：散装货简称散货，是指货物在装运以前不加包装直接装载船上的通舱或货舱隔成的小舱中的块状、颗粒状、粉末状货物，如矿石、煤炭、谷物、糖、油和散运的盐等。散货一般批量较大。

件杂货运输：件杂货是指除鲜活货物外包装成件或本身是可计数的一般货物的总称，如一箱衣服、一辆汽车等。它品种繁多，性质各异，包装形式不一。

散杂货运输可以采用租船和订舱两种形式。

租船运输是指船舶所有人把船舶租给租船人，根据租船合同规定或租船人的安排来运输货物的方式，一般适用于大批量散货运输。

订舱是指发货人（托运人或其代理人）向船公司（承运人，班轮公司或它的营业所或代理机构等）申请运输货物、承运人对这种申请给予承诺的行为。承运人与托运人之间不需要签订运输合同，而是以口头或订舱函电的方式进行预约，只要船公司对这种预约给予承诺，并在舱位登记簿上登记，即表明承托双方已建立有关货物运输的关系。一般适用于件杂货运输。

3. 按货物运输性质和特点分类

按运输货物的性质和特点分为普通大宗货物运输（如煤、砂、矿石等）和特种货物运输（如活植物，活动物，危险品货物，笨重、长大货物，易腐货物等）。

4. 按合同的承租期限分类

按水路货物运输合同的承租期限分为航次租船运输、定期租船运输、包运租船运输。航次租船运输是指出租人向承租人提供船舶的全部或部分舱位，装运约定的货物，从一港（站、点）运到另一港（站、点）的运输形式。定期租船运输是指出租人以特定的船舶租给承租人使用一个特定期限的货物运输。包运租船运输是指出租人在规定的时间内以完成承租人规定的货运总量和货运计划为目的的货物运输。

5. 按货物运输组织形式分类

按货物运输组织形式分为直达运输与多式联运等。

二、水路运输的设施与设备

水路运输系统的设施与设备主要由港口、航道和船舶三部分组成。

（一）港口

港口（如图4-3所示）是水运生产的一个重要环节。船舶的装卸、补给、修理工作和船员的休整等都要在港口进行。因此，港口是水运工作的关键所在。不论河港还是海港，其最基本的功能就是为船舶进行装卸搬运工作。

图4-3　宁波港

1. 港口的分类

（1）按用途商港分为一般商港和专业商港。

一般商港即用于旅客运输和装卸转运各种货物的港口，如上海港、天津港等。专业商港是指专门进行某一种货物的装卸，或以某种货物为主的商港，如秦皇岛港主要以煤炭和石油装卸为主。

（2）按地理位置分为海港、河港、湖港与水库港。

海港在自然地理条件和水文气象方面具有海洋性质，而且是为海船服务的港口。它又可细分为海湾港、海峡巷和河口港。海湾港是指位于海湾内，常有岛屿等天然屏障做保护，不需要或只需要较少的人工防护即可防御风浪的侵袭；海峡港是指处于大陆和岛屿或岛屿与岛屿之间的海峡地段的港口；河口港是指位于入海河流河口地段的港口。

河港是位于沿河两岸，并且具有河流水文特性的港口，如图 4-4 所示。

图 4-4　长江某港口

湖港与水库港是指位于湖泊和水库岸边的港口。

另外，还有按潮汐的影响划分的开敞港、闭合港；以及按其作用划分的世界性港、国际性港、地区港等不同类型。

2. 港口的组成

港口由水域和陆域两大部分组成。水域是供船舶进出港，以及在港内运转、锚泊和装卸作业使用的，因而要求它有足够的水深和面积，水面基本平静，流速和缓，以便船舶的安全操作；陆域是供旅客上下船，以及货物的装卸、堆存和转运使用的，因而陆域必须有适当的高程、岸线长度和纵深，以便在这里安置装卸设备、仓库和堆场、铁路、公路，以及各种必要的生产、生活设施等。

（二）航道

1. 航道的概念

航道是供船舶航行的水道。以组织水路运输为目的所规定或设置的船舶航行通道，称为航道。随着运输生产与科学技术的发展、船舶尺度的增大、船舶运行密度的增加和纵横水运网的逐步形成，现代水上航道已不仅是天然航道，而且是包括人工运河、进出港航道以及保证航行安全的航行标志系统和现代通信导航设备系统在内的工程综合体。图 4-5 所示为长江航道示意图。

图 4-5　长江航道示意图

2. 航道的类型及特点

（1）海上航道：属自然水道，其通过能力几乎不受限制。每一海区的地理和水文情况都反映在该区的海图上。船舶每次运行都是根据海图，结合当时的气候条件、海况和船舶本身的技术性能进行计算并在海图上标出。经过人们千年来的努力和探索，加上现代化导航技术的应用，全世界各国地区间的海上航道已基本为人们所了解和掌握。

（2）内河航道：大部分是利用自然水道加上引航的航标设施构成的。内河航道与海上航道相比，其通行条件有很大差别，反映在不同的通航水深（如各航区水深不同）、不同的通行时间（如有的区段不能夜行）和不同的通行方式（如单向或双向过船条件）等方面，因而在进行综合规划时，还应考虑航道分级和航道标准化。航道分级有利于从安全角度对船舶进行管理；航道和过船建筑物的标准化则是实现船型及港口设备标准化，形成现代化高效运输系统的前提条件。同时，大多数内河自然水道还需考虑航运、发电、灌溉、防洪和渔业的综合利用与开发，所以在发展内河航运而涉及航道问题时，还应注意与其他国民经济部门协调配合。

（3）人工航道：是指由人工开凿，主要是用于船舶通航的河流，又称运河。人工航道一般都开凿在几个水系或海洋的交界处，可以使船舶缩短航行路程，降低运输费用，方便人们生产和生活，扩大船舶航行的范围，进而形成一定规模的水运网络。一些著名的国际通航运河对世界航运的发展和船舶尺度的限制影响很大，其中主要有苏伊士运河、巴拿马运河和基尔运河。我国有世界上最古老、最长的人工运河——京杭大运河。京杭大运河全长1 794千米，横跨北京、天津两市，直穿河北、山东、江苏、浙江四省，从内陆将海河、黄河、淮河、长江、钱塘江五大水系沟通，是我国国内水运的大动脉。正是由于这种特殊的重要作用，2 000多年来人们一直在对大运河进行整治和扩建，如图4-6所示。

图4-6 京杭人工运河

（三）船舶

从事水上运输的船舶可分为散装货船、杂货船、冷鲜船、木材运输船、原油运输船、滚装船、集装箱运输船等。

1. 散装货船

散装货船是用来载运粉状、粒状、块状等散体货物，如谷物、煤炭、矿石、盐等的运输船舶。散装货船的大小分三个等级：约 3 万吨的方便型、6 万吨的巴拿马极限型和 10 万吨以上的海峡型。由于吨位越大，单位运费越低，因而个别的散装货船有达到 30 万吨以上的。

2. 杂货船

杂货船又称普通船舶，主要运装各种成捆、成包、成箱和桶装的杂件货。其货舱一般分为两层或者多层，以防底部货物被压损，舱口上通常设有 3~5 吨的起货设备。有的在个别舱口上还设有数十吨的大型起货设备。

杂货船的优点是货物种类与码头的适应性很强，其最大的缺点是受到装卸效率不高的限制。杂货船既能装载杂件货物，也能装载大件货、冷鲜货、集装箱等。

3. 油船

油船，又称油轮，是用来专门装运散装石油（原油及石油产品）类、液体货物类的船舶，是远洋运输中的特大型、大型船舶。油船上的货物是通过油泵和输油管进行装卸的，因而油船上不需设吊货杆或起货设备。目前，载重量在 5 万吨以上的油船已很普遍。大型油船的载货量为 20 万~30 万吨，超大型油船的载货量已达到 50 万吨，如图 4-7 所示。

4. 滚装船

滚装船是专门用来装运以载货车辆为货物单元的船舶。此类船舶一般在其侧面或前、后设有与码头连接的开口斜坡。汽车或集装箱（带挂车的）可直接开进或开出船舶。此类船舶的优点是装卸速度快，不依赖码头的装卸设备，可提高码头的船舶周转率，如图 4-8 所示。

图 4-7　大型油轮

图 4-8　滚装船

5. 集装箱运输船

集装箱运输船是专门用来运输集装箱的船舶，这种船的货舱口较为宽大且较长，货舱的尺寸一般按照装载的集装箱尺寸设计。大部分船舱都用来装载集装箱，甲板及舱盖上都可以用来堆放集装箱。集装箱船的载货量以运载 20 英尺标准集装箱（TEU）的数量来表示船只的大小，如图 4-9 所示。

6. 载驳船

载驳船是专门用来装运以载货驳船为货物单元的船舶。载驳船的运输方法是先将各种货物装在统一规格的驳船里，再将驳船装到载驳船上，到达中转港后卸下驳船，然后用拖船或推轮将驳船队或驳船拖带或顶推到目的港。它的最大优点是装卸效率高，且不受港口水深的影响，不需占用码头泊位，不需装卸机械，不需对货物换装倒装，如图 4-10 所示。

图 4-9　集装箱运输船图

图 4-10　载驳船

7. 冷藏船

冷藏并运输鱼、肉、果、蔬等货物的船舶总称为冷藏船。

8. 木材船

木材船是专门用以装载木材或原木的船舶。这种船舱口大，舱内无梁柱及其他妨碍装卸的设备。船舱及甲板上均可装载木材。为防甲板上的木材被海浪冲出舷外，在船舷两侧一般设置不低于 1 米的舷墙。

任务二　水路货物运输组织

任务导入

随着跨国快递行业的迅猛发展，我国的跨境电商及配套的物流体系越来越完善，但是物流成本相对比较高。大家知道为什么还是有很多跨境商品的运费依然很便宜吗？这都有赖于传统的物流方式——海运。海运是一种使用运输船运输大量货物的方法。货物被装入集装箱，然后装载到船上。事实上，跨境电商物流有 90% 的货物都是通过海运完成的。

现在越来越多人选择海运的原因主要是便宜，对于大宗货物运输来说安全系数高，产品的包容性也更大。虽然运输时间比较长，但是可以节约物流成本。

请同学们查找资料完成以下任务：

（1）说出你知道的水运组织形式。

（2）你知道水路运输的一般流程吗？

知识链接

一、班轮运输

班轮运输又称定期船运输，是指船舶在特定航线上和固定港口之间，按事先公布的船期表，从事货物运输业务并按事先公布的费率收取运费的一种运输方式。它的服务对象是非特定的、分散的众多货主。

（一）班轮运输的特点

（1）具有"四固定"的特点。即固定航线、固定港口、固定船期和相对固定的费率。

（2）没有规定货物的装卸时间。在班轮运输中不存在滞期费和速遣费的问题。

（3）承运人对货物负责的期间是从货物装上船起，到货物卸下船止，即"船舷至船舷"或"钩至钩"。

（4）班轮提单是运输合同的证明。

（二）班轮运输的作用

（1）有利于一般杂货和不足整船的小额贸易货物的运输。班轮只要有舱位，不论数量大小、挂港多少、直运或转运都可接受承运。

（2）由于"四固定"的特点，时间有保证。运价固定，为贸易双方洽谈价格和装运条件提供了方便，有利于开展国际贸易。

（3）班轮运输长期在固定航线上航行，有固定设备和人员，能够提供专门的、优质的服务。

（4）由于事先公布船期、运价费率，有利于贸易双方达成交易，减少磋商内容。

（5）手续简单，货主方便。由于承运人负责装卸和理舱，托运人只要把货物交给承运人即可省心省力。

（三）班轮运输货运流程

班轮货运流程如图4-11所示。

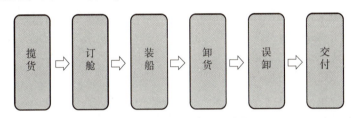

图4-11　班轮运输货运流程

1. 揽货

揽货是指从事班轮运输经营的船公司为使自己所经营的班轮运输船舶能在载重量和舱容上得到充分利用，力争做到"满舱满载"，以期获得最好的经营效益而从货主那里争取货源的行为。

2. 订舱

订舱是指托运人或其代理人向承运人即班轮公司或它的营业所或代理机构等申请货物运输，承运人对这种申请给予承诺的行为。承运人与托运人之间不需要签订运输合同，而是以口头或订舱函电进行预约。只要船公司对这种预约给予承诺，并在舱位登记簿上登记，即表明承托双方已建立有关货物运输的关系。

3. 装船

装船是指托运人应将其托运的货物送至码头承运船舶的船边并进行交接，然后将货物装到船上。如果船舶是在锚地作业，托运人还应负责使用自己的或租用的驳船将货物装到船上，亦称直接装船。对一些特殊的货物，如危险品、冷冻品、鲜活货、贵重货多采用船舶直接装船。而在班轮运输中，为了提高装船效率，减少船舶在港停泊时间，不致延误船期，通常都采用集中装船的方式。

4. 卸货

卸货是指将船舶所承运的货物在卸货港从船上卸下，并在船舶交给收货人或代其收货的人和办理货物的交接手续。船公司在卸货港的代理人根据船舶发来的到港电报，一方面编制有关单证，联系安排泊位和准备办理船舶进口手续，约定装卸公司，等待船舶进港后卸货，另一方面还要把船舶预定到港的时间通知给收货人，以便收货人及时做好接收货物的准备工作。

5. 误卸

卸货时，船方和装卸公司应根据载货清单和其他有关单证认真卸货，避免发生差错，然而由于众多原因难免会发生将本应在其他港口卸下的货物卸在本港，或本应在本港卸下的货物遗漏未卸的情况，通常将前者称为溢卸，后者称为短卸。溢卸和短卸统称为误卸。关于因误卸而引起的货物延迟损失或货物的损坏问题，一般在提单条款中都有规定，通常规定因误卸发生的补送、退运的费用由船公司负担，但对因此而造成的延迟交付或货物的损坏，船公司不负赔偿责任。如果误卸是因标志不清、不全或错误以及因货主的过失造成的，则所有补送、退运、卸货和保管的费用都由货主负担，船公司不负任何责任。

6. 交付

货物实际业务中船公司凭提单将货物交付给收货人的行为。具体过程是收货人将提单交给船公司在卸货港的代理人，经代理人审核无误后，签发提货单交给收货人，然后收货人再凭提货单前往码头仓库提取货物并与卸货代理人办理交接手续。交付货物的方式有仓库交付货物、船边交付货物、货主选择卸货港交付货物、变更卸货港交付货物、凭保证书交付货物等。货主选择卸货港交付货物是指货物在装船时货主尚未确定具体的卸货港，待船舶开航后再由货主选定对自己最方便或最有利的卸货港，并在这个港口卸货和交付货物。变更卸货港交付货物是指在提单上所记载的卸货港以外的其他港口卸货和交付货物。凭保证书交付货物是指收货人无法以交出提单来换取提货单提取货物，按照一般的航运惯例，常由收货人开具保证书，以保证书交换提货单提取货物。

二、租船运输

租船运输又称不定期船运输，是根据双方协商的条件，船舶所有人（船东）将船舶的全部或一部分出租给租船人使用，以完成特定的货物运输任务，租船人按约定的运价或租金支付运费的商业行为。在租船条件下，船东向租船人提供的不是运输服务，而是船舶的使用权，是一种无形贸易。

（一）租船运输的特点

（1）租船运输是根据租船合同组织运输的，租船合同条款由船东和租方双方共同商定。

（2）一般由船东与租方通过各自或共同的租船经纪人洽谈成交租船业务。

（3）不定航线，不定船期。船东对于船舶的航线、航行时间和货载种类等按照租船人的要求来确定，提供相应的船舶，经租船人同意进行调度安排。

（4）租金率或运费率是根据租船市场行情来决定的。

（5）船舶营运中有关费用的支出，取决于不同的租船方式由船东和租方分担，并在合同条款中订明。例如，装卸费用条款 FIO 表示租船人负责装卸费，若写明 Liner Term，则表示船东负责装卸费。

（6）租船运输适宜大宗货物运输。

（7）各种租船合同均有相应的标准合同格式。

（二）租船运输的作用

（1）由于运量大，可以充分发挥规模经济效益，降低单位运输成本。

（2）租船根据双方自己的需要进行治租，以取得最佳经济效益，为开展国家之间的货物运输提供便利条件。

（3）租船运价一般比班轮运价低。

（4）租船运输可以直达运输。

（5）具有灵活性。

（三）租船运输流程

租船运输流程如图4-12所示。

图4-12 租船运输流程

1. 租船询价

询价又称询盘，通常是指承租人根据自己对货物运输的需要或对船舶的特殊要求通过租船经纪人在租船市场上发出租用船舶请求。询价也可以由船舶所有人为承揽货载而首先通过租船经纪人向租船市场发出。

2. 租船报价

报价又称发盘。当船舶所有人从船经纪人那里得到承租人的询价后，经过成本估算或者比较其他的询价条件，通过租船经纪人向承租人提出自己所能提供的船舶情况和运费率或租金率。

3. 租船还价

还价又称还盘，在条件报价的情况下，承租人与船舶所有人之间对报价条件中不能接受的条件提出修改或增删的内容，或提出自己的条件称为还价。

4. 租船报实盘

在一笔租船交易中，经过多次还价与返还价，如果双方对租船合同条款的意见一致，一方可以以报实盘的方式要求对方做出是否成交的决定。报实盘时，要列举租船合同中的必要条款，将双方已经同意的条款和尚未最后确定的条件在实盘中加以确定。同时，还要在实盘中规定有效期限，要求对方答复是否接受实盘，并在规定的有效期限内作出答复。若在有效期限内未作出答复，所报实盘即告失效。同样，在有效期内，报实盘的一方对报出的实盘是不能撤销或修改的，也不能向其他第三方报实盘。

5. 接受订租

接受订租又称受盘，指当事人对实盘所列条件在有效期内明确表示承诺。至此，租船合同即告成立。原则上，接受订租是租船程序的最后阶段。接受订租后，一项租船洽商即告结束。

6. 订租确认书

订租确认书是租船程序的最后阶段，一项租船业务即告成交。通常的做法是当事人之间还要签署一份"订租确认书"。

任务三　水路货物运输单证

任务导入

　　某次国际贸易中，我国货主 A 公司委托 B 货运代理公司办理一批服装货物海运出口，从青岛港到日本神户港。B 公司接受委托后，出具自己的 House B/L 给货主。A 公司凭此到银行结汇，提单转让给日本 D 贸易公司。B 公司又以自己的名义向 C 海运公司订舱。货物装船后，C 公司签发海运提单给 B 公司，B/L 上注明运费预付，收发货人均为 B 公司。

　　请同学们查找资料完成以下任务：

　　(1) 此种运输组织方式需要填写哪些单证？

　　(2) 本案中 B 公司相对于 A 公司而言是何种身份？

知识链接

　　在班轮运输中需要办理各种单证，这些单证不仅是联系工作的凭证、划分风险的责任依据，也起着买卖双方以及货承双方办理货物交接的证明作用。国际贸易运输工作离不开单证。这些单证，有的是国家行政机关规定的，有的是国际公约或各国海商规定的，也有的是根据国际航运管理共同使用的。尽管这些单证种类繁多，而且因各国港口的规定会有所不同，但主要单证大同小异，并在国际航运中通用。目前国际航运及我国航行于国际航线上的船舶所使用的班轮运输货运单证主要有以下几种。

一、装船单证

　　装船单证分类如图 4-13 所示。

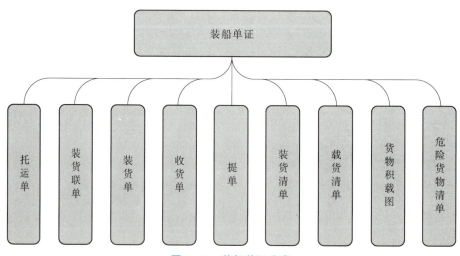

图 4-13　装船单证分类

(一) 托运单

　　托运单（我国有时用"委托申请书"代替）是托运人根据贸易合同或信用证条款内

容填写的向船公司或其代理办理货物托运的单证（一式两份）。船公司根据托运单内容，结合航线、航期和舱位等条件，如认为可以接受，就在托运单上签章，留存一份，退回托运人一份，如表4-2所示。

表4-2　海运出口托运单

海运出口托运单 SHIPPING LETTER OF INSTRUCTION				
托运人 Shipper:				
编号 No.：	船名 S/S：		目的港 For：	
标记及号码 Marks & Nos.	件数 Quantity	货名 Description of Goods	重量公斤 Weight Kilos	
			净 Net	毛 Gross
			运费付款方式 Method of Freight Payment	
共计件数（大写）Total Number of Packages in Writing				
运费计算 Freight		尺码 Measurement		
备注 Remarks				
抬头 ORDER OF	可否转船 Whether transshipment allowed		可否分批 Whether partial shipment allowed	
通知 Notice	装运期 Period of shipment	效期 Period of validity	提单份数 No. of B/L	
收货人 Receiver	银行编号 Bank No.		信用证号 L/C No.	

托运人签名：　　　　　　　　　承运人签名：

日期：　　　　　　　　　　　　日期：

（二）装货联单

托运人将托运单交船公司办理托运手续，船公司接受承运后在托运单上签章确认，然后发给托运人装货联单。实务中，通常由托运代理人向船舶代理人申请托运，然后由货运代理人根据托运人委托，填写装货联单后提交给船公司代理人。而货运代理人填写装货联单的依据是托运人提供的买卖合同或信用证的内容以及货运委托书或货物明细表等。

目前我国各个港口使用的装货联单的组成不尽相同，但是，主要是由以下各联组成：托运单及其留底，装货单，收货单等。

（三）装货单

装货单，亦称下货纸，是托运人（通常是货运代理人）填制交船公司（通常是船舶代理人）审核并签章后，据以要求船长将货物装船承运的凭证。

按照国际航运惯例，装货单一般是一式三联，第一联留底作为船方凭以缮制装货清单和画积载图，打制出口载货清单、运费清单，结算运费，最后存档备查和作运费资料。第二联是装货单正本，即用作船舶装船的依据，又作为货主向海关办理货物出口申报手续的凭证之一，因而又称关单。该联上面列有装货细节记录、收货件数和所装货物质量情况，并需理货员签字。船代公司在签单时，在此联"经办员"处盖章，表示已代表船公司收下上列货物，因而此单又称"放货单"。第三联是收货单，又称"大副收据"，是承运人收妥货物并已装船的凭证，也是托运人换取正本已装船提单的依据。

装货单是运输的主要货运单据之一，有以下主要作用：

（1）是承运人确认承运货物的证明。签发装货单，表示承运人已办妥托运手续，通知托运人货物已配妥××船舶、航次、装货日期以及货物应于该期限内集中码头，准备装船。同时，表示运输合同已成立，船货双方都应受到一定的约束，如发生退关而造成损失，责任方应承担责任。

（2）是海关对出口货物进行监管的单据。托运人凭装货单以及有关单证，向海关办理货物出口手续，经海关检验放行并盖章后，货物才能装船。

（3）作为通知码头仓库放货、船长接受该批货物装船的通知，也是船上接受货物装船的依据。

（四）收货单

收货单是指船方签发给托运人的、用以证明货物已经收到并已装船的单据。在实际货物装船数量与理货单核对无误后，由船方签发给托运人的单据，一般均由船上大副签发，故又称大副收据。收货单又是托运人向船公司换取已装船提单的重要凭证。

大副在签署收货单时，会认真检查装船货物的外表状况、货物标志、货物数量等情况。如果货物外表状况不良、标志不清，货物有水渍、油渍或污渍，数量短缺，有损坏时，大副就会将这些情况记载在收货单上，称为"批注"，习惯上称为"大副批注"。有大副批注的收货单称为"不清洁收货单"，无大副批注的收货单则为"清洁收货单"。

大副可以拒绝将有缺陷或外表状况不良的货物装船，并要求发货人予以调换。如果发货人不愿意调换或调换实际上已不可能，而又要将货物装船时，大副就在收货单上如实地加以适当的批注。

（五）提单

提单是船公司凭收货单签发给托运人的正式单据，是承运人收到货物并已装船的凭证，是运输合同的证明和物权凭证，也是在目的港承运人凭以交付货物的证据。海运提单如表4-3所示。

（六）装货清单

装货清单是根据装货联单中的托运单留底联，将全船待运货按目的港和货物性质归类，依航次靠港顺序排列编制的装货单的汇总单。装货清单的内容包括船名、装货单编号、件数、包装、货名、毛重、估计立方米及特种货物对运输的要求或注意事项的说明等。

表 4-3　海运提单

1. SHIPPER（托运人）一般为出口商		B/L NO. COSCO 中国远洋运输（集团）总公司 **CHINA OCEAN SHIPPING（GROUP）CO.**
2. CONSIGNEE（收货人）"order"或"order of Shipper"或"order of ×××Bank"		
3. NOTIFY PARTY（通知人）通常为进口方或其代理人		
4. PR-CARRIAGE BY（前程运输）填 feeder ship 名即驳船名	5. PLACE OF RECEIPT（收货地）填 Huangpu	ORIGINAL Combined Transport Bill of Lading
6. OCEAN VESSEL VOY. NO.（船名及航次）填大船名	7. PORT OF LOADING（装货港）填 HKG	
8. PORT OF DISCHARGE（卸货港）填 LAX	9. PLACE OF DELIVERY（交货地）若大船公司负责至 NYC 则填 NYC；若负责至 LAX 则填 LAX	10. FINAL DESTINATION FOR THE MERCHANT'S REFERENCE（目的地）仅当该 B/L 被用作全程转运时才填此栏（填 NYC）

11. MARKS（唛头）	12. NOS. & KINDS OF PKGS（包装种类和数量）	13. DESCRIPTION OF GOODS（货物名称）	14. G. W.（KG）（毛重）	15. MEAS（m³）（体积）
16. TOTAL NUMBER OF CONTAINERS OR PACKAGES（IN WORDS）（总件数）				

17. FREIGHT & CHARGES（运费）PREPAID（运费预付）或 COLLECT（运费到付）	REVENUE TONS（运费吨）	RATE（运费率）	PER（计费单位）	PREPAID（运费预付）	COLLECT（运费到付）
PREPAID AT（预付地点）	PAYABLE AT（到付地点）	18. PLACE AND DATE OF ISSUE（出单地点和时间）一般与装船日一致			
TOTAL PREPAID（预付总金额）	19. NUMBER OF ORIGINAL B（S）L（正本提单的份数）一般为 3 份	22. SIGNED FOR THE CARRIER（承运人签章）			
20. DATE（装船日期）	21. LOADING ON BOARD THE VESSEL BY（船名）	中国远洋运输（集团）总公司 CHINA OCEAN SHIPPING（GROUP）CO. ×××			

　　装货清单是大副编制积载计划的主要依据，又是供现场理货人员进行理货、港口安排驳运、进出库场以及掌握托运人备货及货物集中情况等的业务单据。当有增加或取消货载的情况发生时，船方应及时编制"加载清单"或"取消货载清单"，并及时分送各有关方。

（七）载货清单

　　载货清单亦称"舱单"，是在货物装船完毕后，根据大副收据或提单编制的一份按卸货港顺序逐票列明全船实际载运货物的汇总清单。其内容包括船名及国籍、开航日期、装货港及卸货港，同时逐票列明所载货物的详细情况。

　　载货清单是国际航运实践中一份非常重要的通用单证。船舶办理报关手续时，必须提交载货清单。载货清单是海关对进出口船舶所载货物进出国境进行监督管理的单证。如果船载货物在载货清单上没有列明，海关有权依据海关法的规定进行处理。载货清单又是港方及理货机构安排卸货的单证之一。在我国，载货清单还是出口企业在办理货物出口后申请退税，海关据以办理出口退税手续的单证之一。因此，在船舶装货完毕离港前，船方应由船长签认若干份载货清单。载货清单也是海关办理验收手续的单证之一。

　　根据船舶办理出口（进口）报关手续的不同，向海关递交的载货清单可分为在装货港装货出口时使用的"出口载货清单"，在卸货港进口卸货时使用的"进口载货清单"和"过境货物载货清单"。如果船舶在港口没有装货出口，在办理出口报关手续时，船舶也要向海关递交一份经船长签名并注明"无货出口"字样的载货清单。船舶没有载货进口，则向海关递交一份由船长签名并注明"无货出口"字样的载货清单。

　　如果在载货清单上增加运费项目，则可制成载货运费清单。

（八）货物积载图

　　出口货物在货物装船前，必须就货物装船顺序、货物在船上的装载位置等情况做出一个详细的计划，以指导有关方面安排泊位、货物出舱、下驳、搬运等工作。这个计划以一个图表的形式来表达，即用图表的形式表示货物在船舱内的装载情况，使每一票货物都能形象具体地显示其船舱内的位置，该图表就是通常所称的货物积载图。

（九）危险货物清单

　　危险货物清单是专门列出船舶所载运全部危险货物的明细表。其记载的内容除装货清单、载货清单所应记载的内容外，特别增加了危险货物的性能和装船位置两项。

　　为了确保船舶、货物、港口及装卸、运输的安全，包括我国港口在内的世界上很多国家的港口都专门做出规定，凡船舶载运危险货物都必须另行单独编制危险货物清单。

　　按照一般港口的规定，凡船舶装运危险货物时，船方应向有关部门（我国海事局）申请派员监督装卸。在装货港装船完毕后由监装部门签发给船方一份"危险货物安全装载书"，这也是船舶载运危险货物时必备的单证之一。

　　除上述主要单证外，还会使用其他一些单证，如重大件清单、剩余舱位报告、积载检验报告等。

二、卸船单证

　　卸船单证分类如图4-14所示。

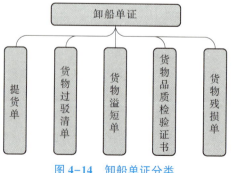

图4-14　卸船单证分类

（一）提货单

提货单又称小提单，是船公司或其他代理凭收货人持有的提单或保证书而签发的提货凭证，收货人可凭此单到仓库或船边提取货物，提货单的内容基本与提单所列项目相同。

（二）货物过驳清单

货物过驳清单是驳船卸货时证明货物交接的单据，它是根据卸货时的理货单编制的，其内容包括驳船名、货名、标志号码、包装、件数、舱口号、卸货日期等。由收货人、装卸公司、驳船经营人等收取货物的一方与船方共同签字确认。

（三）货物溢短单

货物溢短单是指一批货物在卸货时，所卸货物与提单记载数字不符，发生溢卸或短缺的证明单据，该单由理货员编制，经船方和有关方（收货人、仓库）共同签字确认。

（四）货物残损单

货物残损单是指卸货时，理货人员根据卸货过程中发现的货物破损、水浸、渗透、霉烂、生锈、弯曲等情况，记录编制的、表明货物残损情况的单据。货物残损单须经船方签认，它与货物溢短单都是日后收货人向船方提出索赔的原始资料和依据。

（五）货物品质检验证书

货物品质检验证书是指卸货时，收货人申请商品检验机构对货物进行检验后，由商品检验机构出具的证明。如果货物品质与贸易合同规定不符，此单是向国外卖方提出索赔的重要依据之一。

三、海运提单

海运提单是在海上运输（主要是班轮运输）的方式下，由承运人或其代理人签发的，确认已经收到（或已装船）某种货物，并且承诺将其运到指定地点交与提单持有人的一种具有法律效力的证明文件。

（一）海运提单的作用

（1）提单是证明货物的收受或装船的单证，提单的签发意味着承运人已收到提单所列之货物并已装船或等待装船。

（2）提单是承运人保证在目的港据以交付货物的单证，提单承运人在目的港出示提单后，即有权要求提取提单所记载的货物，而承运人则负有向正当的提单持有者交付海上运输货物的义务。

（3）提单是货物的物权凭证，可以自由转让买卖。

（4）提单是有价证券，有价证券是指任何一种与权利密切相连的证书，没有这种证书，权利就不能实现，也不能转让给他人，而提单正好实现了这种权利和证券的一体化，即权利证券化。

（二）海运提单的种类

1. 按货物是否装船划分

（1）已装船提单：是指货物已由承运人装船的提单。

（2）备运提单：又称收讫待运提单，是指货物（集装箱运输除外）在装船前已由承运人接管，承运人应托运人的要求而签发的提单。

2. 按提单上所列收货人划分

（1）记名提单：又称收货人抬头提单，是指提单上收货人一栏内已具体填写特定的人或公司名称的一种提单。

（2）不记名提单：是指提单上收货人一栏内没有指明任何收货人，而只注明提单持有人字样，承运人应将货物交给提单持有人。谁持有提单，谁就可以提货，承运人称交付货物只凭单，不凭人。

（3）指示提单：是指在提单上收货人一栏内只填写"凭指示"或"凭××指示"字样的提单。这种提单可以通过背书的方式进行转让，因而在国际上使用较为广泛。

指示提单转让时有两种背书形式：空白背书和记名背书。"空白背书"仅由背书人（提单转让人）在提单的背面签字盖章，而不注明被背书人（提单受让人）的名称。"记名背书"是指在提单背面既有背书人签字盖章，又有被背书人的名称。

运用指示提单时，在托运人（卖方）指定收货人之前，卖方仍保留货物所有权，如经空白背书，则成为不记名提单，而作为凭提单提货的凭证；如经记名背书后即成为记名提单。

3. 按提单是否有批注划分

（1）清洁提单：是指在装船时，货物外边状况良好，承运人在签发提单时，未在提单上加注任何有关货物残损、包装不良的批注，或其他妨碍结汇的批注。银行办理结汇时，都规定交清洁提单。

（2）不清洁清单：由于承运人须对承运货物的外表状况负责，因此在装船时，若发现货物包装不牢、破残、渗漏、玷污、标志不清等现象，大副将在收货单上对此加以批注，并将其转移到提单上，这种提单称为不清洁提单。不清洁提单是不能结汇的。为此，托运人应把外边状况有问题的货物进行修补或更换。但有时托运人向承运人出具"保函"，让承运人签发清洁提单。这种做法是不可取的，承运人应慎重从事，不能随便接手保函。

任务四　水路货物运费核算

任务导入

某企业以 CIF 合同出口柴油机一批，共 15 箱，总毛重为 5 650 千克，总体积为 10.676 立方米。在青岛装中国远洋运输公司轮船，经中国香港转船至苏丹港交付给客户。

请同学们查找资料完成以下任务：

（1）本批次货物运输应当采取哪种运输方式？

（2）试计算本批次货物的运输费用。

知识链接

一、班轮运费的概念

班轮公司运输货物所收取的运输费用，是按照班轮运价表的规定计收的。班轮运价表一般包括说明及有关规定、货物分级表、航线费率表、附加费表、冷藏货及活牲畜费率表等。目前，我国海洋班轮运输公司使用的"等级运价表"，即将承运的货物分成若干等级，每个等级的货物有一个基本费率，称为"等级费率表"。

二、班轮运费的构成

班轮运费包括基本运费和附加运费两部分。前者是指货物从装运港到卸货港所应收取的基本运费，它是构成全程运费的主要部分；后者是指对一些需要特殊处理的货物，或者由于突然事件的发生或客观情况变化等原因所引起的另外加收的费用。

（一）基本运费

基本运费是指对运输每批货物所应收取的最基本的运费，是整个运费的主要构成部分。它是根据基本运价和计费吨计算得出的。基本运价按照航线上基本港口之间的运价给出，是计算班轮基本运费的基础。

基本运价有多种形式，如普通货物运价、个别商品运价、等级运价、协议运价、集装箱运价等，而根据货物特性等所确定的特别运价有军工物资运价、高价货运价、冷藏运价、危险品运价、甲板货运价、小包裹运价等。

在班轮运价表中，根据不同的商品，班轮运费的计算标准通常采用下列几种：

（1）按货物毛重（重量吨计收），运价表中用"W"表示。按此计算的基本运费等于计重货物的运费吨乘以运费率。

（2）按货物的体积（尺码吨计收），运价表中用"M"表示。按此法计算的基本运费等于容积货物的运费吨乘以运费率。

上述计费的重量吨和尺码吨统称为运费吨，又称计费吨。按照国际惯例，容积货物是指每吨的体积大于 1.132 8 立方米的货物；而我国的远洋运输运价表中则将每吨的体积大于 1 立方米的货物定为容积货物。

（3）按毛重或体积计收，由船公司选择其中收费较高的作为计费吨，运价表中以"W/M"表示。

（4）按货物重量或尺码最高者，再加上从价运费计收，运价表中以"W/M plus ad val"表示。

（二）附加运费

（1）超重附加费，是指货物单件重量超过一定限度而加收的费用。

（2）超长附加费，是指单件货物长度超过规定长度而加收的费用。

（3）选卸附加费，是指装货时尚不能确定卸货港，要求在预先提出的两个或两个以上港口中选择一港卸货，船方因此而加收的附加费。

（4）转船附加费，是指凡运往非基本港的货物，需转船运往目的港，船舶所收取的附加费，其中包括转船费（包括换装费、仓储费）和二程运费。但有的船公司不收此项附加费，而是分别另收转船费和二程运费，这样收取一、二程运费再加转船费，即通常所谓的"三道价"。

（5）直航附加费，是指非运往非基本港的货物达到一定的数量，船公司可安排直航该港而不转船时所加收的附加费。一般直航附加费比转船附加费要低。

（6）港口附加费，是指船舶需要进入港口条件较差、装卸效率较低或港口船舶费用较高的港口及其他原因而向货方增收的附加费。

（7）港口拥挤附加费，是指有些港口由于拥挤，船舶停泊时间增加而加收的附加费。该项附加费随港口条件改善或恶化而变化。

（8）煤油附加费，是指因燃油价格上涨而加收一绝对数或按基本运价的一定百分数加收的附加费。

（9）货币贬值附加费是指在货币贬值时，船方为保持其实际收入不致减少，按基本运价的一定百分数加收的附加费。

（10）绕航附加费，是指因战争、运河关闭、航道阻塞等原因造成正常航道受阻，必须临时绕航才能将货物送达目的港需增加的附加费。

三、班轮运费的计算

(一) 班轮运费的计算标准

运费计算标准，是指计费时使用的单位。它通常按货物重量计算运费；按货物尺码或体积计算运费；按货物重量或尺码，选择其中收取运费较高者计算运费；按货物 FOB 价收取一定百分比计算运费（由于运价是根据货物的价格确定的，所以又称为从价运费）；按每件为一单位计收；由船货双方临时议定价格收取运费（称为议价）。

(二) 运费计算的基本步骤

(1) 根据装货单留底联或托运单，查明所运货物的装货港和目的港所属的航线。

(2) 根据商品名称，了解货物特性、包装状态，是否为超重、超长货件或冷藏货物。

(3) 从货物分级表中查出货物所属等级，确定应采用的计算标准。

(4) 查找所属航线等级费率表，找出该等级货物的基本费率。

(5) 查出各项应收附加费的计费办法及费率。

(6) 列式进行具体计算。

(三) 班轮运费的计算

$$F = F_b + \sum S$$

式中，F 表示运费总额；F_b 表示基本运费；S 表示某一项附加费。基本运费是所运货物的数量（重量或体积）与规定的基本费率的乘积。即：

$$F_b = f \cdot Q$$

在公式中，f 表示基本费率；Q 表示货运量（运费吨）。

附加费是指各项附加费的总和。在多数情况下，附加费按基本运费的一定百分比计算，其公式为：

$$\sum S = (S + S_2 + \cdots + S_n) \cdot F_b = (S_1 + S_2 + \cdots + S_n) \cdot f \cdot Q$$

其中，S_1、S_2、S_3、S_n 为各项附加费，用 F_b 的百分数表示。

【例题1】上海某公司向日本出口鸡肉23吨，共需装1 200箱，每箱毛重 20 千克，每箱体积为 20 厘米×20 厘米×25 厘米。该货物对应的上海到神户航线的运价为 100 美元/费吨，计费标准为 W/M，另加收燃油附加费 10%、港口附加费 10%，问应如何计算该批货物的运费？

分析：从该题中可知该货物从上海到神户的运价、计费标准，有燃油附加费与港口附加费，且附加费均按基本费率的百分比计算。W/M 为取重量与体积较大者。因此，我们需要对两者进行比较。

①该批货物的毛重为：$20 \times 1\,200 \times 10^{-3} = 24$（吨）。

②该批货物的体积为：$20 \times 20 \times 25 \times 10^{-6} \times 1\,200 = 12$（立方米）。

③货物的体积小于毛重，因此运费吨 Q 为 24 吨。

④该批货物的运费为：$F = f \cdot Q(1 + S_1 + S_2) = 100 \times 24 \times (1 + 10\% + 10\%) = 2\,880$（美元）。

在有附加费而且各项附加费按绝对数收取时，运费的计算公式为：

$$F = (f + S_1 + S_2 + \cdots + S_n) \cdot Q$$

式中，S_1，S_2，$\cdots$，S_n 为各项附加费的绝对数。

四、运费的支付

(一) 预付运费

预付运费是指在签发提单前即须支付全部运费。在国际贸易中，一般都采用 CIF 或

CFR，在签发提单前由卖方在装货港支付运费以便于交易双方尽早结汇。在预付运费的情况下，运费应该按照货物装船时的重量或尺码计算。预付运费对货主而言要承担运费损失的风险，大多班轮公司在提单和合同条款中，不但规定运费预付，而且还记明即使本船或货物在整个运输过程中沉没或灭失，承运人仍要全额收取运费，任何情况下都不退还。为避免风险，货主通常将已付运费追加到货物的货价中，一并向保险公司投保货物运输险。

（二）到付运费

到付运费是指货物运到目的港后，在交付货物前付清运费。对于到付运费的情况，承运人要承担一定的风险，如果货物灭失再追收运费会很困难。为避免风险，承运人除了可将应收的到付运费作为可保利益向保险公司投保外，通常还可以在提单条款或合同条款中附加类似"收货人拒付运费或其他费用时，应由托运人支付"的条款。另外，在提单条款和合同条款中还应有留置权。

 ## 项目小结

本项目首先介绍了水路运输业务内容，主要包括水路运输的特点、类别、组织形式。其次，介绍了常见的班轮运输方式、租船运输方式的基本内涵、特点、业务流程及组织过程。最后，介绍了班轮运输运费计算方法和公式。

 ## 思政园地

一、中国水路运输的发展历史

水路运输有着悠久的历史。人类还在石器时代，就以木作舟在水上航行，后来才有了独木舟和船。人类在古代就已利用天然水道从事运输。最早的运输工具是独木舟和排筏，后来出现木船。帆船出现于公元前4000年，15—19世纪是帆船的鼎盛时期。

中国是世界上水路运输发展较早的国家之一。公元前2500年已经开始制造舟楫，商代有了帆船。公元前500年前后中国开始开凿运河。公元前214年建成了连接长江和珠江两大水系的灵渠。京杭大运河则沟通了钱塘江、长江、淮河、黄河和海河五大水系。唐代对外运输丝绸及其他货物的船舶直达波斯湾和红海之滨，其航线被誉为海上丝绸之路。明代航海家郑和率领巨大船队七下西洋，历经亚洲、非洲30多个国家和地区。

1807年美国人富尔顿把蒸汽机装在"克莱蒙特"号船上，航行于纽约至奥尔巴尼，航速达每小时6.4千米，成为第一艘机动船。19世纪蒸汽机驱动的船舶出现后，水路运输工具产生了飞跃。1872年，我国自制的蒸汽机船开始航行于海上和内河。

当代世界水路运输发达，许多国家拥有自己的商船队。现代商船队中已有种类繁多的各种现代化运输船舶。

中国水路运输发展很快，特别是近30年来，水路客、货运量均增加16倍以上，目前中国的商船已航行于世界100多个国家和地区的400多个港口。中国当前已基本形成一个具有相当规模的水运体系。在相当长的历史时期内，中国水路运输对经济、文化发展和对外贸易交流都起着十分重要的作用。

二、水路运输发展趋势

1. 客运方面

发展中国家和一些岛国的水路客运仍将在现有水平上有所发展；发达国家的水路客运将以旅游为主。

2. 货运方面

大宗货物的散装运输，件杂货的集装箱运输，将是水路货物运输发展的主要趋向。世界各国对石油、煤炭、矿石、粮食等大宗货物实行散装运输已很普遍，对件杂货采用集装箱运输的比重日益增加。近年来，一些国家开始研究对煤炭、矿石实行浆化运输。

3. 船舶方面

海洋运输船舶今后仍将沿着专用和多用途并举的方向发展。内河运输船舶则视航道条件、货物种类和批量大小，发展驳顶推船队和机动货船，在一些地区拖带船队将继续使用。客运船舶除旅游客船外，高速的水翼客船和气垫客船将得到发展。

4. 港口方面

港口建设将同工业区的发展紧密结合，将建设大量深水专业化码头。装卸设备和工艺将向高效率和专用化方向发展。进出港航道和码头前沿水深将获得改善，将开辟较宽广的船舶调头区和锚泊地。突堤码头将会拓宽，以保证有足够的仓库和堆场。顺岸码头后方将辟出足够的陆域。水陆联运、水水联运将得到发展，以增大港口的集疏运能力。

5. 航道方面

在通航河流上应以航运为主，结合发电、灌溉、防洪、供水、渔业等方面进行综合开发和利用。航运网的规划和建设会受到充分重视。将重视现场观测，采用河道港口工程模型试验，应用电子计算机来确定航道疏浚和整治以及港口工程的设计和施工。

6. 经营管理方面

船舶选型、装卸工艺和设备选型以及运输组织方案的确定，均将从全局出发，以提高经济效益为前提，通过技术经济论证进行分析比较，选出最优方案。应用系统工程、全面质量管理等方法进行科学管理，用现代化管理手段——电子计算机收集、存储、处理水运经济管理工作中的信息，进行水路运输计划的综合平衡和技术经济预测，力求在水路运输生产过程中以最少的物化劳动和活劳动的消耗获得良好的经济效益。

三、我国内河航运的现状

我国的内河运输主要分布在长江水系、珠江水系和京杭运河，货运量分别占全国总量的40%、15.5%和21.5%。

1. 长江水运干线

长江水运干线，上起云南水富，下至上海长江口，全长2 838千米，是我国唯一贯穿东、中、西部的交通大通道，是沿江经济快速发展的重要依托，长江南京至长江口通航水深由7米提高到10米，可通航3万吨级海轮，5万吨级海轮可乘潮通航，第五代集装箱船和10万吨级散货船乘潮可进入上海港；南京至武汉可通航5 000吨级海轮；武汉至重庆可通航1 000~1 500吨级驳船或3 000~9 000吨级船队；重庆以上可通航500~1 000吨级船舶。

2. 珠江水运干线

珠江水运干线由上游西南水运出海南线右江通道、中线红水河通道、北线柳黔江通道经西江接珠江三角洲航道网组成，是沟通我国西南、华南地区出海大通道。它承担着北煤南运和矿建材运往长江三角洲地区的运输任务。

"珠流南国，得天独厚"。内河水运正处于发展的最佳机遇期。珠江这条绿色大通道将在东部现代化、西部崛起，流域腾飞和泛珠三角经济区共同繁荣的路上再展宏图。

3. 京杭大运河

距今已有 2 480 多年历史的京杭大运河是世界上开凿最早、规模最大、流程最长的人工河流，对我国古代政治、经济、军事、文化的发展起了巨大推动作用。目前，京杭大运河通航河段 883 千米，其中山东段 173 千米，江苏段 612 千米，浙江段 100 千米，全线共有梯级 17 个，承担着通北煤南运和矿建材运往长江三角洲地区的运输任务。2004 年，京杭大运河的年货运量达 2 亿吨。

4. 我国内河运输的发展

内河运输以传统的大宗散货为主，煤炭、金属矿石、矿建材料、石油及其制品、非金属矿石五大货类的运量占内河货物运输总量的 84.8%。改革开放以来，在我国由计划经济逐步向市场经济过渡时期，为了与国民经济和社会发展相适应，为促进内河航运的发展，繁荣内河航运市场，中央和地方政府有关部门实行了"有水大家行船"的政策。这一政策开放搞活了内河航运市场。个体运输户、集体运输企业所占运输市场份额逐年上升，全国内河运力也持续增长，到了 2000 年全国船舶总运力达到 22 万艘，2 052 万载重吨，但我国内河运输的发展形势仍是比较严峻的。由于宏观管理失控，只讲放开，忽视管理，船舶运力发展的幅度远远超过经济发展和货源的增长速度，以致带来全国众多航运企业货源不足、运价不到位、经济效益滑坡、亏损面加大等问题，运输市场非常混乱。

【思政点评】经济要发展，交通必先行，国际贸易要发展，水路运输必先行。这是因为国民经济贸易发展必然需要运输大量的原材料、成品和半成品。20 世纪 70 年代初，水路运输曾是我国对外开放和经济发展的瓶颈，由于港口设施不足和落后，大量外轮在港外排队等泊，我国蒙受了大量的经济损失，国际声誉也受到了影响。日本是个资源较为缺乏的国家，在它经济腾飞的前期，首先发展水路运输业，以优惠的政策鼓励发展造船业，以保护政策扶持本国船队的发展，使它在经济腾飞之时有充足的运力从世界各地进口优质的原材料，从而制造出优质的产品进入世界市场。历史的经验和教训使我们深刻认识到水上运输的先行地位，它是发展经济的重要组成部分。

项目四　检测单

自我检测

检测题目：课后的同步测试题。

小组检测

检测题目：水路运输常见的形式、各自特点及组织过程。

检测要求：以小组为单位，形成 PPT，课堂进行汇报。

检测标准：1. 团队合作（10分）；2. 扣题情况（5分）；3. 内容完整性（15分）。

小组互评：_____

_____

_____

教师检测

检测标准：1. 团队合作（10分）；2. 汇报有理有据（10分）；3. 讲解清楚（10分）。

教师点评：_____

_____

_____

检测评分

自我检测（40分）	同步检测（40分）		
小组检测（30分）	团队合作（10分）	紧扣题目（5分）	内容完整（15分）
教师检测（30分）	标准1：团队合作（10分）		
	标准2：解释有理有据（10分）		
	标准3：汇报思路清晰（10分）		
满分（100分）			

个人反思

同步测试

一、不定项选择题

1. 我国到日本、朝鲜的运输属于（　　　）。

A. 远洋运输　　　　B. 沿海运输　　　　C. 内河运输

2. 本身一般无自航能力的船舶是（　　　）。

A. 拖船　　　　　　B. 推船　　　　　　C. 驳船

3. 托运人向船公司换取已装船提单的重要凭证是（　　　）。

A. 托运单　　　　　B. 收货单　　　　　C. 装货单

4. 目前国际上使用比较广泛的提单种类是（　　　）。

A. 记名提单　　　　B. 不记名提单　　　C. 指示提单

二、简答题

1. 简述水路运输的优点。

2. 班轮运输的业务流程是什么？

3. 针对我国现状，谈谈应采取哪些措施促进水路运输合理化。

三、案例分析

运输方式的选择

某物流公司接受了一项长期的、数量大的运输任务：为大陆某水果批发公司从台湾地区运输各种水果。经双方协议，物流公司可以及时从批发公司获得水果销售的数量情况。为完成运输任务，部门经理召集运输部门人员，进行运输任务、运输方式、运输线路等情况的分析比较，认为该任务运输量大，水果保鲜技术允许相对宽裕的运输时间，时限要求不高；各类水果销售趋势基本情况可以预测，所以水果运输任务量可以随时与批发公司协商、交流、确认。

思考：请分析采用哪种运输方式最好，为什么？

综合实训

一、实训名称

水路运输单证的认知与填写。

二、实训目标

1. 掌握水路运输的各种单证的填写方法。

2. 了解水路运输中班轮运费的计算方法。

三、实训内容

1. 识别各种装船单证、卸船单证和海运提单。

2. 描述班轮运输货运程序和租船运输流程。

3. 熟悉水路运输相关设施设备。

四、实训步骤

1. 填写海运托运单、提货单和货物残损单各一份。

2. 查阅与调查内容相关的资料。

3. 学生分组完成海运的流程汇报。

五、评价标准

1. 水运单证填写的规范性。

2. 水运单证识别的正确性。

3. 水运流程描述是否完善。

六、成果形式

1. 形成一份完整填写的托运单、提货单和货物残损单等。

2. 标出不同水运单证的名称。

3. 各组相互评议、打分，以小组为单位进行成绩评估。

航空运输业务

 学习目标

知识目标

1. 掌握航空运输的特点与形式
2. 了解国际航空运输市场的现状与发展趋势
3. 理解航空运输单证的内容
4. 了解航空运输成本的构成

能力目标

1. 能够选择合适的航空货运方式
2. 能够进行航空货运单证的填写
3. 能够分析计算航空货运成本

素养目标

1. 激发学生的民族自信心
2. 增强学生的社会责任感、职业认同感
3. 培养学生的严谨态度

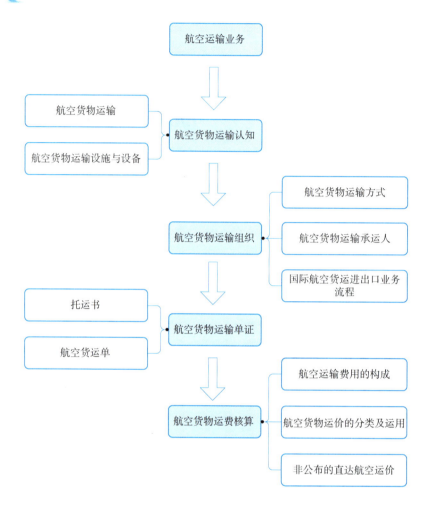

知识逻辑图

（图示内容：）

航空运输业务
↓
航空货物运输认知 ← 航空货物运输 / 航空货物运输设施与设备
↓
航空货物运输组织 → 航空货物运输方式 / 航空货物运输承运人 / 国际航空货运进出口业务流程
↓
航空货物运输单证 ← 托运书 / 航空货运单
↓
航空货物运费核算 → 航空运输费用的构成 / 航空货物运价的分类及运用 / 非公布的直达航空运价

引　例

2020年2月11日7时50分，由首都航空"大兴"号执飞的JD430里斯本—西安航班携带超过2吨的医疗物资平稳抵达西安咸阳国际机场，自1月28日完成首次医疗物资运输，15天来首都航空抗击新型冠状病毒援助物资运输绿色通道共计完成16趟航班的保障任务，超204万件、25吨的物资驰援多地抗击新冠疫情。

新型冠状病毒疫情爆发后，首都航空积极响应国家号召，开通抗击新型肺炎援助物资运输绿色通道。对于境内外政府机构、红十字会、公益慈善社会组织、相关医疗机构和医疗器械生产企业等机构组织托运用于捐赠公益的救援物资，首都航空可提供通航点之间机场到机场的免费航空运输服务及优先保障服务。

首都航空市场部货运管理中心安排专人负责绿色通道的物资承运，24小时电话值班受理相关援助需求。首都航空境内外各营业部、办事处也与当地的公益组织、华侨商会等进行联系，主动协助解决捐赠物资的运输问题。

　　首都航空克服物资运输需求多、体积大、时间紧的困难，利用境内外航线网络，工作人员加班加点，积极协调航班。2月6日、8日、10日三天，首都航空 JD430 里斯本—西安航班陆续运回了超 93 万件口罩、手套、防护服等医疗物资，由于数量庞大、种类多且超 12 吨，里斯本办事处积极协调物资运输，西安基地提前向西安海关等部门报备，带领地服工作人员做好物资搬运，保障物资顺利转运到陕西、浙江、江西、安徽等省的抗疫一线。

　　2月3日首都航空 JD480 悉尼—青岛航班无偿运输 35 万件医用防化帽，10 日 JD471 温哥华—青岛航班无偿运输 16.6 万件医用手套、防护服等医疗物资，青岛基地协助沟通青岛海关及检验、检疫部门，物资抵达后得以迅速通关被运往疫区。

　　1月28日，首都航空莫斯科办事处接到俄罗斯华人商会救援物资运输紧急需求后，在4小时内，冒着大雪，带领地面工作人员完成2吨物资的装机起运工作。临沂市人民政府侨务办公室发来感谢信，代表沂蒙老区为首都航空无偿运输支援抗疫的行为点赞。

　　截至2月11日，首都航空已免费从莫斯科、伦敦、悉尼、里斯本、济南、重庆等境内外城市运输口罩、防护服、护目镜、防化帽、空气消毒机等医疗物资超 204 万件 25 吨，支援国内湖北、浙江、陕西、安徽、河北、海南、江西等地医疗机构和政府单位，为打赢疫情防控攻坚战提供强有力的保障支援。

任务一　航空货物运输认知

任务导入

　　当今世界，航空物流已成为高端产业国际供应链体系的核心环节。据统计，航空货运量大约占全球贸易总量的1%，但货值却占全球贸易总量的36%。航空物流已成全球产业竞争的核心影响因素之一，对诸多高附加值产业或产品具有不可替代性。在新一轮全球产业重构中，国际航空物流成为产业集聚的先导因素和赢得产业竞争的利器，国际航空物流能力已成为影响新一轮全球产业重构的"基础设施"。

　　根据以上材料请同学们思考：
　　(1) 什么是航空运输？
　　(2) 航空运输在现代运输系统中的地位和作用如何？

知识链接

一、航空货物运输

　　航空运输是使用飞机、直升机及其他航空器运送人员、货物、邮件的一种运输方式。航空货运是国家重要的战略性资源，具有承运货物附加值高、快捷高效等特点，在应急处突、抢险救灾、军事保障等方面具有重要作用。

(一) 航空货物运输的发展

　　在飞机发明以前，航空货物主要通过热气球和飞艇等方式来进行空中运输，直到1903年12月17日莱特兄弟驾驶飞机首次试飞成功，快捷的航空运输才不再是人类遥不可及的梦想。1910年11月7日在美国俄亥俄州代顿市和哥伦布市之间实现了第一次由飞机运送的航空货物运输，运送的货物是一个包含 10 卷丝绸的包裹。

第二次世界大战结束后，世界各地逐渐建立了航线网，以各国主要城市为起讫点的世界航线网遍及各大洲。与此同时，伴随着大型喷气式飞机的出现，航空货物运输的规模不断增长，航空运输逐渐成为全球化时代国际贸易中主要的运输方式之一。

(二) 航空货物运输的特点

与其他物流方式相比，航空货物运输具有运输速度快、空间跨度大、运行灵活性高、不受地面条件限制、货损率低、安全性好、基础设施建设周期短等特点，在高时效、高附加值、长距离货运物流中具有得天独厚的比较优势。

1. 运输速度快

从航空业诞生之日起，航空运输就以快速而著称。到目前为止，飞机仍然是最快捷的交通工具，常见的喷气式飞机的经济巡航速度大都在每小时 850~900 千米。快捷的交通工具大大缩短了货物在途时间，对于那些易变质的鲜活商品、时效性强的产品和救急品的运输，这一特点显得尤为突出。可以这样说，快速加上全球密集的航空运输网络才有可能使我们从前可望而不可即的鲜活商品开辟远距离市场，使消费者享有更多的利益。运送速度快，在途时间短，也使货物在途风险降低，因此许多贵重物品、精密仪器也往往采用航空运输的形式。当今国际市场竞争激烈，航空运输所提供的快速服务也使得供货商可以对国外市场瞬息万变的行情即刻做出反应，迅速推出适销产品占领市场，获得较好的经济效益。

2. 货损率低、安全性好

在地面，由于本身航空货物的价格比较高，操作流程的环节比较其他运输方式严格得多，破损的情况大大减少，货物装上飞机之后，在空中货物状态较为稳定，且无须搬运，因此在整个货物运输环节之中，货物的破损率低、安全性好。这种特点使得有些货物虽然从物理特性来说，不适合用空运，例如体积比较大、重量比较重的机械设备仪器等货物，但这类货物中有些货物特别怕碰撞损坏，因此这个制约因素导致只能采用航空运输来减小损坏的概率。

3. 不受地面条件影响

航空运输利用天空这一自然通道，不受地理条件的限制。对于地面条件恶劣、交通不便的内陆地区非常合适，有利于当地资源的出口，促进当地经济的发展。航空运输使本地与世界相连，对外的辐射面广，而且航空运输较公路运输与铁路运输占用土地少，对寸土寸金、地域狭小的地区发展对外交通无疑是十分适合的。

4. 节约包装、保险、利息等费用

由于采用航空运输方式，货物在途时间短，周转速度快，企业存货可以相应地减少。一方面有利于资金的回收，减少利息支出，另一方面企业仓储费用也可以降低。又由于航空货物运输安全、准确，货损、货差少，保险费用较低。与其他运输方式相比，航空运输的包装简单，包装成本减少。这些都促进了企业隐性成本的下降、收益的增加。

(三) 航班

按照民航管理当局批准的民航运输飞行班期时刻表、使用指定的航空器、沿规定的航线在指定的起讫经停点停靠的客货邮运输飞行服务，称为航班。航班用航班号标识其具体的飞行班次。航空公司代码由民航总局规定公布。

我国的民航飞行航班号一般采用两个字母的航空公司代码加 4 位数字组成，数字第一位代表航空公司的基地所在地区，第二位表示航班的基地外终点所在地区，第三、第四位表示这次航班的序号，单数为由基地出发向外飞的去程航班，双数表示飞回基地的回程航

班。例如，MU5305 是上海—广州航班，MU 为东方航空公司代码，5 代表上海所在华东地区，3 代表广州所在的华南地区，05 为序号，单数是去程航班。

(四) 航空货运代理

随着航空货运业务的发展，航空货运代理业应运而生。航空公司主要业务为飞行保障，它们受人力、物力等诸因素影响，难以直接面对众多的客户，处理航运前和航运后繁杂的服务项目，这就需要航空货运代理公司为航空公司出口揽货、组织货源、出具运单、收取运费、进口疏港、报关报验、送货、中转，使航空公司可集中精力，做好其自身业务，进一步开拓航空运输。

采用航空货运形式进出口货物，需要办理一定的手续，如出口货物在始发地交航空公司承运前的订舱、储存、制单、报关、交运等；进口货物在目的地机场的航空公司或机场接货、监管储存、制单、报关、送货及转运等。航空公司一般不负责上述业务，由此，收、发货人必须通过航空货运代理公司办理航空货运业务，或自行向航空公司办理航空货运业务。

航空货运代理公司作为货主和航空公司之间的桥梁和纽带，一般具有两种职能：

(1) 为货主提供服务的职能：代替货主向航空公司办理托运或提取货物。

(2) 航空公司的代理职能：部分货代还代替航空公司接受货物，出具航空公司的总运单和自己的分运单。

航空货运代理公司大多对航空运输环节和有关规章制度十分熟悉，并与各航空公司、机场、海关、商检、卫检、动植检及其他运输部门有着广泛而密切的联系，具有代办航空货运的各种设施和必备条件。同时，各航空货运代理公司在世界各地或有分支机构，有代理网络能够及时联络、掌握货物运输的全过程，因此，委托航空货运代理公司办理进出口货物运输比较便利。

(五) 航空货物运输市场

1. 国际航空货物运输市场

国际航空货运市场与国际贸易规模联系紧密，随着贸易全球化和供应链全球化的进一步发展和深入，航空货运规模在近 20 年基本保持稳步增长的趋势。2004 年全球航空货运规模约为 4 000 万吨，尽管 2008 年金融危机导致全球贸易量减少，航空货运需求有所下降，但随后在 2010 年全球航空货运量又迅速增长至 5 000 万吨，超过了金融危机前的水平。

同样，2020 年新冠疫情的爆发，对全球航空货运造成了非常大的影响。通常情况下，全球航空货运物资一半是由全货机来完成，另一半是由客机腹舱来完成。随着疫情的到来，各国边境开始收紧，大量客机停飞，导致腹舱运力明显不足。甚至在疫情爆发最严重的时期，腹舱运力基本消失，使得全球航空货运量在短期内出现了非常明显的缩减。但是从 2020 下半年开始，在个人防护用品、医疗物资及后续居家办公产品运输需求的带动下，全球航空货运量逐渐复苏。2021 年的全球航空货运量达 6 600 万吨，已超过疫情前的水平，相对全球航空客运来说，恢复得更快更早。

2. 国内航空货物运输市场

经过 20 年的发展，我国航空货运市场规模从世纪之初不到 200 万吨的年运输量已增长至 750 万吨以上。新冠疫情同样导致国内航空货运量在 2020 年有所下降，但由于我国疫情较快得到有效控制，2021 年航空货运市场已基本恢复至疫情前的水平。2021 年国内共完成航空货邮运输量 732 万吨，居世界第二位。

国内航空货运公司起步较晚，整体运载能力还有待提升。我国现有的全货机航空公司共 10 余家，其中货机较多的顺丰航空、中国邮政航空、圆通航空自有全货机分别为 67 架、33 架、12 架，全国全货机总量不到 200 架，规模相对较小。客机腹舱运输依然是我国航空物流的主要运输方式，约占航空货运总量的 2/3，其中国内航线腹舱运输量占比高达 82%，全货机运输量占比仅 18%，国际航线客机腹舱运输量占比为 48.6%，全货机运输量占比为 51.4%。我国国际航空货运通航全球 75 个国家，但仍以周边地区市场为主，远程国际航线则主要集中在欧美市场。

二、航空货物运输设施与设备

航空运输设施设备体系主要包括飞机、机场、空中交通管制系统和飞行航线等部分。

（一）飞机

飞机是航空运输的主要运载工具，现代航空货运主要由中大型喷气式飞机完成。

1. 飞机的分类

（1）按飞机的用途划分：可以分为军用机和民用机两大类，本书主要介绍民用飞机。民用飞机按照使用用途可分为三种：一是全客机，主舱载人，下舱载货；二是全货机，主舱及下舱全部载货；三是客货混用机，在主舱前部设有旅客座椅，后部可装载货物，下舱内也可以装载货物。

（2）按飞机的构造划分：按机翼的数量可以将飞机分为单翼机、双翼机和多翼机，单翼机还可细分为上单翼机、中单翼机和下单翼机。按机翼平面形状可分为平直翼飞机、梯形翼飞机、后掠翼飞机、三角翼飞机、变后掠翼飞机、前掠翼飞机、飞翼式飞机。按尾翼布局形式可分为正常尾翼飞机和鸭式飞机。尾翼飞机按垂直尾翼的数量，还可分为单立尾飞机、双立尾飞机、V 形尾飞机、三立尾飞机和无尾飞机。

（3）按飞机的飞行速度划分：有亚声速飞机和超声速飞机之分，亚声速飞机又分低速飞机（飞行速度低于 400 千米/小时）和高亚声速飞机（飞行速度为 0.7~0.9 马赫）。多数民用喷气式飞机为高亚声速飞机。超声速飞机是指飞机速度超过声速的飞机。

（4）按飞机机身的宽窄划分：可以分为窄体飞机和宽体飞机。窄体飞机一般指飞机机身直径在 3~4 米的飞机，机舱一排一般有 2~6 个座位和一条走道，亦被称为单通道飞机。航程不允许进行洲际航线飞行的窄体客机又通常被称为支线客机。宽体飞机通常有多个舱，外直径 5~6 米，并且有两条走道，通常一排能够容纳 7~10 个座位，亦被称为双通道飞机。

（5）按飞机最大起飞重量划分：可以分为重型、中型和轻型三类。表 5-1 为波音 777F 货机部分参数。

表 5-1 波音 777F 货机部分参数

航程	9 200 千米
载货体积	652.7 立方米
载重	102 吨
最大起飞重量	347 815 千克
巡航速度	924~945 千米/小时

2. 货运飞机

货机指以包机或定期航班的形式专门运输货物的飞机。很多干线飞机都有专门的货机型号。如 B747-400F、B757-200F、B777-8F、A300-600F、A330-200F 等，都是全货机。

全货机一般设计为集装设备型的货舱，飞机货舱底部一般均设置滚轴及固定系统，可以放置集装板和集装箱。例如B747-400F货机，可以放下39个集装板。

目前营运的全货机有专门为空运需求而设计的专用货机，还有由客机改装而成的货运飞机。多数民用货机由老旧客机改装而成，为了装货的需要，除了将客舱内的座椅、装饰和生活服务设施拆除外，还要将地板加强，提高承压能力。在货舱前侧设置较大的货舱门，门的高度在2米以上、宽度超过3米，以便装载大件货物。货机还装设地板滚轮系统和起重吊车等设备用于装卸货物。图5-1为空中客车"大白鲸"运输机。

图5-1　空中客车"大白鲸"运输机

（二）机场

机场也称为航空港，是供飞行器起飞、降落和地面活动而划定的地域或水域，也包括域内的各种建筑物和设备装置。机场是民航运输网络中的节点，是航空运输的起点、终点和经停点，是空中运输和地面运输的转接点。机场有不同的大小，除了跑道之外，机场通常还设有塔台、停机坪、航空客运站、维修厂等设施，并提供机场管制服务、空中交通管制等其他服务。1910年在北京南苑修建了中国第一个机场。

1. 机场的构成

机场一般由飞行区、航站区和延伸区构成。

飞行区是机场内供飞机起飞、着陆、滑行和停放的区域以及其上空对应所需净空的区域。

航站区是机场内办理航空客货运输业务和供旅客、货物地面转运服务的区域。

延伸区是保障机场航空业务的相关区域，包括飞机维修区、油库区、食品加工区、航空公司和机场单位的办公区、生活区等，部分经济发达地区还衍生出空港经济开发区和空港物流园区。

2. 机场的分类

（1）按用途划分：可以分为民航运输机场、通用机场和军用机场。民航运输机场与通用机场都属于民用机场的范畴，区别是通用机场不提供公共运输服务，其管理机构的层级也较运输机场低。通用机场专门承担除个人飞行、旅客运输和货物运输以外的其他飞行任务，比如公务出差、空中旅游、空中表演、航拍、空中测绘、农林喷洒等特殊飞行任务。相对于民航运输机场，通用机场的跑道导航设施往往比较简陋，一般不具备大型民航飞机起降的条件。

（2）按技术等级划分：民航运输机场可分为枢纽机场、干线机场和支线机场。通常使用数字和英文字母相结合来表示机场等级，即用1、2、3、4数字代号表示使用机型所需跑道长度，用A、B、C、D、E、F字母代号表示使用机型的翼展和主起落架轮组外缘间的宽度，4F级为最高等级的民航运输机场。

3. 机场代码

国际航空运输协会机场代码是一个由国际航空运输协会（IATA）规定、用于代表全世界大多数机场的代码。它用3个字母组成并通常在登机牌及行李牌上使用。这些代码的分配由国际航空运输协会第763号决议决定，并且由在蒙特利尔的IATA总部管理，每半年一次出版在IATA的航空公司编码目录里。

国际民航组织机场代码是国际民用航空组织（ICAO）为世界上所有机场所规定的识别代码，由 4 个英文字母组成。ICAO 是联合国的一个专门机构，1994 年为促进全世界民用航空安全有序的发展而成立。ICAO 机场代码被用于空中交通管理及飞行策划等。ICAO 机场代码与一般公众及旅行社所使用的 IATA 机场代码并不相同，ICAO 机场代码有区域性的结构，并不会重复。通常首字母代表所属大洲，第二个字母则代表国家或地区，剩余的两个字母则用于分辨城市。部分幅员辽阔的国家，则以首字母代表国家，其余三个字母用于分辨城市，如表 5-2 所示。

表 5-2　我国主要机场的机场代码

机场名称	IATA 机场三字代码	ICAO 机场四字代码
北京首都国际机场	PEK	ZBAA
北京大兴国际机场	PKX	ZBAD
上海虹桥国际机场	SHA	ZSSS
上海浦东国际机场	PVG	ZSPD
香港国际机场	HKG	VHHH
广州白云国际机场	CAN	ZGGG
昆明长水国际机场	KMG	ZPPP
成都双流国际机场	CTU	ZUUU
西安咸阳国际机场	XIY	ZLXY
武汉天河国际机场	WUH	ZHHH

（三）空中交通管制系统

空中交通管制指对航空器的空中活动进行管理和控制的业务，空中交通管制单位应当为飞行中的民用航空器提供空中交通服务，包括空中交通管制服务、飞行情报服务和告警服务。它的任务是包括防止飞机在空中相撞；防止飞机在跑道滑行时与障碍物或其他行驶中的飞机、车辆相撞；保证飞机按计划有秩序地飞行；提高飞行空间的利用率。现代空中交通管制涉及飞行的全过程，即从驶出停机坪开始，经起飞爬升，进入航路，通过报告点到目的地机场降落为止，飞机始终处于监视和管制之下。在这个过程中，管制分为三级：塔台管制、进近管制和区域管制。

图 5-2　机场塔台

（1）塔台管制：塔台设在机场，主要是为了维持机场的飞行秩序、指挥滑行和起降、防止碰撞。各国的管制范围不一，视空域、飞行量和管制能力而定，单跑道机场的机场管制地带为以跑道两端入口为圆心、13 千米为半径，如图 5-2 所示。

（2）进近管制：对处于塔台管制范围和区域管制范围之间的进场或离场飞机实施管制，安排中低空飞机落地顺序。其范围一般在半径 50 千米左右，可以包括几个机场。

（3）区域管制：也称航路管制，由区域管制中心指挥、监控大范围的航空器，主要是使航路上的飞机之间保持安全间隔。它能对飞机实施竖向、纵向或横向调配，以避免碰撞，确保安全。

（四）航线

飞机飞行的路线称为空中交通线，简称航线。飞机的航线不仅确定了飞机飞行的具体方向、起讫点和经停点，而且还根据空中交通管制的需要，规定了航线的宽度和飞行高度，以维护空中交通秩序，保证飞行安全。空中走廊则指的是在两点连线的两侧各有 5 千米宽度的空中飞行通道，供航空器在走廊内实施点与点之间的飞行，最小不得小于 4 千米，使航空器严格按照走廊进行飞行，避免航空器进入走廊之外的限制区域。飞机航线的确定除了安全因素外，还取决于经济效益和社会效益的大小。一般情况下，航线安排以大城市为中心，在大城市之间建立干线航线，同时辅以支线航线，由大城市辐射至周围小城市。

1. 航线的分类

（1）按起讫点的归属不同，航线可分为国际航线和国内航线。国际航线指的是飞行起讫点、经停点超过一个国家的国境线的航线。例如，上海—纽约。国内航线指的是航线的起讫点和经停点均在一国国境内的航线，其又可分为干线航线、支线航线和地区航线。干线航线是指连接各大城市之间的航线，形成大城市之间的空中交通干道，例如，北京—上海、广州—南京等。一般来说，干线上的客货流量大，使用的机型运载能力强。支线航线是指大城市至本地区中小城市之间的航线，主要目的是汇集或疏散客货流，辅助干线运输。地方航线是指地区内的航线，主要用于地方上地面交通不便的小城市之间的客货邮运输。

（2）按照航线是否有经停点及航线来回程的形式，可分为直接对流航线、间接对流航线和环形航线。直接对流航线没有经停点，又称为直达航线，例如，西安—南京、南京—西安。间接对流航线含有经停点，例如，上海—南京—杭州、杭州—南京—上海。环形航线的起讫点为同一个城市，例如，北京—首尔—东京—上海—北京。

2. 航线网络的类型

（1）城市对式：是最早的航线网络形式，是在两个城市间开通往返航班，把城市两两连接起来组成一个航线网，旅客不必中转。城市对式航线网络在世界上大量应用，也是我国航线网的主要形式。其优点是操作简单，航线之间互不相关。但城市对式航线网络不能有效组织和利用航路资源和客货运资源，容易造成运载能力的浪费。

（2）城市串式：城市串式航线网络是在城市对式的基础上发展而来，一条航线由若干航段组成，航班在途中经停获得补充的客货源，适用于城市间的客货运量和运力不足的情况。优点是可提高飞机的利用率、载运率和客座率，节省运力；缺点是容易造成航班延误和影响正常的运力调配。

（3）中枢辐射式：这种航线网络发源于 20 世纪 50 年代的美国，在 1978 年我国政府放松航线准入管制后蓬勃发展。航空公司选择几个大的交通中心作为它的枢纽站，构成航线网的骨架，其他中小城市和其最近的枢纽站设立支线，支线的航班和干线航班在时间上紧密相连。中枢辐射式航线网络的优点是提高航班频率、增加通航点、提高飞机的载运率、降低旅客出行成本和增加机场非航空性收入等。但其枢纽机场的航班进出港时间过于集中，加重了枢纽机场高峰时的负荷。为了减少大多数旅客中转换乘的等候时间，从各地始发的几十个航班几乎在同一时段内到港，并几乎在同一时段内相继出发，因此经常造成机场拥塞、空管指挥困难和航班延误等状况。

任务二　航空货物运输组织

任务导入

2022 年 12 月 30 日凌晨，涂装"JD-Express"的全货机从深圳飞抵无锡苏南硕放机场，标志着京东航空全货机首航成功。该货运包机为定期往返航班，计划每周六班执行，最大货邮载重约为 22 吨，每周可提供 264 吨进出港运力。苏南国际机场集团围绕无锡市政府与京东集团达成的战略合作，引进快递物流头部企业京东物流进驻，共同推进枢纽建设，开展货站建设合作，并通过租赁其他航司飞机先后开通了深圳、天津、北京大兴、芜湖等全货机航线，紧密连接了长三角、粤港澳大湾区与京津冀成渝三大核心经济圈的航空快递运输链。

根据以上材料请同学们思考：

（1）航空运输的组织形式有哪些？

（2）航空快递运输有什么特点？

知识链接

一、航空货物运输方式

航空货物运输的主要方式有以下几种：

（一）班机运输

班机是指定期开航的、定航线、定始发站、定目的港、定途经站的飞机。一般航空公司都使用客货混合型飞机。一方面搭载旅客，一方面又运送少量货物。但一些较大的航空公司在一些航线上开辟定期的货运航班，使用全货机运输。

班机运输的主要特点包括：

（1）由于班机固定航线、固定停靠港和定期开飞航，因此国际货物流通多使用班机运输方式，能安全迅速地到达世界上各通航天地点。

（2）便利收、发货人确切掌握货物起运和到达的时间，这对市场上急需的商品、鲜活易腐货物以及贵重商品的运送是非常有利的。

（3）班机运输一般是客货混载，因此舱位有限，不能使大批量的货物及时出运，往往需要分期分批运输。这是班机运输不足之处。

（二）包机运输

包机运输方式可分为整包机和部分包机两类。包机的优势主要体现在解决了班机舱位不足的矛盾；货物全部由包机运出，节省时间，减少多次发货的手续；弥补了部分地区没有直达航班的不足，而且不用中转；减少了货损、货差或丢失的现象；在空运旺季缓解航班紧张状况；解决了海鲜及活动物的运输问题。

1. 整包机

包租整架飞机，指航空公司按照与租机人事先约定的条件及费用，将整架飞机租给包机人，从一个或几个航空港装运货物至目的地。

包机人一般要在货物装运前一个月与航空公司联系，以便航空公司安排运载和向起降机场及有关政府部门申请、办理过境或入境的有关手续。包机的费用采用一次一议，原则上包机运费，是按每一飞行公里固定费率核收费用，并按每一飞行公里费用的 80% 收取空放费。因此，大批量货物使用包机时，均要争取来回程都有货载，这样费用比较低。

2. 部分包机

部分包机，指由几家航空货运公司或发货人联合包租一架飞机或者由航空公司把一架飞机的舱位分别卖给几家航空货运公司装载货物。运用于托运不足一架整飞机舱位，但货量又较重的货物运输。

（三）集中托运

集中托运是将若干票单独发运的、发往同一方向的货物集中起来作为一票货，填写一份总运单发运到同一到站的做法。

集中托运人将若干批单独发运的货物组成一整批，向航空公司办理托运，采用一份航空总运单集中发运到同一目的站，由集中托运人在目的地指定的代理收货，再根据集中托运人签发的航空分运单分拨给各实际收货人。集中托运也是航空货物运输中开展最为普遍的一种运输方式，是航空货运代理的主要业务之一。

1. 集中托运的操作流程

（1）将每一票货物分别制定航空运输分运单，即出具货运代理的运单。

（2）将所有货物区分方向，按照其目的地相同的同一国家、同一城市来集中，制定出航空公司的总运单。总运单的发货人和收货人均为航空货运代理公司。

（3）打印出该总运单项下的货运清单，即此总运单有几个分运单、号码各是什么，其中件数、重量各多少，等等。

（4）把该总运单和货运清单作为一整票货物交给航空公司。一个总运单可视货物具体情况随附分运单。如：一个总运单内有 10 个分运单，说明此总运单内有 10 票货，发给 10 个不同的收货人。

（5）货物到达目的地站机场后，当地的货运代理公司作为总运单的收货人负责接货、分拨，按不同的分运单制定各自的报关单据并代为报关、为实际收货人办理有关接货关货事宜。

（6）实际收货人在分运单上签收以后，目的站货运代理公司以此向发货的货运代理公司反馈到货信息。

2. 集中托运的限制

集中托运只适合办理普通货物，对于等级运价的货物，如贵重物品、危险品、活动物以及文物等不能办理集中托运。目的地相同或邻近的可以办理，如某一国家或地区，否则不宜办理，例如不能把去日本的货物发到欧洲。

3. 集中托运的优势

（1）节省运费：航空货运公司的集中托运运价一般都低于航空协会的运价。发货人可得到低于航空公司运价，从而节省费用。

（2）提供方便：将货物集中托运，可使货物到达航空公司到达地点以外的地方，延伸了航空公司的服务，方便了货主。

（3）提早结汇：发货人将货物交与航空货代代理后，即可取得货物分运单，可持分运单到银行尽早办理结汇。

集中托运方式已在世界范围内普遍开展，形成了较完善有效的服务系统，为促进国际贸易发展和国际科技文化交流起了良好的作用。集中托运成为我国进出口货物的主要运输方式之一。

（四）航空快递

所谓航空快递是指"具有独立法人资格的企业将进出境的货物或物品从发件人所在地通过自身或代理的网络运达收件人的一种快速运输方式"。具体地说，就是由专业经营该项业务的航空货运公司和航空公司合作，派专人以最快的速度，在货主、机场和用户之间传送急件的运输服务业务。这种运输方式特别适用于急需的药品和医疗器械、贵重物品、图样资料、货样、单证和书报杂志等小件物品。这是目前国际航空货物运输中最快捷的运输方式。

1. 航空快递的主要业务形式

（1）门到门：门到门的服务形式也是航空快递公司最常用的一种服务形式。首先由发件人在需要时电话通知快递公司，快递公司接到通知后派人上门取件，然后将所有收到的快件集中到一起，根据其目的地分拣、整理、制单、报关、发往世界各地，到达目的地后，再由当地的分公司办理清关、提货手续，并送至收件人手中。在这期间，客户还可依靠快递公司的电脑网络随时对快件的位置进行查询，快件送达之后，也可以及时通过电脑网络将消息反馈给发件人。

（2）门到机场：与前一种服务方式相比，门到机场的服务指快件到达目的地机场后不是由快递公司去办理清关、提货手续并送达收件人的手中，而是由快递公司通知收件人自己去办理相关手续。采用这种方式的多是海关当局有特殊规定的货物或物品。

（3）专人派送：所谓专人派送是指由快递公司指派专人携带快件在最短时间内将快件直接送到收件人手中。这是一种特殊服务，一般很少采用。

以上三种服务形式相比，门到机场形式对客户来讲比较麻烦，专人派送最可靠、最安全，同时费用也最高。而门到门的服务介于上述两者之间，适合绝大多数快件的运送。

2. 航空快递的特点

航空快递在很多方面与传统的航空货运业务、邮政运送业务有相似之处，但作为一项专门的业务它又有独到之处，主要表现在：

（1）收件的范围不同：航空快递的收件范围主要有文件和包裹两大类，其中文件主要是指商业文件和各种印刷品，对于包裹一般要求毛重不超过 32 千克（含 32 千克）或外包装单边不超过 102 厘米，三边相加不超过 175 厘米。近年来，随着航空运输行业竞争更加激烈，快递公司为吸引更多的客户，对包裹大小的要求趋于放松。而传统的航空货运业务以贸易货物为主，对每件货物的最小体积有着一定限制。航空邮件业务则以私人信函为主要业务对象，对包裹要求每件重量不超过 20 千克。

（2）经营者不同：经营国际航空快递的大多为跨国公司，这些公司以独资或合资的形式将业务深入世界各地，建立起全球网络。航空快件的传送基本都是在跨国公司内部完成。而国际邮政业务则通过万国邮政联盟的形式在世界上大多数国家的邮政机构之间取得合作，邮件通过两个以上国家邮政当局的合作完成传送。国际航空货物运输则主要采用集中托运的形式，或直接由发货人委托航空货运代理人进行，货物到达目的地后再通过发货地航空货运代理的关系人代为转交到收货人的手中。业务中除涉及航空公司外，还要依赖航空货运代理人的协助。

（3）经营者内部的组织形式不同：邮政运输的传统操作理论是接力式传送。航空快递公司则大多采用中心分拨理论或称转盘分拨理论组织起全球的网络。简单来讲就是快递公司根据自己业务的实际情况在中心地区设立分拨中心。各地收集起来的快件，按所到地区分拨完毕，装上飞机。当晚各地飞机飞到分拨中心，各自交换快件后飞回。第二天清晨，快件再由各地分公司用汽车送到收件人办公桌上。由于中心分拨理论减少了中间环节，快件的流向简单清楚，减少了错误，提高了操作效率，缩短了运送时间，被事实证明是经济、有效的。

（4）使用的单据不同：航空货运使用的是航空运单，邮政使用的是包裹单，航空快递业则使用交付凭证。交付凭证一式四份。第一联留在始发地用于出口报关；第二联贴附在货物表面，随货同行，收件人可以在此联签字表示收到货物（交付凭证由此得名），但通常快件的收件人在快递公司提供的送货记录上签字，而将此联保留；第三联作为快递公司内部结算的依据；第四联作为发件凭证留存发件人处，同时该联印有背面条款，一旦产生争议时可作为判定当事各方权益，解决争议的依据。

（5）航空快递的服务质量更高：首先其速度更快，航空快递自诞生之日起就强调快速的服务，速度又被称为整个行业生存之本。一般洲际快件运送在1~5天完成，地区内部只要1~3天。这样的传送速度无论是传统的航空货运业还是邮政运输都是很难达到的。另一方面航空快递更加安全可靠，因为在航空快递形式下，快件运送自始至终是在同一公司内部完成的，各分公司操作规程相同，服务标准也基本相同，而且同一公司内部信息交流更加方便，对客户的高价值易破损货物的保护也会更加妥帖，所以运输的安全性、可靠性也更好。与此相反，邮政运输和航空货物运输因为都牵扯不止一位经营者，各方服务水平参差不齐，所以较容易出现货损货差的现象。此外航空快递也更方便。确切地说航空快递不止涉及航空运输一种运输形式，它更像是陆空联运，通过将服务由机场延伸至客户的仓库、办公桌，航空快递真正实现了门到门服务，方便了客户。此外，航空快递公司对一般包裹代为清关，针对不断发展的电子网络技术又率先采用了EDI报关系统，为客户提供了更为便捷的网上服务，快递公司特有的全球性电脑跟踪查询系统也为有特殊需求的客户带来了极大的便利。

当然，航空快递同样有自己的局限性。如快递服务所覆盖的范围就不如邮政运输广泛。国际邮政运输综合了各国的力量，可以这样说，有人烟的地方就有邮政运输的足迹，但航空快递毕竟是靠某个跨国公司的一己之力，所以各快递公司的运送网络只能包括那些商业发达、对外交流多的地区。

（五）航空联运

航空联运方式主要是指陆空联运，包括火车、飞机和卡车的联合运输方式（TAT），还有火车、飞机的联合运输方式（TA）。

我国空运出口货物通常采用陆空联运方式，是因为我国幅员辽阔，而国际航空港口岸主要有北京、上海、广州等。虽然省会城市和一些主要城市每天都有班机飞往上海、北京、广州，但班机所带货量有限，费用比较高。如果采用国内包机，费用更贵。因此在货量较大的情况下，往往采用陆运至航空口岸，再与国际航班衔接。由于汽车具有机动灵活的特点，在运送时间上更可掌握主动，因此一般都采用TAT方式组织出运。

我国长江以南的外运分公司目前办理陆空联运的具体做法是用火车、卡车或船将货物运至香港，然后利用香港航班多、到欧洲美国运价较低的条件，把货物从香港运到目的地，或运到中转地，再通过当地代理，用卡车送到目的地。长江以北的公司多采用火车或卡车将货物送至北京、上海航空口岸出运。

二、航空货物运输承运人

承运人是指本人或者委托他人以本人名义与托运人订立货物运输合同的人。航空运输主要包括两类承运人：航空运输公司是航空货物运输业务中的实际承运人，负责办理货物从起运机场至到达机场的运输业务，并对全程运输负责。此外承运人还有航空货运代理公司，它兼有货主代理和航空公司代理的双重身份，既负责办理空运货物的订舱、起讫机场间货物交接及进出口报关等事宜，又可在办理接货过程中，以航空承运人的身份签发航空运单，对运输过程负责。例如中国对外贸易运输总公司在实际业务中就充任了航空货运代理公司的职责，目前它已与世界上许多国家和地区的货运代理公司建立了航空货运代理业务。

由于两类承运人的存在，航空运单有两类：一是由航空公司签发的航空运单，又称主运单，如我国中国民航签发的空运单；另一个是由航空货运代理公司签发的航空运单，又称分运单，如我国对外贸易运输总公司签发的空运单。两类运单的内容基本相同，法律效力相当，对于收货人和发货人而言，只是承担货物运输的当事人不同。

承运人不按运输合同规定的时间和要求发运的，偿付托运方违约金；货物错运到货地点或接货人，承运人应无偿运至合同规定的到货地点或接货人，如果货物运到逾期，偿付逾期交货的违约金；运输过程中货物灭失、短少、变质、污染、损坏，承运人按货物的实际损失（包括包装费、运杂费）赔偿，而在符合法律和合同规定条件下的运输，由于不可抗力、货物本身的自然性质、货物的合理损耗、托运或收货方本身的过错造成货物灭失、短少、变质、污染、损坏的，承运人不承担责任。

三、国际航空货运进出口业务流程

（一）国际航空货物运输的出口业务流程

国际货物运输的出口业务流程是指从托运人委托运输货物到航空承运人将货物装上飞机的货物流、信息流的运输组织与控制管理的全过程。

托运人采用委托航空运输代理人运输或直接委托航空公司运输两种方式。因此，国际货物运输的出口业务流程包括航空货物出口运输代理业务程序和航空公司出港货物的业务操作程序两个环节。

1. 航空货物出口运输代理业务程序

航空货物出口运输代理业务程序由以下若干环节构成：接受托运人委托运输；审核证；接收货物；填制货运单；拴挂标签；预配、预订舱位；出口报关；出舱单提箱、装板；签单、交接发运；航班跟踪信息服务；费用结算。

2. 航空公司出港货物的操作程序

航空公司出港货物的操作程序是指自代理人将货物交给航空公司，直到货物装上飞机的整个业务操作流程。航空公司出港货物的操作程序分为以下主要环节：

（1）预审国际货物订舱单。

（2）整理货物单据，主要包括已入库的大宗货物、现场收运的货物、中转的散货等三个方面的单据。

（3）货物过磅、入库。

（4）货物出港。对于货物出港环节，重点处理好制作舱单及转运舱单的业务。货运舱单是每一架飞机所装载货物、邮件的运输凭证清单；是每一航班总申报单的附件；是向出境国、入境国海关申报飞机所载货邮情况的证明文件；也是承运人之间结算航空运费的重要凭证之一。货物转港舱单由交运承运人填写，是货物交运承运人和货物接运承运人之间交接货物的重要运输凭证；也是承运人之间结算航空运费的重要凭证之一。

（二）国际航空货物运输的进口业务流程

国际货物运输的进口业务流程就其流程的环节主要包含两大部分：航空公司进港货物的操作程序和航空货物进口运输代理业务程序。

1. 航空公司进港货物的操作程序

航空公司进港货物的操作程序是指从飞机到达目的地机场，承运人把货物卸下飞机直到交给代理人整个操作流程。该流程包括：进港航班预报；办理货物海关监管；分单业务，其中联程货运单交货物中转部门；核对货运单和运输舱单；制作国际进口货物航班交接单；货物交接。

2. 航空货物进口运输代理业务程序

航空货物进口运输代理业务程序包括：代理预报；承接运单与货物；货物仓储；整理运单；发出到货通知；进口报关；收费与发货；送货上门及货物转运等业务内容，其中，对于交接运单与货物、收费与发货等业务，航空公司有关部门业务人员应重点做好下列工作。

（1）交接运单与货物：航空公司的地面代理公司向货物代理公司交接的有：国际货物交接清单；主货运单、随机文件；货物。

（2）收取费用与发放货物：对于分批到达货物，待货物全部到齐后，方可通知货主提货。如果部分货物到达，货主要求提货，有关货运部门则收回原提货单，出具分批到达提货单，待后续货物到达后，再通知货主再次提取。

（3）货损：属于航空公司责任的破损、短缺，应由航空公司签发商务记录。属于货物运输代理公司责任的破损、短缺，应由该代理公司签发商务记录。对于属于货物运输代理公司责任的货物破损事项，应尽可能协同货主、商检单位立即在仓库作商品检验，确定货损程度，避免续后运输中加剧货物损坏程度。

（4）收取费用：货物运输代理公司在发放货物前，应先将有关费用收齐。收费内容包括：到付运费及垫付款、垫付费；单证、报关费；海关动植检验、卫生检验报验等代收、代付费用；仓储费等。

任务三　航空货物运输单证

任务导入

2022年12月27日，大兴机场国内货站正式启用出港航班电子运单，本次电子运单应用是由首都机场货运办联合海航货运、首新地服，依托民航局航空物流业务数据交换试点平台和大兴机场货运综合信息服务平台，实现了货站与航司系统间互联互通，达成了运单数据的实时共享，节约了数据传输成本。电子运单启用后，货运代理仅需在航司货运系统录入一次订舱信息，后台即将运单数据实时共享给大兴机场货运综合信息服务平台，并同步货站系统、安检系统，彻底解决了数据重复录入问题。此外，货运代理还可通过电脑或者手机在平台进行运单数据管理、交提货预约、安检申报、电子托运书、电子称重条、货况追踪等货运业务操作，进一步提升了以电子运单为基础的货运业务线上办、掌上办服务。

根据以上材料请同学们思考：
（1）航空运输单证有哪些？
（2）电子单证可以完全取代纸质单证吗？

知识链接

一、托运书

托运书是指托运人办理货物托运时填写的书面文件，列有填制航空货运单所需各项内容，并应印有授权于承运人或其代理人代其在航空货运单上签字的文字说明，是填开航空货运单的凭据。

个人托运货物需凭本人居民身份证或者其他有效身份证件，填写货物托运书，向承运人或其代理人办理托运手续。托运政府规定限制运输的货物以及需向公安、检疫等有关政府部门办理手续的货物时，应当随附有效证明。运输条件不同或者因货物性质不能在一起运输的货物，应当分别填写托运书。

货物托运书的基本内容包括：货物托运人和收货人姓名、详细地址和联系方式；始发站机场、目的地机场；货物声明价值；保险金额；要求的航班、日期；运费及声明价值费；货物品名、件数、包装、尺寸或体积以及毛重；货物特性、储运注意事项以及其他说明；航空货运单所附文件；托运人的授权和保证；托运人签字及日期等。

二、航空货运单

航空货运单是由承运人出具的证明承运人与托运人已订立了国际航空货物运输合同的

运输单证，是承运人和托运人之间签订的运输合同。航空货运单须由托运人或其代理和承运人或其代理签署后方能生效。航空货运单与海运提单不同，它不是货物的物权凭证。在实际业务中，航空货运单一般都印有"不可转让"的字样，如表5-3所示。

表5-3 航空货运单

Shipper's Name and Address	Not negotiable **Air Waybill** Issued by
	Copies 1, 2 and 3 of this Air Waybill are originals and have the same validity
Consignee's Name and Address	It is agreed that the goods described herein are accepted in apparent good order and condition (except as noted) for carriage subjected to the conditions of contract on the reverse hereof. All goods may be carried by any other means including road or any other carrier unless specific contrary instructions are given hereon by the shipper, and shipper agrees that the shipment may be carried via intermediate stopping places which the carrier deems appropriate. The shipper's attention is drawn to the notice concerning carriers limitation of liability. Shipper may increase such limitation of liability by declaring a higher value for carriage and paying a supplement charge if required. Received in good order and condition at _____ on _____ . Signature of Consignee or his agent

Issuing Carrier's Agent Name and City		Accounting INFORMATION							
Agent's IATA Code	Account No.								

Airport of Departure (Addr. of First Carrier) and Requested Routing

to	By First Carrier	to	by	to	by	Currency	CHGS Code	WT/VAL		Other		Declared Value for Carriage	Declared Value for Customs
								PPD	COLL	PPD	COLL		
Airport of Destination		Flight/Date		Flight/Date		Amount of Insurance		INSURANCE – If shipper requests insurance in accordance with conditions on reverse hereof, indicate amount to be insured in figures in box marked amount of insurance.					

Handling Information

No. of Pieces RCP	Gross Weight	kg lb	Rate Class/ Commodity Item No.	Chargeable Weight	Rate/ Charge	Total	Nature and Quantity of Goods (incl. Dimensions or Volume)

PREPAID	COLLECT	Other Charges
Weight Charge		
Valuation Charge		
Tax		Shipper certifies that the particulars on the face hereof are correct and that insofar as any part of the consignment contains dangerous goods, such part is properly described by name and is in proper condition for carriage by air according to applicable dangerous goods regulations.
Total Other Charges Due Agent		
Total Other Charges Due Carrier		Signature of Shipper or its Agent
Total Prepaid	Total Collect	Executed on (Date) at (Place) Signature of Issuing Carrier or its Agent
Currency Conversion Rates	Total Collect in Destination Currency	
For Carrier'sUse only at Destination	Charges at Destination	Total Collect Charges

国际航空货运单由一式十二联组成，包括三联正本、六联副本和三联额外副本。第一份正本由航空承运人（航空公司）留底，第二份正本将随同货物一道交收货人，第三份正本由承运人交托运人，一份副本作为提取货物的收据，其余副本根据需要分别交于货运代理人、目的地机场及其他承运人。

（一）航空货运单的属性

（1）航空货运单是航空货物运输合同的证据，具有证明航空运输合同已经订立的作用。

（2）航空货运单是承运人所签发的货物收据，表明承运人已经收到了航空货运单项下的货物。

（3）航空货运单是运费账单，表明承运人为运输航空货运单项下的货物所应收的运费数额。

（4）航空货运单是运费发票，表明承运人已经收到托运人所付的运费。

（5）航空货运单是报送单证，是收货人办理海关手续所必备的文件。

（6）航空货运单可以是保险证书。在承运人负责办理货物保险或其接受了托运人的请求代后者办理此种保险的情况下，可将航空货运单作为其项下货物的运输保险证书。这种航空货运单在实务中通常被称为"红色航空货运单"。

（7）航空货运单是承运人内部业务的依据，承运人的内部各业务部门须据航空货运单办理其各自业务范围内的业务。

应当注意的是，航空货运单不同于海运提单，它不是物权凭证，其本身并不代表其项下货物。此外，因为航空货运单并非物权凭证，所以它没有价值，当然也就不能作为有价证券转让。

（二）航空货运单的种类

航空货运单依作用不同分为以下两类：

（1）航空主运单（Master Air Waybill，MAWB）：凡由航空公司签发的航空运单均称航空主运单。它是航空公司据以办理货物运输和交付的依据，是航空公司和托运人之间签订的运输合同。每一批航空运输货物都应有相应的航空主运单。

（2）航空分运单（House Air Waybill，HAWB）：航空分运单是由航空货运公司在办理集中托运时签发给每一发货人的运单。在集中托运的情况下，除了航空公司要签发给集中托运人主运单之外，集中托运人还必须签发航空分运单给每一托运人。从货物的托运到提取，货主均直接与航空货运公司联系，而与航空公司不直接发生关系。

（三）航空货运单的填制

不同的航空公司会有自己独特的航空货运单格式，但各航空公司所使用的航空运单则大多借鉴 IATA 所推荐的标准格式，差别并不大。所以我们这里只介绍这种标准格式，也称中性运单。航空货运单应当由托运人填写，承运人根据托运人的要求填写航空货运单的，在没有相反证据的情况下，应当视为是代替委托人填写的。这表明托运人应对货运单所填各项内容的正确性、完备性负责。由于货运单所填内容不准确、不完全，承运人或其他人遭受损失，托运人负有责任。

根据《华沙公约》和《海牙议定书》等国际公约的规定，航空货运单上通常包括以下各项内容：

（1）始发站机场，需填写 IATA 统一制定的始发站机场或城市的三字代码。

（2）IATA统一编制的航空公司代码，如我国的国际航空公司的代码就是999。

（3）运单号，由8位数字组成，序号的最后一个数字为检查号。

（4）发货人的姓名、住址和联系方式（Shipper's Name and Address），账号（Shipper's Account Number）只在必要时填写。

（5）收货人的姓名、住址和联系方式（Consignee's Name and Address），与发货人信息一样，账号（Consignee's Account Number）只在必要时填写。

（6）承运人代理的名称和所在城市（Issuing Carrier's Agent Name and City）。

（7）代理人的IATA代号和账号。

（8）始发站机场及所要求的航线（Airport of Departure and Requested Routing）。

（9）支付信息（Accounting Information）：只有在采用特殊付款方式时才填写。

（10）第一（二、三）中转站机场的IATA代码（To）。

（11）第一（二、三）段运输的承运人（By）。

（12）货币（Currency）：填入ISO货币代码。

（13）收费代号（Charges Code）：表明运费及声明价值费（WT/VAL）和其他费用（Other）的支付方式，分为预付（PPD）或到付（COLL）。

（14）运输声明价值（Declared Value for Carriage）：填入发货人要求的用于运输的声明价值。如果发货人不要求声明价值，则填入NVD表明没有声明价值。

（15）海关声明价值（Declared Value for Customs）：填入对海关的声明价值，或者填入NCV表明没有声明价值。

（16）目的地机场（Airport of Destination）：填写最终目的地机场的全称。

（17）航班及日期（Flight/Date）：填入货物所搭乘航班及日期。

（18）保险金额（Amount of Insurance）：只有在航空公司提供代保险业务而客户也有此需要时才填写。

（19）操作信息（Handling Information）：一般填入承运人对货物处理的有关注意事项。

（20）货物件数和运价组成点（No. of Pieces/Rate Combination Point）：填入货物包装件数，或者当需要组成比例运价或分段相加运价时，填入运价组成点机场的IATA代码。

（21）毛重（Gross Weight）：重量单位可选择千克（kg）或磅。

（22）运价等级（Rate Class）：针对不同的航空运价共有6种代码，分别是M（Minimum，起码运费）、C（Specific Commodity Rates，特种运价）、S（Surcharge，高于普通货物运价的等级货物运价）、R（Reduced，低于普通货物运价的等级货物运价）、N（Normal，45千克以下货物适用的普通货物运价）、Q（Quantity，45千克以上货物适用的普通货物运价）。

（23）商品代码（Commodity Item No.）：在使用特种运价时需要填写商品代码。

（24）计费重量（Chargeable Weight）：填入航空公司据以计算运费的计费重量，该重量可以与货物毛重相同也可以不同。

（25）运价（Rate/Charge）：填入该货物适用的费率。

（26）运费总额（Total）：数值应为起码运费值或者是运价与计费重量两栏数值的乘积。

（27）货物的品名、数量，含尺码或体积（Nature and Quantity of Goods incl. Dimensions or Volume）。

（28）其他费用（Other Charges）：指除运费和声明价值附加费以外的其他费用，各项费用分别用三个英文字母表示，其中前两个字母是某项费用的代码，如运单费就表示为AW，第三个字母是 C（Carrier）或 A（Agent），分别表示费用应支付给承运人或货运代理人。

（29）运费（Weight Charge）、声明价值费（Valuation Charge）、税款（Tax）、需要付与货运代理人（Due Agent）和承运人（Due Carrier）的其他费用合计金额。

（30）预付（Total Prepaid）、到付（Total Collect）的总金额。

（31）发货人或其代理人的签字（Signature of Shipper or His Agent）。

（32）签单时间（日期）、地点、承运人或其代理人的签章（Stamp and Signature of the Carrier or Its Agent）。

任务四　航空货物运费核算

任务导入

库尔勒地处新疆南部，气候干旱少雨，昼夜温差大，十分有利于瓜果糖分积累，杏子、香梨、冬枣都是当地独具特色的农产品。由于鲜果保鲜周期短，是极适合航空运输的农产品。以杏子为例，9 时从田间采摘，19 时就可以搭乘航空客机从库尔勒机场起飞发往杭州，4 小时后便可抵达杭州，次日就可以让疆外消费者品尝到独特的"新疆味道"，实现了库尔勒农产品从田间到疆外消费者舌尖的"加速度"。库尔勒本地的杏子售价约为 30 元/千克，北京、上海、广州等城市平均售价为 85 元/千克，航空运费、地面运输等杂项费用约 5 元/千克。5—7 月为杏子采收期，库尔勒机场预计运输杏子约 800 吨，以每千克增收 50 元计算，通过航空运输的杏子将带动地区农产品增收近 4 000 万元，有效推动特色农产品资源禀赋优势与航空物流优势叠加，为农产品提质增效发挥重大作用。

根据以上材料请同学们思考：

（1）航空运输涉及哪些费用？

（2）航空运输的计费重量如何计算？

知识链接

一、航空运输费用的构成

航空货物运输费用是在货物运输过程中产生的，承运人应当向托运人或者收货人收取的费用，一般包括航空运费、货物声明价值附加费，以及货物地面运输费、退运手续费、航空货运单费、到付运费手续费、特种货物处理费、保管费等。

（一）航空运费

航空运费是指根据货物的计费重量和适用的货物运价计算得出的货物始发站机场至目的站机场之间的货物运输费用，不包括机场与市区之间、同一城市两个机场之间的地面运输费以及其他费用。

航空运费的计费重量按实际毛重和体积重量两者之中较高的一个进行计算。具体计算时，重量不足 0.5 千克按 0.5 千克计算；0.5 千克以上不足 1 千克的按 1 千克计算。例如：103.1 千克按 103.5 千克计，103.6 千克按 104 千克计。

1. 实际毛重

实际毛重是指一批货物包括包装在内的实际总重量。对于重量大而体积相对小的货物用实际重量作为计费重量。

2. 体积重量

将货物体积大而重量相对小的货物称为轻泡货物。对于轻泡货物一般选用体积重量为计费重量，按 6 000 立方厘米或 366 立方英寸①折合为 1 千克的标准，计算方法如下。

（1）不考虑货物的几何形状，分别量出货物的最长、最宽和最高部分的尺寸，单位厘米或英寸，测量数值四舍五入。

（2）三者相乘计算出货物的体积，尾数四舍五入。

（3）将货物体积折合成千克或磅。根据所使用的度量单位分别用体积值除以 6 000 立方厘米或 366 立方英寸，结果即为该货物的体积重量，即体积重量 = 货物最长×货物最宽×货物最高/6 000（或 366）。

3. 计费重量

在确定计费重量时，其原则是将实际重量和体积重量进行比较，把两者之中较高的一个作为计费重量。通常可以通过经验判断一批货物属于轻货还是重货，但在集中托运时，一批货物由几件不同的货物组成，有轻泡货也有重货，难以通过经验判断，最好是将实际重量和体积重量两者计算出后进行比较以确定计费重量。例如，一批货物的实际重量是 43.8 千克，体积是 255 000 立方厘米，则其体积重量为 42.2 千克，货物的计费重量是 44 千克，而不是 42.5 千克。

（二）货物声明价值附加费

按照《华沙公约》和《海牙议定书》的相关规定，从事国际航空货物运输的承运人必须保证货物的安全和正常运输，如有损坏、灭失或由于延误所产生的损失，承运人必须承担赔偿责任，但不超过赔偿的最高限额。对于货物价值超过最高限额部分，承运人不予赔偿，除非托运人事先已向承运人声明价值并缴纳了声明价值附加费。可见，只有货物比较贵重，才有必要声明价值，并缴纳声明价值附加费。向航空公司办理了声明价值的货物，航空公司就要对其进行特殊照顾，成本会有所增加，承运人于是通过收取附加费的方式弥补这方面的成本支出。

托运人办理货物声明价值时，应当在航空货运单上注明货物声明价值。如果国际货物每千克价值超过 20 美元或者国内货物每千克价值超过人民币 20 元，托运人应当按照规定向承运人支付货物声明价值附加费。

（三）其他费用

其他费用是指承运人可以收取的除航空运费、货物声明价值附加费以外的费用，包括货物地面运输费、退运手续费、航空货运单费、到付运费手续费、特种货物处理费、保管费等。

1. 货物地面运输费

货物地面运输费是指承运人在机场与市区之间、同一城市两个机场之间运输货物的费用。航空运费仅限于货物始发站机场与目的站机场之间的货物运费，在某些情况下，托运人在市区托运货物或者收货人要求在市区提取货物，这就需要承运人将货物从市区运输到

---

① 1 立方英寸 = 16.39 立方厘米。

机场或者从机场运输到市区，托运人或者收货人应当支付由此产生的地面运输费。

2. 到付运费手续费

到付运费手续费是指因提供货物运费到付服务而向收货人收取的手续费。

二、航空货物运价的分类及运用

航空货物运价分为两大类，即协议运价和国际航协运价（TACT）。其中，协议运价指托运人或货主与航空公司通过单独谈判、签订航空货物运输协议而确定的运价。不同的托运人、航空公司，其协议运价可能都不一样。TACT 运价由国际航空运输协会制定并向全世界公布，其中分为公布的直达运价和非公布的直达运价。公布的直达运价指航空公司在运价本上直接注明承运人对由甲地运至乙地的货物收取的金额，公布的直达运价可按货物的性质进一步分为普通货物运价、等级货物运价、指定商品运价和集装货物运价；非公布直达运价包括比例运价和分段相加运价。

航空货物运价的优先使用顺序为：协议运价、公布直达运价、非公布直达运价。使用协议运价时，优先顺序为：双边协议运价，多边协议运价。使用公布直达运价时，优先顺序为：指定商品运价，等级货物运价，普通货物运价。使用非公布直达运价时，优先顺序为：比例运价，分段相加运价。

在使用航空货物运价时，应当按照"从低原则"计算航空运费。当货物重量（货物毛重或者货物体积重量）接近某一个重量分界点的重量时，需要将根据该货物重量和对应的货物运价计算得出的航空运费与根据该重量分界点的重量和对应的货物运价计算得出的航空运费相比较，然后取其低者。

航空货运通常设置有起码运费，是航空公司办理一批货物所能接受的最低运费，不同航空公司、不同地区有不同的起码运费。如果承运人收取的运费低于起码运费，就不能弥补运送成本。因此，航空公司规定无论所运送的货物适用哪一种航空运价，所计算出来的运费总额都不得低于起码运费。若计算出的数值低于起码运费，则以起码运费计收，另有规定除外。

航空货物运价应当采用填开航空货运单当日承运人公布的货物运价。货物运价的使用，必须按照货物运输的正方向，而不能按反方向使用。使用货物运价时，还必须符合货物运价规则中提出的要求和规定的条件。

（一）普通货物运价（General Cargo Rate）

普通货物运价又称一般普通货物运价，它是为一般货物制定的，适用于计收一般普通货物的运价，是航空货物运输中使用最为广泛的一种运价。普通货物运价的数额随运输量的增加而降低，这也是航空运价的显著特点之一。

对于普通货物运价，通常针对所承运货物数量的不同，规定几个计费重量分界点。一般以 45 千克作为重量划分点，将货物分为 45 千克以下的货物和 45 千克以上的货物。45 千克以下的货物运价被称为标准普通货物运价。另外，根据航线货流量的不同还可以规定 100 千克、300 千克分界点，甚至更多。

普通货物运费的计算方法：货物的计费重量乘以相应重量等级的运价所得的运费，与较高重量等级的起始重量乘以相应的运价所得的运费进行比较，取其低者。

例如，北京运往新加坡一箱水龙头接管，毛重 35.6 千克。公布运价标准为起码运费 CNY230，45 千克以下 36.66 CNY/kg，45 千克以上 27.50 CNY/kg，300 千克以上 23.46 CNY/kg，计算其航空运费。

解：按实际重量计算

Gross Weight：35.6 kg

Chargeable Weight：36.0 kg

Applicable Rate：GCR N 36.66 CNY/kg

Weight Charge：36.0×36.66＝CNY1 319.76

采用较高重量分界点的较低运价计算

Chargeable Weight：45.0 kg

Applicable Rate：GCR Q 27.50 CNY/kg

Weight Charge：27.5×45.0＝CNY1 237.50

经过比较，取运费较低者。即航空运费为 CNY1 237.50。

(二) 货物等级运价率 (Class Cargo Rate)

货物的等级运价是指适用于规定地区或地区间指定等级的货物所适用的运价。通常表示为在普通货物运价的基础上增加或减少一定的百分比。货物的等级运价仅适用于国际航空运输协会一定的业务区内或业务区间运输的少数货物。

适用等级货物运价的货物，通常有活体动物、贵重物品和作为货物托运的行李等。活体动物和贵重物品通常在普通货物运价基础上增加一定百分比；作为货物托运的行李则在普通货物运价的基础上减少一定百分比。

等级运价加价，运价代号"S"。运价是按45千克以下的普通货物的运价的150% ~ 200%计收。等级运价减价，运价代号"R"，运价是按45千克以下的普通货物运价的50%计收。

例如，从北京运往温哥华一只大熊猫，重量400.0千克，体积尺寸长、宽、高分别为150×130×120（厘米）。公布运价标准为起码运费CNY420，45千克以下59.61 CNY/kg，45千克以上45.68 CNY/kg，100千克以上41.81 CNY/kg，300千克以上38.79 CNY/kg，500千克以上35.77 CNY/kg，计算航空运费。

解：查找活动物运价表，从北京运往温哥华，属于自三区运往一区，运价的构成形式是"150% of appl. GCR"。

按查找的运价构成形式来计算：

Volume：150×130×120＝2 340 000

Volume Weight：2 340 000÷6 000＝390.0 kg

Chargeable Weight：400.0 kg

Applicable Rate：S 150% of Applicable GCR

150%×38.79＝58.185(CNY/kg)≈58.19(CNY/kg)

Weight Charge：400×58.19＝CNY23 276.00

由于计费重量已经接近下一个较高重量点500 kg，用较高重量点的较低运价计算：

Chargeable Weight：500.0 kg

Applicable Rate：S 150% of Applicable GCR

150%×35.77＝53.655(CNY/kg)≈53.66(CNY/kg)

Weight Charge：500.0×53.66＝CNY26 830.00

经过对比，取运费较低者。因此，运费为CNY23 276.00。

(三) 指定商品运价率 (Specific Cargo Rate)

指定商品运价即特种货物运价，特种货物运价通常是承运人根据在某一航线上经常运输某一种类货物的托运人的请求或为促进某地区间某一种类货物的运输，经国际航空货运协会同意所提供的优惠运价。

　　国际航协公布的特种货物运价将货物划分为 10 大类，每一大类再细分为 100 小类，详细规定和说明应适用特种货物运价的各种特殊货物。特种货物一般有最低计费重量限制，当运量较小时，若采用普通货物运价计算的运费小于按特种货物运价计算的运费，采用普通货物运价，运价类别代号栏应填写 N。

（四）集装货物运价率（Unit Load Device Rate）

　　集装货物指一批或多批货物装到一个或多个航空货运集装单元（集装箱或集装板）里面，然后把整个集装单元当作一票货物向航空公司订舱和托运。此运价一般低于普货物运价。所谓"装板""包板"等说法一般都是相对于集装货物而言的。

　　集装是指将同一个或多个不同货主所托运的许多单件、零散的货物，通过一定的技术和方法，有序、经济、合理地组合成一个整体，形成标准化的一个运输单元，如一个标准的航空集装板或集装箱，从而实现提高装卸效率、降低货差货损、降低运输费率等目的。

三、非公布的直达航空运价

　　如果甲地至乙地没有可适用的公布的直达运价，则要选择比例运价或利用分段相加运价。

（一）比例运价（Construction Rate）

　　比例运价是在运价手册上公布的一种不能单独使用的运价附加数，当货物的始发地至目的地无公布直达运价时，可采用此附加数与已知的公布直达运价相加，构成非公布直达运价，此运价就称为比例运价。

　　我们知道，指定运价主要依据航空运输距离及航空运输成本，因此运价手册中不可能将世界各主要城市的直达运价逐一列出。为了弥补这一缺陷，方便使用者自行构成直达运价，根据运价制定的原则，规定了一个运价的比例范围，只要是运输距离在同一个距离的比例范围内或者接近这个范围，就可以采用某一地点作为运价相加点，然后用相加点至始发地或目的地的公布运价与相加点至目的地或始发地的运价附加数相加，便可以构成全程直达运价。虽然始发地点不同，或者是目的地不同，但相加的运价附加数相同。例如，北京至美国长滩无公布的直达运价，但可以采用自纽约至长滩的运价附加数与北京至纽约的直达运价相加，构成北京至美国的全程比例运价。

　　一般来说，比例运价只适用于国际货物运输，不适于国内货物运输。采用比例运输时，必须遵守普通货物比例运价只能与普通货物运价相加、指定商品比例运价只能与指定商品运价相加、集装箱与运价只能与集装箱与运价相加的原则，此外两段比例运价不能连续使用。当始发地或目的地可以不同的运价组成点与比例运价相加组成不同的直达运价时，应采用最低运价，而运价的构成不影响货物的运输路线。

　　例如，从上海运至亚历山大普通货物 15 千克，需要计算航空运费。公布运价标准为上海—开罗的起码运费为 CNY380，45 千克以下 72.93 CNY/kg，45 千克以上 61.99 CNY/kg，开罗—亚历山大运价附加数为 0.06 EGP/kg，0.06 埃及磅＝0.07 元。

　　解：由于上海至亚历山大无公布的直达运价，可按比例运价组成的运价进行计算。上海—亚历山大运价：$N = 72.93 + 0.07 = 73.00$ CNY/kg。

按实际重量计算：

Chargeable Weight：15.0 kg

Applicable Rate：GCR *N* 73.00 CNY/kg

Weight Charge：15.0×73.00＝CNY1 095.00

采用较高重量分界点的较低运价计算：

Chargeable Weight：45.0 kg

Applicable Rate：GCR *Q* 62.06 CNY/kg

Weight Charge：45.0×62.06＝CNY2 792.70

因此，上海至亚历山大的航空运费为 CNY1 095.00。

（二）分段相加运价（Combination of Rates and Charges）

分段相加运价是指在两地间既没有直达运价也无法利用比例运价时，可以在始发地与目的地之间选择合适的计算点，分别找到始发地至该点、该点至目的地的运价，两段运价相加组成全程的最低运价。

无论是比例运价还是分段相加运价，中间计算点的选择，也就是不同航线的选择将直接关系到计算出来的两地之间的运价，因此，承运人允许发货人在正确使用的前提下，以不同计算结果中最低值作为该货物适用的航空运价。

学生通过学习能够熟知航空货物运输相关的业务内容，了解国际航空货运市场现状及发展趋势，学习主要的航空货运组织形式，掌握航空货物运输涉及的各种单证，熟练操作航空货物运输业务流程并学会国际货物航空运费的计算方法。

　　2017 年 12 月，加拿大航空客机航班所载的一票危险品货物在温哥华中转时被发现包装破损，且实际载运货物与申报品名不符。始发航站地面代理人国货航接到国外反馈信息后，对事件进行了上报。接报后，民航华北局会同民航北京监管局危险品监察员成立联合调查组，对经营人、地面服务代理人、销售代理人、托运人等相关方进行了约见，调取了相关运输文件，审查了货物在境外有关证据，并针对事件经过、关键节点、关联证据等对相关单位代表进行了详细调查问询和关联质询，对 7 家涉案单位分别依据法定工作程序制作了《民用航空行政案件调查笔录》。

　　调查过程中，监察员严格依据规章要求，细密剖析了事件过程，共取得相关证据 17 项，落实了不同主体的相关责任。经对证据链进行缜密梳理，结合行政处罚自由裁量有关情形，最终对 4 家主体提出处理意见：一是对托运人瑞格运通违反托运人责任处以罚款 29 000 元行政处罚；二是对运单所显示的销售代理人腾昌国际"代表托运人托运危险品"处以罚款 3 000 元行政处罚；三是对地面代理人国货航在安检过程中暴露出的问题，民航华北局正在处理当中；四是对实际订舱销售代理人青岛德玛未尽到对货物及文件进行查验的义务和责任等问题交由航协另行处理。

　　以上是民航局发布的 2017 年危险品航空运输违规行为行政处罚情况的公告中的多起案例中的一例，共有 13 家单位因存在危险品航空运输违规行为受到行政处罚。公告显示，13 家受到处罚的单位主要包括货物托运人、代理人及航空公司，受处罚的原因涉及"将危险品匿报、瞒报为普通货物进行航空运输""未确保相关人员按照要求进行危险品培训"等。

　　民航局运输司相关负责人表示，民航局下发《关于进一步加强对有违规记录托运人及代理人安全管理工作的通知》，一是要求各航空公司、机场公司进一步完善货物收运检查措施、严格落实收运检查要求，对有违规记录企业交运的货物采取更严格的检查措施，并拒绝收运存在严重安全隐患的托运人及代理人交运的货物；二是要求民航各地区管理局、监管局进一步加大监督检查力度，要求中航协加强对持有销售代理资质企业的监督管理。以上措施有效丰富了管理手段，提高了违规企业的成本，进一步规范了危险品航空运输秩序，加强了危险品航空运输管理，保障了危险品航空运输安全。

　　【思政点评】对航空运输违规行为的调查与处罚，对促进危险品航空运输安全工作和规范危险品监察员行政执法具有十分积极的作用。一是响应了民航局在危险品安全航空运输领域锤炼过硬工作作风的要求，强化了局方监察员"严"字当头的行业安全监管责任意识；二是引发了辖区危险品从业主体对工作流程等严谨性的思考，促使相关单位更深入地开展危险品自查工作，进一步规范了危险品运输活动；三是对隐藏的违规运输行为起到了有力的警示作用，敦促有关主体进一步加强了每一次危险品操作保障过程中的遵章守法安全意识；四是相关事件调查及处罚工作，在民航局、公安和法规部门共同努力下，实现了调查过程严谨细致、违规主体认定清晰、规章适用准确合理、量刑裁定罚过相当、法律文书制作规范的行政处罚工作要求。

项目五　检测单

自我检测

检测题目：课后的同步测试题。

小组检测

检测题目：我国航空货运基础设施的现状和发展规划。

检测要求：以小组为单位，形成PPT，课堂进行汇报。

检测标准：1. 团队合作（10分）；2. 扣题情况（5分）；3. 内容完整性（15分）。

小组互评：_____

_____

_____

教师检测

检测标准：1. 团队合作（10分）；2. 汇报有理有据（10分）；3. 讲解清楚（10分）。

教师点评：_____

_____

_____

检测评分

自我检测（40分）	同步检测（40分）		
小组检测（30分）	团队合作（10分）	紧扣题目（5分）	内容完整（15分）
教师检测（30分）	标准1：团队合作（10分）		
	标准2：解释有理有据（10分）		
	标准3：汇报思路清晰（10分）		
满分（100分）			

个人反思

同步测试

一、不定项选择题

1. 不适合于航空运输的货物有（　　　）。

A. 高附加值产品
B. 时效性物品
C. 对运价极具敏感度的物品
D. 对运价敏感度较低的物品

2. 航空货运单中需要填写的信息包括（　　　）。

A. 始发站机场
B. 发货人姓名及地址
C. 计费重量
D. 收货人姓名及地址

3. 航空运输方式中最快捷方式是（　　　）。

A. 班机
B. 集中托运
C. 包机
D. 航空快递

4. 航空货运单按照不同用途分为主运单和（　　　）。

A. 航空运单
B. 托运书
C. 辅运单
D. 分运单

5. 航空运输费用中的其他费用包括（　　　）。

A. 货物声明价值附加费
B. 航空货运单费
C. 到付运费手续费
D. 特种货物处理费

二、简答题

1. 航空货物运输方式有哪些？
2. 简述直接运输与集中托运货物的区别。
3. 简述航空运单的性质和作用。
4. 简述航空运单的种类。
5. 简述航空货物运输的计费重量。

三、案例分析

航空物流是现代物流体系的重要组成部分，其发展程度是衡量各国流通体系现代化水平的重要标志。当前，我国已经实现全面建成小康社会的第一个百年奋斗目标，正乘势而上开启全面建设社会主义现代化国家新征程，向第二个百年奋斗目标进军。党的十九届五中全会提出将贯通生产、分配、流通、消费各环节，畅通国民经济循环、加快建设现代流通体系作为"十四五"规划的着力点，进一步凸显了现代流通的重要性。

承担航空物流地面作业和枢纽作用的主体有大型综合型机场的货运部门和专业的货运型机场。目前，我国规划布局了两个以航空货运为主体的运输机场——鄂州机场与嘉兴机场。其中，鄂州机场是由顺丰速运股份有限公司主导规划、建设与运营的我国首个货运机场；嘉兴机场是由圆通速递股份有限公司参与建设及运营的客货兼顾的小型支线机场，并且是军民合用机场。两个货运机场共同特点是物流设施空间布局以满足其核心枢纽运作为先决条件，以转运中心为核心，布置飞行区、货航基地、临空经济区等。设备选择整体上采用成熟产品，以能高效、经济处理包裹、小件包、扁平件、非扁平件、信封、异形件、超大超重件等不同品类的产品为原则；同时也将在部分设备上引入新设备，降低员工的工作强度、提升系统运作效率。空间布局以"统筹规划、分期实施、滚动发展"的原则为指导，近期规划强调可实施性、远期规划强调用地、净空环境及与周边地区的可控制性；处理好运行与扩建、分阶段实施与远期规划的关系；并有效地控制投资和运营成本。除了专用的货运机场，新建的大型综合机场为了满足客户的需求，在货运站空间布局方面也都有了优化的设计，以保障航空运输方式快速和可靠。新建的航空货运站空间布局都具备良好的空侧资源、完善的综合交通条件、齐备的二级设施、高效的通关条件、齐全的海关口岸等；并为扩展产业链相关货源、承接更多类型的航空货物来考虑空间布局，以适应多变的航空物流市场。

思考：1. 专业货运型机场的建设对我国航空货物运输行业的影响。
　　　2. 智能化的机场物流设备有哪些？

 **综合实训**

一、实训名称

认识航空运输。

二、实训目标

1. 通过实地调查和查找资料，加强对航空运输系统的认识，感受航空运输与经济发展的关系。

2. 掌握一些调研方法和途径，培养研究分析问题的能力。

三、实训内容

1. 认识我国民航货运飞机的主要机型。

2. 了解航空运输的主要过程。

四、实训步骤

1. 对附近民航运输机场的起降机型进行记录和观察。

2. 可以按照飞机目的地、客货运类型、航线等分类记录统计。

3. 查阅与调查内容相关的资料。

4. 学生分组完成以上工作内容。

五、评价标准

1. 学生能够熟悉各种运输飞机机型。

2. 学生能够进行相关资料的查询。

3. 学生能够对观察到的信息进行分析整理。

六、成果形式

1. 将调研获得的资料做成统计报告，提出结论、观点等。

2. 组织各组进行交流讨论。

3. 各组相互评议、打分，以小组为单位进行成绩评估。

项目六

管道运输业务

 学习目标

知识目标
1. 掌握管道运输的特点与形式
2. 了解管道运输的发展趋势
3. 熟悉管道运输的设施与设备

能力目标
1. 熟悉管道运输的应用场景
2. 了解管道运输相关的管理和作业内容

素养目标
1. 培养学生认真负责的工作态度
2. 增强团队协作意识
3. 培养安全生产的意识

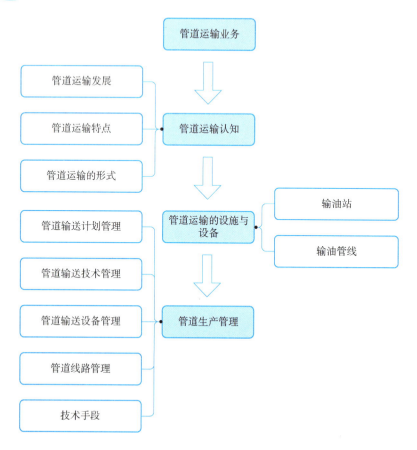

知识逻辑图

管道运输业务

管道运输发展

管道运输特点

管道运输的形式

→ 管道运输认知

管道运输的设施与设备 ── 输油站

── 输油管线

管道输送计划管理

管道输送技术管理

管道输送设备管理

管道线路管理

技术手段

→ 管道生产管理

引例

2014年5月，中国石油集团和俄罗斯天然气工业股份公司签署《中俄东线供气购销合同》，合同约定总供气量超过1万亿立方米、年供气量380亿立方米，期限30年。经过前期充分准备和两次试验段摸索建设，中俄东线境内段于2017年12月13日全面加速建设，经过近两年的持续奋战，中俄东线北段2019年10月16日贯通。

2019年12月2日17时，随着中俄两国元首下达指令，中俄东线天然气管道正式投产通气。一年内将引进50亿方天然气，黑吉辽京津冀等地将直接受益，以后将逐年增加输量，最终达到380亿立方米每年。2020年7月28日，中俄东线天然气管道南段建设在江苏南通海门正式启动。

为保障中俄东线天然气管道平稳运行，哈尔滨海关综合运用站控SCADA系统监视及信息采集功能，实现现场视频同步传输至海关监控指挥中心，通过对场站进行不定期巡检，对流量计、流量计算机及在线分析设备施加关封等方式，确保站场监管设施和生产设备平稳运行。

俄罗斯境内的西伯利亚力量管道起自科维克金气田和恰扬金气田，沿途经过伊尔库茨克州、萨哈共和国和阿穆尔州三个联邦主体，直达布拉戈维申斯克市的中俄边境，管道全长约 3 000 千米，管径 1 420 毫米。管道一期工程建设自恰扬金气田至中俄边境管段，长度约 2 200 千米，之后还将建设连接科维克金气田与恰扬金气田之间的管道二期工程，长度约 800 千米。

中国境内的中俄东线天然气管道从黑龙江省黑河市入境，途经黑龙江、吉林、内蒙古、辽宁、河北、天津、山东、江苏、上海九个省、直辖市、自治区，全长 5 111 千米。其中，新建管道 3 371 千米，利用在役管道 1 740 千米，全线分北段、中段、南段进行建设。北段工程包括一干三支，线路全长 1 067 千米。南段工程起自河北省廊坊市永清县，自北向南途经河北、山东、江苏，终点为位于上海市的白鹤镇，南段管道全长 1 509 千米。

中俄东线是党中央、国务院决策建设的具有战略意义的重大项目，是中国四大油气战略通道的重要组成部分，是采用超大口径、高钢级、高压力，具有世界级水平的能源大动脉。中俄东线天然气管道的投产运营进一步提升了我国的能源安全水平，能够有效推动管道沿线地区产业结构升级和经济高质量发展，对构建清洁低碳、安全高效的能源体系具有极其重要的意义。

任务一　管道运输认知

任务导入

管道运输是用管道作为运输工具的一种长距离输送液体和气体物资的运输方式，是一种专门由生产地向市场输送石油、天然气和化学产品的运输方式，是统一运输网中干线运输的特殊组成部分。管道运输不仅运输量大、连续、经济、安全，还有投资少、占地少、单位运输费用低的特点，并可实现自动控制。近年来管道的口径不断增大，运输能力和运输距离大幅度提高，运输物资由石油、天然气、化工产品等流体逐渐扩展到煤炭、矿石、粮食等非流体。

根据以上材料请同学们思考：

(1) 日常生活中有哪些管道运输的例子？

(2) 管道运输在现代运输系统中的地位和作用是什么？

知识链接

一、管道运输发展

管道运输最初仅用于输送水资源，在一些情况下，由于地形的限制或考虑蒸发、污染或环境的影响，专用管道可以更高效地进行长距离灌溉或饮用水的运输。现代化的运输管道同样可以输送石油、天然气、牛奶，以及丙烷和丁烷等流体，甚至如煤浆等固体同样可以采用管道运输。管道运输是国际货物的主要运输方式之一，其具有运量大、不受气候和地面其他因素限制、可连续作业以及成本低等优点。

现代管道运输始于 19 世纪中叶，1865 年美国宾夕法尼亚州建成第一条原油输送管道。然而它的进一步发展则是从 20 世纪开始的。随着第二次世界大战后石油工业的发展，管道的建设进入了一个新的阶段，各产油国竞相开始兴建大量石油及油气管道。图 6-1 为保温管道。

图 6-1　保温管道

20 世纪 60 年代开始，输油管道的发展趋于采用大管径、长距离，并逐渐建成成品油输送的管网系统。同时，开始了用管道输送煤浆的尝试。全球的管道运输承担着很大比例的能源物资运输，包括原油、成品油、天然气、油田伴生气、煤浆等。其完成的运量常常大大超乎人们的想象，美国的管道运输运量接近于汽车运输的运量。

管道运输也被进一步研究用于解决散状物料、成件货物、集装物料的运输，以及发展容器式管道输送系统。

二、管道运输特点

（一）管道运输的缺点

1. 灵活性差

管道运输不如其他运输方式（如汽车运输）灵活，除承运的货物比较单一外，它也不容随便扩展管线，实现"门到门"的运输服务。对一般用户来说，管道运输常常要与铁路运输或汽车运输、水路运输配合才能完成全程输送。

2. 专用性强

运输对象受到限制，承运的货物比较单一。只适合运输诸如石油、天然气、化学品、碎煤浆等气体和液体货物。

3. 专营性强

管道运输属于专用运输，其生产与运销混为一体，不提供给其他发货人使用。

4. 固定投资大

为了进行连续输送，还需要在各中间站建立储存库和加压站，以促进管道运输的畅通。

（二）管道运输的优点

1. 运量大

一条输油管线可以源源不断地完成输送任务，根据其管径的大小不同，其每年的运输量可达数百万吨到几千万吨，甚至超过亿吨。

2. 占地少

运输管道通常埋于地下，其占用的土地很少。运输系统的建设实践证明，运输管道埋藏于地下的部分占管道总长度的 95% 以上，因而对于土地的永久性占用很少，分别仅为公路的 3%、铁路的 10% 左右，在交通运输规划系统中，优先考虑管道运输方案，对于节约土地资源意义重大。

3. 管道运输建设周期短、费用低

国内外交通运输系统建设的大量实践证明，管道运输系统的建设周期与相同运量的铁路建设周期相比，一般来说要短 1/3 以上。历史上，中国建设大庆至秦皇岛全长 1 152 千米的输油管道仅用了 23 个月，而若要建设一条同样运输量的铁路，至少需要 3 年时间；新疆至上海市的全长 4 200 千米天然气运输管道，预期建设周期不会超过 2 年，但是如果新建同样运量的铁路专线，建设周期在 3 年以上。特别是如果地质地貌条件和气候条件相对较差，那么大规模修建铁路难度将更大，周期将更长。统计资料表明，管道建设费用比铁路低 60% 左右。

4. 管道运输安全可靠、连续性强

由于石油和天然气易燃、易爆、易挥发、易泄漏，采用管道运输方式既安全，又可以

大大减少挥发损耗，同时由于泄漏导致的对空气、水和土壤污染也可大大减少，也就是说，管道运输能较好地满足运输工程的绿色化要求。此外，由于管道基本埋藏于地下，其运输过程受恶劣多变的气候条件影响小，可以确保运输系统长期稳定地运行。

5. 管道运输耗能少、成本低、效益高

发达国家采用管道运输石油，每吨千米的能耗不足铁路的 1/7，在大量运输时的运输成本与水运接近，因而在无水条件下，采用管道运输是一种最为节能的运输方式。管道运输是一种连续工程，运输系统不存在空载行程，因而系统的运输效率高。理论分析和实践经验已证明，管道口径越大，运输距离越远，运输量越大，运输成本就越低，以运输石油为例，管道运输、水路运输、铁路运输的运输成本之比为 1∶1∶1.7。

三、管道运输的形式

管道以所运介质命名。例如，输送原油，称为原油管道；输送加工后的成品油称为成品油管道；此外还有天然气管道、煤浆管道等。

（一）原油管道

被开采出来的原油经油气分离、脱水和脱沉淀物稳定后进入管道。用管道输送时，针对所输原油的物性（如比重、黏稠度、易凝状况等）的输送工艺，可分加热输送和不加热输送两种，稀质的原油（如中东原油）采用不加热输送，而我国的原油属于易凝高黏原油，则需采用加热输送。

（二）成品油管道

成品油管道是输送经炼油厂加工原油提炼出来，可直接供使用的燃料油，如汽油、煤油、航空煤油、柴油及液化石油气等。由炼制加工生产最轻质到重质的燃料油等，都是成品油管道输送的介质。

成品油管道是等温输送，没有沿途加热的问题。成品油管道可运输众多不同的油品，如煤油、汽油、柴油、航空煤油以及各种不同标号的同类油品，顺序输送，并要求严格区分，保证油品质量。由于成品油管道是多来源、多品种顺序输送，其管理的复杂程度则远超过原油管道。成品油管道连通多个炼油厂所生产的油品可进入同一管道，同时直接向沿线的各大城市及乡镇供应成品油。

（三）天然气管道

天然气管道是将天然气（包括油田生产的伴生气）从开采地或处理厂送到城市配气中心或企业用户的管道。天然气管道与煤气管道的区别在于煤气管道是用煤做原料转化为气体，起输压力比较低，而天然气则由气田中气井生产，并有较高的压力，可以利用气井的压力长距离输送。早期天然气管道的输送完全是依靠天然气井的压力，现代天然气管道输送由于输送距离和输送量增加普遍设增压站，设有利用天然气做燃料的燃气机或燃气轮机驱动各种与动力相配套的压缩机。

（四）煤浆管道

煤浆管道是固体料浆管道的一种。将固体破碎成粉粒状与适量的流体混合配制成浆液，经管道增压进行长距离输送。

第一条煤浆管道是美国固本煤炭公司在俄亥俄州 1957 年修建的一条全长 173 千米、管径 254 毫米的输煤管道。2020 年 10 月，由中国煤炭科工集团承建的世界第一、中国首条长距离输煤管道项目——陕西神渭输煤管道带浆试运行获得圆满成功（如图 6-2 所示）。该输煤管道全长约 727 千米，年输送煤炭能力 1 000 万吨，实现了中国管道输煤技术从 0 到 1 的突破。革新了煤炭运输方式，打破了长期制约能源企业煤炭运输的"瓶颈"，对促进我国乃至世界煤炭运输行业的发展具有重要意义。

图 6-2　陕西神渭输煤管道

任务二　管道运输的设施与设备

任务导入

山东港口烟台港是中国北方重要的能源进出口基地和最大的原油混兑基地，自 2017 年原油管输业务正式投产以来，发挥管道加热保温可输送高凝高黏油品以及多油种顺序输送等功能优势，为华东地区"原油大动脉"保通保畅。

请同学们思考：

管道运输的设施与设备如何才能满足日益发展的需求？

知识链接

大型输油管道是由输油站和输油管线两大部分组成的。

一、输油站

输油站（如图 6-3 所示）是管道运输的重要组成设备和环节，在管道运输过程中，通过输油站对被输送物资进行加压，克服运行过程中的摩擦阻力，使原油或其制品能通过管道由始发地运到目的地。

输油站按其所在位置可以分为：

（一）首输油站

首输油站多靠近矿场或工厂，收集沿输油管输送的原油及其制品，进行石油产品的接

图 6-3 输油站

站、分类、计量和向下一站的输油。如果是热油输送还要配有加热设备。

(二) 中间输油站

中间输油站承担把前一站输来的油转往下一站的任务。如果是热油输送，则通过中间输油站加热，使油温大于环温，带有加热功能的叫热泵站。

(三) 终点基地

终点基地收受、计量、储藏由输油管输来的油，并分配到各消费单位或转交给其他运输工具。

(四) 输油站有关的其他主要设施

输油站设有一系列复杂的构筑物，包括泵房、油池、阀房等。

泵房的作用在于造成一定的压力，以便克服管道输送时产生的阻力，把油输往下一站。根据压力大小，在每一间隔距离的线路上设置一个泵站。

在矿场、炼油厂和各输油站设有收油和发油的专用油池，利用管道从发油企业收油或从油池往外发油。

阀房设有闸阀，用以控制输油过程。

二、输油管线

(一) 内部输油管式辅助油管

内部输油管式辅助油管是炼油厂、石油基地中的各种线路系统，是输送加工原油和灌注油罐车、内河及港内驳船、远洋油轮及油桶用的输油管线。

(二) 局部性输油管

局部性输油管是把石油从矿场输往石油基地与大型输油管首站的短距矿场管路。

(三) 大型输油管或干线输油管

这是输油管线中的主体。这种输油管自成系统，形成独立的企业单位，其线路可长达数百千米乃至数千千米。除必要的检修工作外，能全年不断地输送油品。

任务三　管道生产管理

任务导入

陕西雷电监测预警系统——石油管道运输雷电监测预警系统是西安市范围内建设的首个服务于危险化学品存储销售行业的雷电监测预警气象服务项目。目前已建成大气电场仪、雷电预警信息发布、预警显示屏、微信小程序等可视化设备和系统。该系统实现与全省雷电监测网信息互通，有效监测雷电活动范围和强度，为油库提供实时雷电监测数据和预警信息，指导企业提前做好预防，有效预防雷电灾害可能带来的损失，筑牢防雷减灾防线，不断提高企业安全运营的科学化管理水平。

中普科技：陕西雷电预警系统——石油管道运输雷电监测预警系统部署完成。

请同学们思考：

（1）石化行业雷电监测预警系统的作用有哪些？

（2）石化行业为什么要安装雷电预警系统？

知识链接

管道生产管理是管道运行过程中利用技术手段对管道运输实行统一的指挥和调度，以保证管道在最优化状态下长期安全而平稳地运行，从而获得最佳的经济效益。管道生产管理包括管道输送计划管理、管道输送技术管理、管道输送设备管理和管道线路管理。前二者又合称为管道运行管理，它是生产管理的中心。

一、管道输送计划管理

根据管道所承担的运输任务和管道设备状况编制合理的运行计划，以便有计划地进行生产。管道输送计划管理首先是编制管道输送的年度计划，根据年度计划安排管道输送的月计划、批次计划、周期计划等，然后据此安排管道全线的运行计划，编制管道站、库的输入和输出计划，以及分输或配气计划。另一方面，根据输送任务和管道设备状况，编制设备维护检修计划和辅助系统作业计划。

二、管道输送技术管理

根据管道输送的货物特性，确定输送方式、工艺流程和管道运行的基本参数等，以实现管道生产最优化。管道输送技术管理的内容包括随时检测管道运行状况参数，分析输送条件的变化，采取各种适当的控制和调节措施调整运行参数，以充分发挥输送设备的效能，尽可能地减少能耗。对输送过程中出现的技术问题，要随时予以解决或提出来研究。管道输送技术管理和管道输送计划管理都是通过管道的日常调度工作来实现的。

三、管道输送设备管理

对管道站、库的设备进行维护和修理，以保证管道的正常运行。管理的内容主要包括：

（1）对设备状况进行分级并进行登记；

（2）记录各种设备的运行状况；

（3）制定设备日常维修和大修计划；

（4）改造和更新陈旧、低效能的设备；

（5）保养在线设备。

四、管道线路管理

对管道线路进行管理，以防止线路受到自然灾害或其他因素的破坏。管理内容主要包括：

（1）日常的巡线检查；

（2）线路构筑物和穿越、跨越工程设施的维修；

（3）管道防腐层的检漏和维修；

（4）管道的渗漏检查和维修；

（5）清管作业和管道沿线的放气、排液作业；

（6）管道线路设备的改造和更换；

（7）管道线路的抗震管理；

（8）管道紧急抢修工程的组织等。

五、技术手段

管道运输线路长，站、库多；输送的货物易燃、易爆、易凝或易沉淀，且在较高的输送压力下连续运行。这就要求管道生产管理具有各种可行的技术手段，主要有管道监控、管道流体计量、管道通信。

管道监控是利用仪表和信息传输技术测试全线各站、库和线路上各测点的运行工况参数，作为就地控制的依据，或输给控制室作为对全线运行工况进行监视和管理的依据。将收集到的运行工况参数，经分析、判断后，下达调度指令，调节或改变运行工艺。

管道流体计量是为管道管理提供输量和油、气质量的基本参数，是履行油品交接、转运和气体调配所必需的。

管道通信是管道全系统利用通信系统交流情况，传递各种参数信息，下达调度指令，实现监控。通信系统对管道管理水平的提高起着重要的保证作用。通信线路有明线载波、微波、甚高频和特高频等，作为电话、电传打字及监控信号等的常用信道。为确保通信的可靠性，常用一种以上信道，有的管道用微波或同轴电缆作为主要通信手段，而以甚高频、特高频作辅助通信手段。有的管道还用通信卫星做备用手段。海洋管道多用电离层散射等进行站间或管道全系统通信。

 **项目小结** ▶▶ ▶

管道运输在我国经济运行与发展中发挥重要保障作用，在运输市场中承担举足轻重的角色。通过本项目学习，使学生对管道运输行业及企业有所了解，熟知管道运输相关的业务内容，了解管道运输的发展历程，学习主要的管道运输形式，对管道运输的设施与设备及管道生产管理等知识有一个感性的认识，为后续内容的学习打下基础。

思政园地

西气东输四线全面开工，总输气能力将扩至千亿方

西气东输再添一条输气通道。

西气东输工程是"十五"期间国家安排建设的特大型基础设施，总投资预计超过1 400亿元，其主要任务是将新疆塔里木盆地的天然气送往豫皖江浙沪地区，沿线经过新疆、甘肃、宁夏、陕西、山西、河南、安徽、江苏、上海、浙江十个省、自治区、直辖市。西气东输工程包括塔里木盆地天然气资源勘探开发、塔里木至上海天然气长输管道建设以及下游天然气利用配套设施建设。实施西气东输工程，有利于促进我国能源结构和产业结构调整，带动东、西部地区经济共同发展，改善长江三角洲及管道沿线地区人民生活质量，有效治理大气污染。这一项目的实施，为西部大开发、将西部地区的资源优势变为经济优势创造了条件，对推动和加快新疆及西部地区的经济发展具有重大的战略意义。

2022 年 9 月 28 日，国家石油天然气管网集团（下称国家管网）发布消息称，西气东输四线天然气管道工程全面开工，这是继西气东输一线、二线、三线管道之后，连接中亚和中国的又一条能源战略大通道。

西气东输四线建成后，西气东输管道系统年输送能力将由目前的 770 亿立方米/年增至每年千亿立方米，约占去年国内天然气消费总量的三成。

国家管网表示，该工程将增强管网系统供气可靠性和灵活性，提高能源输送抗风险能力，进一步促进东西部地区能源结构优化。

西气东输四线的气源主要来自中亚天然气和塔里木气田。工程起自新疆乌恰县伊尔克什坦，经新疆轮南、吐鲁番至宁夏中卫，管道全长约 3 340 千米，管径 1 219 毫米，设计压力 12 兆帕。

西气东输四线工程按照统一规划、分步实施的原则分段建设。本次开工的吐鲁番—中卫段是该工程的核心组成部分，全长 1 745 千米，途经新疆、甘肃、宁夏 3 省区 17 县市，管道年设计输量 150 亿立方米，增输改造后可达 300 亿立方米，预计 2024 年建成投产。

国家管网表示，该工程建成后，可畅通塔里木国产气资源后路，缓解西气东输系统冬季高峰月紧张负荷状态。

2002 年 7 月 4 日，西气东输一线工程开工建设，起点是塔里木盆地中的轮南气田，终点是上海，全长 4 200 千米；2004 年 10 月 1 日，西气东输一线工程全线建成投产。

西气东输二线于 2008 年 2 月开工，气源来自中亚天然气。二线西起新疆霍尔果斯，与境外的中亚管道连接，东达上海，南抵香港，跨 15 个省、自治区、直辖市及特别行政区，工程全长 8 704 千米，总投资 1 422 亿元，年输气能力 300 亿立方米。2012 年 12 月，二线的一条干线八条支干线全部建成投产。

继西气东输二线后，西气东输三线成为国内第二条引进境外天然气资源的陆上通道，主供气源为中亚国家的天然气，补充气源为疆内煤制天然气，设计年输气量 300 亿立方米。

西气东输三线工程始建于 2012 年，建设总投资 1 250 亿元，分西段、中段和东段三部分实施。2014 年 8 月，三线西段全线贯通；2018 年 12 月，三线东段工程通过竣工验收，正式投产。

2021 年 9 月 23 日，西气东输三线中段（中卫—吉安）工程在宁夏中卫正式开工建设，计划 2024 年 6 月全线完工。

作为国内起步最早、管输能力最大的天然气管道系统，西气东输管道系统自建成以来，已累计输送天然气约 7 500 亿立方米。

由国家能源局石油天然气司、国务院发展研究中心资源等部门编写的《中国天然气发展报告 2022 年》数据显示，截至 2021 年年底，全国主干天然气管道总里程达到 11.6万千米。

　　该报告建议，适度超前加快天然气基础设施投资建设，将更好地满足天然气行业持续稳定发展的形势要求。建议加快推进永清—上海管道、西气东输三线中段、西气东输四线、川气东送二线等一批重大、标志性工程，强化"十四五"规划落地实施。

　　2021 年，中国天然气消费量 3 690 亿立方米，增量 410 亿立方米，同比增长 12.5%；中国天然气占一次能源消费总量的比例升至 8.9%，较上年提升 0.5 个百分点。

　　【思政点评】 实施西气东输工程将为我国发展清洁能源、调整能源结构、拉动相关行业的发展有重要的意义，对促进我国东西部融合、缩短东西部差距、提升我国整体经济发展水平同样具有极其重要的意义。通过案例展示我国宏伟的工程项目，一方面体现了我国现代科技发展的成果，是运输行业的又一创举；另一方面有利于促进我国能源结构和产业结构调整，带动东部、中部、西部地区经济共同发展，改善管道沿线地区人民生活质量，有效治理大气污染，提升莘莘学子的民族自豪感，弘扬工匠精神，同时也引导学生提升环保意识。

项目六　检测单

自我检测

检测题目：课后的同步测试题。

小组检测

检测题目：我国管道运输发展历程及典型案例。
检测要求：以小组为单位，形成 PPT，课堂进行汇报。
检测标准：1. 团队合作（10分）；2. 扣题情况（5分）；3. 内容完整性（15分）。
小组互评：_____

_____

_____

教师检测

检测标准：1. 团队合作（10分）；2. 汇报有理有据（10分）；3. 讲解清楚（10分）。
教师点评：_____

_____

_____

检测评分

自我检测（40分）	同步检测（40分）		
小组检测（30分）	团队合作（10分）	紧扣题目（5分）	内容完整（15分）
教师检测（30分）	标准1：团队合作（10分）		
	标准2：解释有理有据（10分）		
	标准3：汇报思路清晰（10分）		
满分（100分）			

个人反思

 同步测试

一、不定项选择题

1. 管道在我国是既古老又年轻的一种运输方式，我国古代劳动人民创造了用竹管输送（　　）的方法。

A. 水　　　　　　B. 天然气　　　　　C. 卤水　　　　　D. 煤炭

2. 管道运输的优点有（　　）。

A. 因为基本上没有可动部分，所以维修方便，费用低

B. 因为可以连续不断地进行输送，所以效率高，并可以大量输送

C. 管道一般埋在地下，节省人力和土地

D. 事故较少、比较安全，对环境污染少

E. 管道运输路线一般是固定的，管道设施的一次性投资也较大

3. 西气东输工程一期工程全长（　　）千米左右，输气规模设计为年输商品气 120 亿立方米，建成后将成为我国第一条大口径、长距离、高压力、多级加压、采用先进钢材并横跨长江下游宽阔江面的现代化、世界级的天然气干线管道。

A. 4 000　　　　　B. 6 000　　　　　C. 2 000　　　　　D. 3 000

4. 对管道站、库的设备进行维护和修理，以保证管道的正常运行，管理的内容主要包括（　　）。

A. 对设备状况进行分级，并进行登记

B. 记录各种设备的运行状况

C. 制订设备日常维修和大修计划

D. 改造和更新陈旧、低效能的设备

E. 保养在线设备

二、简答题

1. 简述管道运输的概念及特点。

2. 管道运输的生产管理包括哪几方面？

三、案例分析

我国首条长输成品油管道安全运行 20 年累计输油超 1.2 亿吨。

2022 年 10 月 12 日，国家管网西南管道兰州输油气分公司数据显示，西部大开发重点工程——兰成渝管道已安全运行二十周年，累计向西南市场输送成品油超过 1.2 亿吨。这一工程也是我国西部大开发战略十大重点工程之一，有效缓解了我国西北、西南地区能源供应矛盾，担负起西部大开发中"平衡西部能源结构、支援西部经济建设"的责任。

2002 年 9 月 29 日，我国第一条长距离、大口径、高压力、大落差成品油管道正式投产运行，全长 1 250 千米的滚滚"油龙"从金城兰州出发，穿越黄土高原、秦岭大地、成都平原，一路向西南重镇重庆奔流，被誉为西北西南地区"能源大动脉"。兰成渝管道为履行好中央"平衡西部能源结构、支援西部经济建设"的任务和使命乘势而起。2011 年以来，兰成渝管道历经三次增输改造，设计年输量由 500 万吨提升到 800 万吨，更是在 2019 年累计输油量突破 1 亿吨，极大程度服务了川渝地区人民。

国家管网集团西南管道公司执行董事、党委书记崔涛介绍，川渝两地经济富庶，对成

品油需求较高，2002年以前，当地用油主要依靠铁路和长江水运输入，但极易受到自然灾害影响，且运量小、运费高。兰成渝管道投产后，一举扭转了川渝地区用油困局，成本仅为铁路运输的20%～30%，有效缓解了西北、西南地区油品供需矛盾，兰成渝管道也真正成为西北西南地区的"能源大动脉"。

思考：1. 兰成渝管道的建设对我国管道运输行业的影响及意义。

2. 管道运输在整个运输体系中的地位和作用。

综合实训

一、实训名称

认识管道运输业务。

二、实训目标

1. 通过查找资料，加强对管道运输业务的认识，感受管道运输业务与经济发展的关系。

2. 掌握一些调研方法和途径，培养研究分析问题的能力。

三、实训内容

1. 认识我国管道运输的主要形式。

2. 了解管道运输的优缺点及适用范围。

四、实训步骤

1. 学习现有管道运输形式。

2. 可以按照管道运输形式等分类记录统计。

3. 查阅与调查内容相关的资料。

4. 学生分组完成以上工作内容。

五、评价标准

1. 学生能够熟悉各种管道运输形式。

2. 能够进行相关资料的查询。

3. 学生能够对搜集到的信息进行分析整理。

六、成果形式

1. 将调研获得的资料做成统计报告，提出结论、观点等。

2. 组织各组进行交流讨论。

3. 各组相互评议、打分，以小组为单位进行成绩评估。

集装箱货物运输业务

 学习目标

知识目标
1. 掌握集装箱的定义
2. 熟悉集装箱运输方式
3. 了解集装箱货物交接与单证
4. 熟悉集装箱货物运输作业流程
5. 掌握集装箱货物运费核算

能力目标
1. 能够正确选择集装箱运输方式
2. 能够进行集装箱货物运费的核算

素养目标
1. 激发学生优化意识、成本意识
2. 增强学生的民族自豪感
3. 培养学生的爱国主义情怀

知识逻辑图

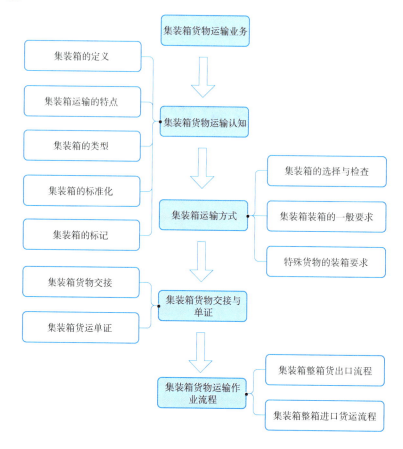

引 例

我国集装箱运输正式启动的标志

我国集装箱运输始于20世纪50年代中期。1955年，铁道部成立了集装箱运输营业总所，率先开办了国内小型集装箱运输。水运部门则分别在1956年、1960年和1972年三次采用铁路集装箱进行了短期试运。

20世纪70年代初，严重的压船压港现象引起了党中央、国务院的高度关注，同时中日贸易有了大幅增长。在此背景下，我国开始组织中国海运国际集装箱运输盘运。在交通部的组织下，1973年4月，中国远洋运输总公司、中国外轮代理总公司、中国外贸运输总公司与日本新和海运、日新仓库两公司在北京经过协商，达成了在中日航线的杂货班轮上，使用小型集装箱，在我国上海、天津和日本大阪、神户、横滨之间开展试运的协议，试运期为2年。1973年9月，日本新和海运派船运来空箱并在上海港装箱，10月，天津港开始接卸第一艘船，到年底，完成了4艘船的集装箱装卸任务。

试运工作标志着我国海上集装箱运输的正式启动。1974年11月，交通部、外贸部协同，先在天津港，后在上海港、青岛港利用外国杂货班轮，采用空箱进、重箱出的形式，开展了20英尺国际标准箱试运。为期2年的中日两国间小型箱试运工作，为我国开展规模化国际标准箱运输积累了宝贵经验。

任务一　集装箱货物运输认知

任务导入

　　某天，徐经理安排小李与车队陈师傅一起去集装箱堆场提箱。因为又可以见识新事物，小李非常兴奋。

　　路上，陈师傅问："小李，你对集装箱了解多少？"

　　"嗯，集装箱是长方体，金属制成，八个角都有孔，一般从后端装货……"

　　"哈哈，"陈师傅大笑着说，"你对集装箱的了解不够啊，赶紧多做做功课吧！"到了集装箱堆场后，小李看到每个集装箱上都有很多字符和图案，便问："陈师傅，这些都是什么意思啊？"

　　"这是集装箱的标记。由于集装箱堆场里有很多集装箱，人们想要知道哪个集装箱装了什么货，什么时候运走和运往哪里，都要靠这些标记！"说着，陈师傅便指着一个集装箱的标记向小李介绍。

　　请同学们思考：

　　（1）什么是集装箱运输？

　　（2）为什么根据集装箱上的标记，人们就能知道集装箱装了什么货、什么时候运走、运到哪里？

知识链接

　　集装箱运输是一种先进的现代化运输方式，是交通运输现代化的产物和重要标志，对交通运输业具有深远的影响，并引起了一场革命性的变化。到目前为止，在国际贸易中以集装箱运输的件杂货已达到80%以上，在发达国家和主要航线上已基本实现了件杂货物的集装箱化。目前，集装箱运输已进入以国际远洋船舶运输为主，以铁路运输、公路运输、航空运输为辅的国际多式联运为特征的新时期。

一、集装箱的定义

　　集装箱（Container）在中国大陆被称作"集装箱"，在中国香港被称作"货箱"，在中国台湾被称作"货柜"。在集装箱货物运输的全过程中，集装箱连同其内部装载的货物是作为一个运输单元的。关于集装箱的定义，不同国家、地区和组织的表述有所不同。许多国家（包括中国）现在基本上采用国际标准化组织 ISO 对集装箱的定义。我国参照国际标准（ISO 830—1981）制定了中华人民共和国国家标准《集装箱名词术语》（GB 1992—1985），对集装箱定义如下：

　　集装箱是一种运输设备，应满足下列条件。

　　（1）具有足够的强度，可长期反复使用。

　　（2）适于一种或多种运输方式运送货物，途中转运时，箱内货物不需换装。

　　（3）具有快速装卸和搬运的装置，特别便于从一种运输方式转移到另外一种运输方式。

　　（4）便于货物的装满和卸空。

　　（5）具有1立方米及其以上的内容。

二、集装箱运输的特点

　　与传统运输不同，集装箱运输是一种新型的物流运输方式，也是作为物流中常用的一种物流运输方式。

查阅 2008 年 12 月 25 日，青岛前弯集装箱码头有限公司的振超团队在"地中海弗朗西斯卡"集装箱船舶效率记录

（一）提高了装卸效率，降低了劳动强度

集装箱运输是把集装箱作为运输包装和基本运输单元，使货物成组化，并在运输过程中采用专用的先进装卸设备和运输工具的现代化运输方式，从根本上改变了原来的货物品种繁多，外包装尺寸、形状不一，单件重量差别很大而不能使用大型机械的不利状况。由于使用了集装箱这种成组单元，便于机械化、自动化装卸，人工不再负担高强度的装卸作业，显著提高了装卸效率。据集装箱运输初期统计，集装箱装卸效率为传统件杂货方式的4 倍，为托盘的 1.7 倍。随着大型集装箱装卸、桥和桥式起重机的使用和不断改进，装卸速度有了进一步提高。

（二）减少货损货差，提高货物运输的安全与质量

由于集装箱强度较高、水密性较好，对箱内货物能起到很好的保护作用，在整个运输过程中货物不再倒载，减少了搬运装卸次数，因此，货物在搬运、装卸和保管过程中不易损坏，不怕受潮，在途中丢失的可能性大大降低，货物完好率大大提高，是目前最为安全的货物运输方式。

（三）缩短货物的在途时间，加快车船的周转

货物集装箱化给港口和场站的货物装卸、堆码的机械化和自动化创造了条件，使港口、场站的装卸效率大幅提高，缩短了车船在港口、场站的停留时间和货物在仓库里存放的时间；新一代集装箱运输工具在提高运输速度方面也有较大改进；集装箱多式联运简化了各环节的运输手续，电子技术的广泛推广使办理集装箱运输更为便捷。这些都使货物在途时间缩短，加快了货物的送达速度。

（四）节省货物运输的包装，简化理货手续

集装箱作为一种具有一定强度、反复使用的运输设备，能对货物起到保护的作用，集装箱运输的货物简化了运输包装或直接使用商品包装，节省了货物包装材料，降低了货物的包装费用。在运输场站，由于集装箱对环境要求不高，节省了场站在仓库方面的投资。另外，由于采用标准集装箱，理货时是按照整箱进行清点，简化了理货手续，节省了理货时间，同时也节约了理货费用。

（五）提高运输效率、节省货物运输费用

采用统一的货物单元，使换装环节设施的效能大大提高，从而降低了装卸成本，节省了船舶运输费用，减少了装箱和拆箱费用与运输环节的装卸费用，运输效率得到提高，并且安全性提高，货物运输保险费用也相应降低。货主托运货物的成本相应降低，资金周转速度加快，在很大程度上降低了物流成本。这对于贸易活动的买方来说可以缩短订货周期；卖方可以提前结汇，双方资金流转效率都有所提高。

（六）标准化集装箱的使用，推动包装的标准化

集装箱作为一种大型标准化运输设备的广泛使用，促使了商品包装的进一步标准化。目前，我国的包装国家标准已接近 400 个，这些标准大多采用或参照国际标准，并且许多包装标准与集装箱的标准相适应，推动了包装的标准化。

（七）统一的运输标准，促进了集装箱多式联运的发展

随着集装箱作为一种标准运输单元的出现，各种运输工具的运载尺寸向统一的满足集装箱运输需要的方向发展，根据标准化集装箱设计的各种运输工具将使运输工具之间的换装衔接变得更加便利。换装时，无须搬运箱内货物而只需换装集装箱，这就提高了换装作

业效率，适于不同运输方式之间的联合运输。在换装转运时，海关及有关监管单位只需加封或验封转关放行，从而提高了运输效率。所以，集装箱运输有利于集装箱多式联运的发展，促进了运输的合理化。

三、集装箱的类型

为了适应不同种类货物的装载要求，出现了多种类型的集装箱。集装箱的类型除了有不同尺寸外，还因其用途不同、制造材料不同等而有不同的分类方法。

（一）按照集装箱的用途进行分类

1. 通用集装箱（General Purpose Container）

通用集装箱也称为干货集装箱、杂货集装箱（如图7-1所示），为风雨密性的全封闭式集装箱。具有刚性的箱顶、侧壁、端壁和箱底，至少在一面端壁上有门，可供在运输中装运尽可能多的货种。多数通用集装箱的箱壁上带有透气孔，箱内设有一定的固货装置。

通用集装箱是一种最常用的集装箱，它适合装载的货物种类非常多，用来载运除散装液体货或需要控制温度货以外的件杂货，这种箱子在使用时一般要求清洁、水密性好。对装入这种集装箱的货物要求有适当的包装，以便充分利用集装箱的箱容。

2. 封闭式通风集装箱（Closed Ventilated Container）

封闭式通风集装箱（如图7-2所示）类似通用集装箱，箱壁具有与外界大气进行交换的装置。适用于装运有一定通风和防汗湿要求的杂货，如兽皮、水果、蔬菜等。如果将通风窗口关闭，可作为杂货集装箱使用。封闭式通风集装箱又分为自然通风集装箱和强制通风集装箱两种。

图7-1　通用集装箱图

图7-2　封闭式通风集装箱

3. 开顶集装箱（Open Top Container）

开顶集装箱是没有刚性箱顶的集装箱，箱顶有软顶和硬顶两种（如图7-3、图7-4所示），软顶有折叠式或可拆式顶梁支撑的帆布、塑料布或涂塑布等制成的顶棚；硬顶是将箱顶改成坚固的可拆装的硬顶，其他构件与通用集装箱类似。这种集装箱适于装载大型货物和超高与超重货，如钢铁、木材、玻璃板、胶合板、一般机械。硬顶集装箱还特别适合装载机械类货物。作业时利用起重机械进行装卸作业，用吊车从顶部吊入箱内，不易损坏，而且也便于在箱内固定。

4. 台架式集装箱（Platform Based Container Opensided）

台架式集装箱是没有刚性侧壁，也没有像通用集装箱设有承受载荷的底板和四个角柱，但箱顶、侧壁和（或）端壁可以拆除或根本不设的一种非水密集装箱（如图7-5、图7-6所示）。这种集装箱可以从前后、左右及上方进行装卸作业，适合装载一定限度超标准箱尺度的货物，如重型机械、钢材、钢管、木材等。

图 7-3　开顶式集装箱（软顶）　　　　图 7-4　开顶式集装箱（硬顶）

图 7-5　台架式集装箱（一）　　　　图 7-6　台架式集装箱（二）

5. 平台集装箱（**Platform Container**）

平台集装箱（如图 7-7 所示）平台上无上部结构，四个角柱被去除或可折叠，平台的长、宽与国家标准集装箱箱底尺寸相同，其顶部和底部均装有角件，并可使用与其他集装箱相同的紧固件和起吊装置，主要用于装载重大件货物。

图 7-7　平台集装箱

6. 保温集装箱（**Thermal Container**）

保温集装箱具有绝热的箱壁（包括端壁和侧壁）、箱门、箱底和箱顶，能阻止集装箱内外热交换的集装箱。

保温集装箱可分为无冷却和加热设备的绝热集装箱，采用冰、干冰、液化气作为冷剂的消耗式冷剂冷藏集装箱，备有制冷装置（压缩机组、吸热机组等）的机械式冷藏集装箱，备有加热装置的加热集装箱，备有冷源和热源的冷藏和加热集装箱等。

目前国际上采用的保温集装箱是备有制冷装置（压缩机组、吸热机组等）的机械式冷藏集装箱（又称内置式冷藏集装箱）（如图 7-8 所示）。冷藏集装箱是以运输冷冻食品为主，能保持所定温度的保温集装箱。它是专为运输如鱼、肉、新鲜水果、蔬菜等食品而特殊设计的。

7. 干散货集装箱（Dry Bulk Container）

干散货集装箱（如图7-9所示）在箱顶部设有2~3个装货口，在箱门的下部设有卸货口，是一种装运无包装的固体颗粒状和粉状货物的集装箱。装货时，散货从箱顶装货口灌入，卸货时可从装货口吸出，也可与自动倾卸车配合，将集装箱倾斜顶起，货物从箱门下部的卸货口流出。适宜装载的货物有：大米、大豆、麦芽等谷物类货物；干草块、原麦片等饲料类货物；树脂、硼砂等化工原料类货物。使用集装箱装运散货，一方面提高了装卸效率；另一方面提高了货运质量，减轻了粉尘对人体和环境的侵害。

图7-8　冷藏集装箱

图7-9　干散货集装箱

8. 罐式集装箱（Tank Container）

罐式集装箱（如图7-10所示）是由箱体框架和罐体两部分组成的集装箱，有单罐式和多罐式两种。罐体用于装液体货，框架用来支承和固定罐体。罐体的外壁采用保温材料以使罐体隔热，内壁一般要研磨抛光以避免液体残留于壁面。为了降低液体的黏度，罐体下部还设有加热器，罐体内温度可以通过安装在其上部的温度计观察到，罐顶设有装货口，罐底设有排出阀。装货时货物由罐顶部装货口进入，卸货时则由排货孔流出或从顶部装货孔吸出。适宜罐式集装箱装载的货物一般有：酱油、葡萄糖、食油、肉汁等液体货；啤酒、葡萄酒等酒类；化学液体货及其他危险品液体货。

图7-10　罐式集装箱

9. 按货物命名的集装箱（Named Cargo Types）

按货物命名的集装箱是专门或基本上用于装运某种货物的集装箱如汽车集装箱、动物集装箱、服装集装箱等。

（1）汽车集装箱（Car Container）。这种集装箱（如图7-11所示）专门用来装运小型汽车。其结构特点是无侧壁，仅设有框架和箱底。为了防止汽车在箱内滑动，箱底专门设有绑扎设备和防滑钢板。大部分汽车集装箱被设计成上下两部分，可以装载两层小汽车。

图 7-11　汽车集装箱

（2）动物集装箱（Pen Container or Live Stock Container）。这是一种专门用来装运猪、牛、鸡、鸭等活牲畜的集装箱（如图 7-12 所示）。为了避免阳光照射，动物集装箱的箱顶和侧壁是用玻璃纤维加强塑料制成的。另外，为了保证箱内有较新鲜的空气，侧面和端面都有用铝丝网制成的窗，以求有良好的通风。侧壁下方设有清扫口和排水口，并配有上下移动的拉门，可把垃圾清扫出去，另还装有喂食口。动物集装箱在船上一般应装在甲板上，因为甲板上空气流通，便于清扫和照顾。

图 7-12　动物集装箱

（3）服装集装箱（Garment Container）。这种集装箱（如图 7-13 所示）的特点是，在箱内上侧梁上装有许多根横杆，每根横杆上垂下若干条皮带扣、尼龙带扣或绳索，成衣利用衣架上的钩直接挂在带扣或绳索上（如图 7-14 所示）。这种服装装载法属于无包装运输，不仅节约了包装材料和包装费用，而且减少了人工劳动，提高了服装的运输质量。

图 7-13　服装集装箱

图 7-14　服装集装箱的带扣

10. 航空集装箱（Air Mode Container）

航空集装箱可分为空运集装箱和空陆水联运集装箱。

（1）空运集装箱（Air Container）。任何适用于空运的货运成组设备，其容积为1立方米及以上，具有与航空器栓相配合的栓固装置，箱底可全部冲洗并能用滚装装卸系统进行装运。

（2）空陆水联运集装箱（Air/Surface/Intermodal Container）。一种运输设备，其容积为1立方米及以上，装有顶角件和底角件，具有与航空器检的系统相配合的栓固装置，箱底可全部冲洗并能用滚装装卸系统进行装运。本集装箱适用于空运并可与地面运输方式（如公路、铁路及水运）相互交接联运。

（二）按照集装箱的制造材料进行分类

集装箱在运输途中，经常受到各种外力的作用和环境的影响，以及考虑到装卸机械的能力和最大限度地利用集装箱的装货能力，因而集装箱的制造材料要有足够的刚度和强度，尽量采用重量轻、强度高、耐用及维修保养费用低的材料。从目前采用的集装箱材料看，一个集装箱往往不是由单一材料做成的，而是以某种材料为主，并在箱子的不同结构处用不同的材料。因此，按制造材料来分类是指按箱子的主体材料划分。

1. 钢制集装箱

钢制集装箱的优点是强度大，结构牢固，水密性好，能反复使用，价格低廉；主要缺点是防腐能力差，箱体笨重，相应地降低了装货能力。

2. 铝合金集装箱

铝合金集装箱的优点是自重轻，因而提高了集装箱的装载能力，且具有较强的防腐能力，弹性好。主要缺点是造价相当高，焊接性也不如钢制集装箱，受碰撞时易损坏。

3. 不锈钢制集装箱

一般多用不锈钢制作罐式集装箱。不锈钢制集装箱的主要优点是不生锈、耐腐性好、强度高；主要缺点是价格高、投资大。

4. 玻璃钢制集装箱

用玻璃钢做成的集装箱主要优点是强度大，刚性好，具有较高的隔热、防腐和耐化学侵蚀能力，易于清洗，修理简便，维修费较低；主要缺点是自重大、造价高。

四、集装箱的标准化

集装箱标准化是指为了使作为共同运输单元的集装箱在多种方式的运输中具有通用性和互换性，提高集装箱运输的安全性和经济性，为集装箱的运输工具、装卸设备的选型、设计和制造提供依据，使集装箱运输成为相互衔接配套、专业化、高效率的运输系统，而为集装箱的各种技术条件，即尺寸、结构、试验方法等建立标准并执行的状态。

（一）《系列1集装箱分类、尺寸和额定质量》

集装箱外部尺寸是指包括集装箱永久性附件在内，沿集装箱各边外部的最大长、宽、高尺寸。它是集装箱能否在船舶、底盘车、货车、铁路车辆之间进行换装的主要参数，是各运输部门必须掌握的一项重要技术资料。

我国根据国际标准化组织有关集装箱的标准，制定了《系列1集装箱分类、尺寸和额定质量》的国家标准，具体如表7-1所示。

表7-1   《系列1集装箱分类、尺寸和额定质量》

规格（英尺）	箱型	长		宽		高		最大总重量	
		公制 mm	英制 Ftin	公制 mm	英制 Ftin	公制 mm	英制 Ftin	kg	LB
40	1AAA 1AA 1A 1AX	12 192	40′	2 438	8′	2 896	9′6″	30 480	67 200
						2 591	8′6″		
						2 438	8′		
						<2 438	<8′		
30	1BBB 1BB 1B 1BX	9 125	29′11.25″	2 438	8′	2 896	9′6″	25 400	56 000
						2 591	8′6″		
						2 438	8′		
						<2 438	<8′		
20	1CC 1C 1CX	6 058	19′10.5″	2 438	8′	2 591	8′6″	24 000	52 900
						2 438	8′		
						<2 438	<8′		
10	1D 1DX	2 991	9′9.75″	2 438	8′	2 438	8′	10 160	22 400
						<2 438	<8′		

目前在国际海上集装箱运输中采用最多的是1CC型（即20英尺）、1AA型（即40英尺）和1AAA型（即40英尺高箱，简称40′HC或40′HQ）三种。20英尺集装箱内容积可达33立方米，一般自重为2.2吨，载重为21.8吨；40英尺集装箱内容积可达67立方米，一般自重为3.8吨，载重为26.68吨；40′HQ集装箱内容积可达76立方米，一般自重为3.8吨，载重量为26.68吨。在20英尺集装箱中，还有一种加重柜，在箱体上注明最大总重30.48吨，实际装货可达28吨，多用来装运化工五金、矿产品等重货（附：1英尺=12英寸=0.304 8米；1英寸=25.4毫米）。另外，45英尺等非标准集装箱在实践中也有较多使用。

（二）TEU

TEU（Twenty-foot Equivalent Units）又叫标准箱，是为了便于计算集装箱数量，以长度为20英尺的集装箱作为换算标准箱，也称为国际标准箱单位，通常用来表示船舶装载集装箱的能力，也是集装箱和港口吞吐量的重要统计、换算单位。

即：

40英尺集装箱=2TEU

30英尺集装箱=1.5TEU

20英尺集装箱=1TEU

10英尺集装箱=0.5TEU

此外，现在45英尺集装箱在国际海运中使用也相当广泛，45英尺集装箱=2.5TEU（也有将45英尺集装箱计算为2TEU）。

五、集装箱的标记

为便于集装箱在国际运输中的识别、管理和交接，国际标准化组织制定了《集装箱的代号、识别和标记》国际标准。我国根据国际标准，制定了我国的国家标准《集装箱代码、识别和标记》（GB/T 1836—1997），与国际标准等效。标准规定了集装箱标记的内容、标记字体的尺寸、标记的位置等。集装箱标记分为必备标记和自选标记。

（一）必备标记

1. 识别标记

识别标识在实践中称为集装箱箱号，由集装箱箱主代码、设备识别码、顺序号和校验码四个部分组成，如图7-15所示：CCLU4197754，其中CCL为箱主代码。U为设备识别码，419775为顺序号，4为校验码（核对数字）。

集装箱箱主代码是集装箱所有人向国际集装箱局（BIC）登记注册的3个大写拉丁字母，由集装箱所有人自己规定，如中海集装箱运输公司使用

图7-15　集装箱箱号

"CCL"；设备识别码由1个大写拉丁字母表示，"U"表示常规的所有集装箱，"J"表示集装箱所配置的挂装设备，"Z"表示集装箱的拖挂车和底盘车。表7-2为部分船公司箱主代码。

表7-2　部分船公司箱主代码

公司名称	箱主代码	公司名称	箱主代码
马士基航 （MAERSK）	MSKUMAEUMWCU	现代商船（HYUNDAI）	HYNUHYGUHDMU
地中海航运 （MSC）	MSCU	以星航运（ZIM）	ZIMUZCSU
法国达飞轮船 （CMA-CGM）	CMAUCMCU	阳明海运（YML）	YMLUYMGU
长荣海（EVERGREEN）	EMCUEISU	川崎汽船（K-LINE）	KKFUKKTUKLFUKLTU
美国总统轮船 （APL）	APLUAPSU	赫伯罗 （HAPAG-LLOYD）	HPLUHLXU
中远集团 （COSCO）	COSUCBHU	日本邮船（NYKLINE）	NYKU
中海集运 （CHINASHIPPING）	CCLUCSLU	太平船务（PIL）	PILU
韩进海运 （HANJIN）	HJLUHJCU	商船三井（MOSK）	MOLUMOAU

集装箱顺序号由6位阿拉伯数字组成，如有效数据不足6位，则在有效数据前用"0"补足6位。集装箱校验码又称为核对数字，用来检测箱主代码、设备识别码和顺序号在集装箱数据传输或记录时的准确性，与箱主代码、设备识别码和顺序号有直接的关系。校验码可以通过箱主代码、设备识别码和顺序号计算，其计算方法如下：

根据箱主代码、设备识别码、顺序号，从表中得出每一个字母或数字所对应的等效数值（如表7-3所示）。

表 7-3 等效数值表

箱主代码、设备识别码、顺序号					
数字或字母	数字或等效数值	数字或字母	数字或等效数值	数字或字母	数字或等效数值
0	0	C	13	O	26
1	1	D	14	P	27
2	2	E	15	Q	28
3	3	F	16	R	29
4	4	G	17	S	30
5	5	H	18	T	31
6	6	I	19	U	32
7	7	J	20	V	34
8	8	K	21	W	35
9	9	L	23	X	36
A	10	M	24	Y	37
B	11	N	25	Z	38

将每一个等效数值分别按次序乘以 20~29 的加权系数，所有乘积相加得到总和 N，假设每一个等效数值依次为 X0，X1，…，X9，则总和 $N = \sum 2^i \cdot X_i (i = 0 \sim 9)$。

将总和 N 除以模数 11，所得的余数即为校验码，余数 10 的校验码为 0。例：某集装箱的箱主代码、设备识别码和顺序号为 "CCLU419775" 的整数 N 为：$N = 2^0 \times 13 + 2^1 \times 13 + 2^2 \times 23 + 2^3 \times 32 + 2^4 \times 4 + 2^5 \times 1 + 2^6 \times 9 + 2^7 \times 7 + 2^8 \times 7 + 2^9 \times 5 = 6\ 307$。

6 307/11 余数为 4，那么集装箱 "CCLU419775" 的核对数为 4。

CCLU4197754 就是该集装箱的箱号。在集装箱货运单证中，若遇到某箱箱主代码、设备识别号和顺序号与核对数字印制不清或同一箱在两处单据上的数值有差异时，即可按上述方法校核确认。

一般集装箱所有人对所属的集装箱的箱号编码有一定的规则，用以区别同一箱主的不同集装箱。表 7-4 为中海集装箱运输公司使用的集装箱编码规则，每种集装箱的编码具有特定的意义，如前面提到的集装箱箱号为 CCLU4197754 的集装箱就是 40 英尺干货箱。

表 7-4 中海集装箱运输公司使用的集装箱编码规则

箱型尺寸	箱型尺寸	编码规则
20GP	20 英尺干货箱	CCLU2XXXXXX，CCLU3XXXXXX，SHXU2XXXXXX
20HC	20 英尺干货高箱	CCLU0XXXXXX
20RF	20 英尺冷藏箱	CCLU1XXXXXX
20OT	20 英尺开顶箱	CCLU91XXXXX
20FR	20 英尺框架箱	CCLU93XXXXX
40GP	40 英尺干货箱	CCLU4XXXXXX，CCLU5XXXXXX，SHXU4XXXXXX

续表

箱型尺寸	箱型尺寸	编码规则
40HC	40 英尺干货高箱	CCLU6XXXXXX，CCLU75XXXXX
40RH	40 英尺冷藏高箱	CCLU85XXXXX
40OT	40 英尺开顶箱	CCLU92XXXXX
40FR	40 英尺框架箱	CCLU94XXXXX
45HC	45 英尺干货高箱	CCLU99XXXXX

2. 额定重量和自重标记

额定重量实为最大总重量，简称总重（Max Gross），是集装箱设计的最大允许总重量。自重（Tare）是集装箱空箱时的重量，包括各种集装箱在正常工作状态时应备有的附件和各种设备的重量。载重（载货重量）（Net 或 Payload）是集装箱最大容许承载的货物重量，包括集装箱在正常工作状态下所需的货物紧固设备及垫货材料等在内的重量。集装箱载重等于额定重量减去自重的差值。标记要求同时以千克（kg）和磅标示。同时，在集装箱外表还标出该集装箱的内容积，标记同时以立方米（cu. m）和立方英尺（cu. ft）标示。这些标记为集装箱合理装载货物提供依据。

3. 空陆水联运集装箱标记

如图 7-16 所示，此类集装箱设计了适合于空运的系固和装卸装置，这类集装箱一般自重较轻，但其强度仅能堆码两层，上面最多可以码放两层，不准在船舶甲板上堆放。为此规定了特殊标记。

4. 登箱顶触电警告标记

登箱顶触电警告标记（如图 7-17 所示），一般设在罐式集装箱上和其邻近登箱项的扶梯处，以警告登箱顶者有触电的危险。

图 7-16　空陆水联运集装箱标记图

图 7-17　登箱顶触电警告标记

（二）自选标记

1. 国家或地区代码、集装箱尺寸代码和箱型代码

国家或地区代码是集装箱登记国家或地区使用 2 个或 3 个字母表示的代码。ISO 文件中提供了国家或地区代号一览表。中华人民共和国的代码为 "CN"。集装箱尺寸代码和箱型代码由 4 位字符组成，前两位表示尺寸，后两位表示类型，如 22G1、42G1、45R1 等。尺寸代码中第一位字符表示箱长（如 "2" 表示 20 英尺箱，"4" 表示 40 英尺箱等），第二位字符表示箱宽和箱高（如 "2" 表示宽 8 英尺、高 8.5 英尺的箱；"5" 表示宽 8 英尺、高 9.5 英尺的箱）。ISO 文件中提供了集装箱尺寸代码表，如表 7-5、表 7-6 所示。

表7-5　尺寸代码第一字符

代码	箱长		代码	箱长	
	mm	ftin		mm	ftin
1	2 991	10′	D	7 450	
2	6 058	20′	E	7 820	
3	9 125	30′	F	8 100	
4	12 192	40′	G	12 500	41′
5	备用号		H	13 106	43′
6	备用号		K	13 600	
7	备用号		L	13 716	45′
8	备用号		M	14 630	48′
9	备用号		N	14 935	49′
A	7 150		P	16 154	
B	7 315	24′	R	备用号	
C	7 430	24′6″	…	…	

表7-6　尺寸代码第二字符

箱高		箱宽		
		2 438/mm	2 438<W<2 500/mm	>2 500/mm
mm	（ftin）	8ft	8ft<W≤8ft2in	>8ft2in
2 438	（80）	0		
2 591	（86）	2	C	L
2 743	（90）	4	D	M
2 896	（96）	5	E	N
>2 896	（96）	6	F	P
1 295	（43）	8		
≤1 219	（40）	9		

　　箱型代码由两位字符组成，其中第1位由一个拉丁字母表示箱型，第2位由一个数字表示该箱型的特征（如 G1、R1 等）。箱型代号分成总代码（Type Group Code）和细代码（Detailed Type Code）两种。总代码用于在集装箱特性尚不明确或不需要明确的场合，细代码用于对集装箱特性要有具体标示的场合。ISO 对箱型代码的规定如表7-7 所示。

表7-7　ISO 对箱型代码的规定

代码	箱型	总代码	集装箱主要特征	细代码
G	通用集装箱 —无通风设备	GP	• 一端或两端开门	G0
			• 货物上部空间设有透气孔	G1
			• 一端或两端开门，加上一侧或两侧全部敞开	G2
			• 一端或两端开门，加上一侧或两侧部分敞开	G3

续表

代码	箱型	总代码	集装箱主要特征	细代码
V	通风集装箱	VH	• 无机械通风系统，货物上部和底部空间设通风口	V0
			• 备用号	V1
			• 箱体内部设有机械通风系统	V2
			• 备用号	V3
			• 箱体外部设有机械通风系统	V4
B	干货集装箱 —无压力，箱式 —有压力，箱式	BU BK	• 封闭式	B0
			• 气密式	B1
			• 备用号	B2
			• 水平卸货，试验压力 150 千帕	B3
			• 水平卸货，试验压力 265 千帕	B4
			• 倾斜卸货，试验压力 150 千帕	B5
			• 倾斜卸货，试验压力 265 千帕	B6
S	以货物命名的集装箱	SN	• 牲畜集装箱	S0
			• 小汽车集装箱	S1
			• 活鱼集装箱	S2
R	保温集装箱 —冷藏 —冷藏和加热 —自备动力的冷藏和加热集装箱	RE RT RS	• 机械制冷	R0
			• 机械制冷和加热	R1
			• 机械制冷	R2
			• 机械制冷和加热	R3
H	保温集装箱 —设备可拆卸的冷藏和（或）加热的集装箱 —隔热集装箱	HR HI	• 设备置于箱体外部，其传热系统 $k=0.4$ W/$(m^2 \cdot K)$	H0
			• 设备置于箱体内部	H1
			• 设备置于箱体外部，其传热系统 $k=0.7$ W/$(m^2 \cdot K)$	H2
			• 备用号	H3
			• 备用号	H4
			• 具有隔热性能，其传热系统 $k=0.4$ W/$(m^2 \cdot K)$	H5
			• 无隔热性能，其传热系统 $k=0.7$ W/$(m^2 \cdot K)$	H6
U	敞顶式集装箱	UT	• 一端或两端开门	U0
			• 一端或两端开门，加上端框架顶梁可拆卸	U1
			• 一端或两端开门，加上一侧或两侧开门	U2
			• 一端或两端开门，加上一侧或两侧开门，加上端框架顶梁可拆卸	U3
			• 一端或两端开门，加上一侧局部敞开和另一侧全部敞开	U4
			• 完全敞顶，带固定侧壁和端壁（无门）	U5

代码	箱型	总代码	集装箱主要特征	细代码
P	台架式集装箱 —具有不完整上部结构的台架式集装箱 　固定式 　折叠式 —具有完整上部结构的台架式集装箱	PL PF PC PS	• 平台集装箱 • 有两个完整和固定的端板 • 有固定角柱，带有活动的侧柱或可拆卸的顶梁 • 有折叠完整的端结构 • 有折叠角柱，带有活劲的侧柱或可拆卸的顶梁 • 顶部和端部敞开（骨架式）	P0 P1 P2 P3 P4 P5
T	罐式集装箱 —用于非危险性液体货 —用于危险性液体货 —用于气体货物	TN TD TG	• 最低试验压力 45 千帕 • 最低试验压力 150 千帕 • 最低试验压力 265 千帕 • 最低试验压力 150 千帕 • 最低试验压力 265 千帕 • 最低试验压力 400 千帕 • 最低试验压力 600 千帕 • 最低试验压力 910 千帕 • 最低试验压力 2 200 千帕 • 最低试验压力（待定）	T0 T1 T2 T3 T4 T5 T6 T7 T8 T9
	空/陆水联运集装箱	AS		A0

在 ISO 制定的通用集装箱标准规格中，在国际上流通最广泛并在营运组织管理中使用最多的是长度为 20 英尺和 40 英尺型的集装箱。在集装箱运输实践工作中，对集装箱类型、尺寸等的表述会使用一些俗语或英文缩写或代码，表 7-8 是集装箱类型、尺寸对应表，供实际工作中参考。

表 7-8　集装箱类型、尺寸对应表

箱型		对应类型	箱型尺寸代码
20 英尺	干货箱	20GP	22G1
	干货高箱	20GH（HC，HQ）	25G1
	开顶箱	20OT	22U1
	冷藏箱	20RF	22R1
	冷高箱	20RF	25R1
	油罐箱	20TK	22T1
	框架箱	20FR	22P1
40 英尺	干货箱	40GP	42G1
	干货高箱	40GH（HC，HQ）	45G1
	开顶箱	40OT	42U1
	冷藏箱	40RF	42R1
	冷高箱	40RH	45R1
	油罐箱	40TK	42T1
	框架箱	40FR	42P1

2. 超高标记

凡箱高超过 2.6 米的集装箱均应有超高标记，如图 7-18 所示。通常在超高箱的两侧和两端都设有这类标记。

3. 国际铁路联盟标记

凡符合《国际铁路联盟条例》规定的技术条件的集装箱都可以获得此标记，如图 7-19 所示。标记方框上部的 "ic" 表示国际铁路联盟。标记方框下部的数字表示各铁路公司代号（33 是中华人民共和国铁路的代号）。

图 7-18　超高标记图

图 7-19　国际铁路联盟标识

（三）通行标记

集装箱上除必须有上述"必备标记"与"自选标记"外，还必须有允许其在各国间通行的牌照，称为"通行标记"。现有的集装箱通行标记主要有：集装箱批准牌照、安全合格牌照、防虫处理板、检验合格徽等。其中集装箱批准牌照、安全合格牌照、防虫处理板三个合并，采用永久、耐腐蚀的金属标牌，牢固地安装在集装箱醒目的地方。

1. 集装箱批准牌照

为便于在各国间通行，集装箱可由海关加封运行，不必开箱检查箱内的货物。因此联合国欧洲经济委员会制定了一个《集装箱海关公约》，凡符合《集装箱海关公约》规定的集装箱，可以装上"集装箱批准牌照"，在各国间加封运输。

2. 安全合格牌照

安全合格牌照表示集装箱已按照《国际集装箱安全公约》（International Convention for Safe Container，CSC 公约）的规定，经有关部门试验合格，符合有关的安全要求，允许在运输运营中使用。安全合格牌照的金属标牌上标记 "CSCSAFETYAPPROVAL"（CSC 安全合格）等文字。在运输运营中使用的集装箱，在安全合格牌照上还必须标明维修间隔的时间。

3. 带有熏蒸设施的集装箱标记

带有熏蒸设施的集装箱标记又称"农林徽"。它一般都贴在冷藏集装箱和散货集装箱的箱门上。当粮食、麦芽等需要进行植物检疫的货物装入集装箱内运输时，货物运到卸货地以后，为了对其进行植物检疫和消毒，在一般情况下，要将箱内卸下来的货物装入袋包内，再送到指定的熏蒸仓库去进行熏蒸，这项操作费时、费力又费钱。如果不将谷物从箱内取出，而是直接利用集装箱作为熏蒸仓库进行熏蒸，就会方便许多。但是，要使集装箱能直接进行熏蒸，必须符合熏蒸设备标准，如果经植物检疫机构检查后符合标准，则由植物检疫机构发给"熏蒸设备合格通知书"，取得"熏蒸设备合格通知书"的集装箱，有权在箱门上贴上农林徽，即证明该集装箱可以在箱内利用规定的药品进行重蒸。

4. 检验合格徽

集装箱上的"安全合格牌照",主要是确保集装箱不对人的生命安全造成威胁,但集装箱还必须确保在运输过程中不对运输工具(如船舶、货车、拖车等)的安全造成威胁。所以,国际标准化组织要求各检验机关必须对集装箱进行各种相应试验,并在试验后,贴上代表该检验机关的合格徽。

任务二　集装箱运输方式

任务导入

受益于"一带一路"建设,中国制造的集装箱走向全球。随着中欧班列的开通,沿线的国际合作和贸易往来逐渐增多,沿线国家对于集装箱的需求越来越大,这也为集装箱制造企业提供了全新的市场,中国某集装箱制造企业表示,为了吸纳"一带一路"沿线国家的小散客户,该公司已经开始与电商平台合作,让中国制造更好地服务于"一带一路"沿线的发展。

请同学们思考:

中欧班列上,集装箱运输有什么奥秘能让"一带一路"沿线的运输更加方便快捷呢?

知识链接

一、集装箱的选择与检查

(一)集装箱的选择

随着集装箱运输的发展及其优越性被人们认识和承认,大量的货物采用集装箱进行运输,这些货物种类繁多,在性质、包装形式及强度、单件重量等方面都有很大差异。由于货物在箱内积载,装箱不当造成货损和装卸机械、运输工具损坏,甚至人身伤亡的事故经常发生,所以,为了保证货运质量和运输安全,必须根据货物的性质、种类、容积、重量、形状等选择适当的集装箱,同时做好货物在集装箱内的堆装、系固、隔垫等工作。

1. 集装箱选择考虑的因素

(1)货物的特性。货物的性质对集装箱是否有特殊要求。

(2)货物的密度。货物的密度(单位容积重量,千克/立方米)与集装箱的单位容重(集装箱的最大载货重量除以集装箱的容积)是否相符,以便充分利用集装箱的容积和重量,尽量使集装箱的装载做到满箱满载。

(3)箱容利用率。箱容利用率直接影响到集装箱内实际利用的有效容积。在实际装箱中,货物装入集装箱内时,货物与货物之间、货物与集装箱内衬板之间、货物与集装箱顶板之间以及对集装箱内货物必要的加固支撑,产生了无法利用的空隙。集装箱的箱容利用率一般取80%,装箱技术好的可以达到85%以上,有些货物如箱包类箱容利用率更高,能达到90%以上。

2. 集装箱的选择要点

(1)集装箱种类的选择。国际标准集装箱有多种不同箱型,包括干货集装箱、开顶集装箱、台架式集装箱、平台集装箱、冷藏集装箱、通风集装箱、绝热集装箱、罐式集装箱、散货集装箱、动物集装箱等,这些不同种类的集装箱是根据不同类型货物及运输的实际要求而设计制造的。通常应根据货物的种类、性质、包装形式和运输要求选择合适的集装箱。表7-9列出各类货物适用的箱型,供参考。

表 7-9　各种货物适用的集装箱种类

货物分类	集装箱种类
普通货物	干货集装箱、通风集装箱
超尺度和超重货物	开顶集装箱、台架式集装箱、平台集装箱
冷藏货物	冷藏集装箱、通风集装箱、绝热集装箱
散装货物	罐式集装箱、散货集装箱
贵重货物	干货集装箱
动植物	动物集装箱、通风集装箱
危险货物	干货集装箱、台架式集装箱、冷藏集装箱

（2）集装箱规格尺寸的选择。国际集装箱的规格尺寸众多，各种规格的集装箱的最大载货重量、集装箱容积都有较大的差别。目前国际上使用最多的集装箱规格是 1A（40 英尺×8 英尺×8 英尺）、1AA（40 英尺×8 英尺×8.5 英尺）、1C（20 英尺×8 英尺×8 英尺）和 1CC（20 英尺×8 英尺×8.5 英尺）四种。应根据集装箱货物的数量、批量和货物的密度选择不同规格尺寸的集装箱。为了能充分利用集装箱的容积和装载量，一般来说，在货物数量大时，应尽量选用大规格箱；货运批量较小时，配用的集装箱规格不宜过大；货物密度较大（重货）时，选用规格不宜过大；货物密度较小（轻货）时应采用规格较大的集装箱。用货物密度和集装箱的单位容重可以衡量装箱货物是"重货"还是"轻货"。

（3）集装箱数量的确定。在具体计算时，如果货物是重货，则用货物总重量除以集装箱的最大载货重量，得出该批货物所需集装箱的数量；如果货物是轻货，则用货物总体积，除以集装箱的有效容积，求得该批货物所需集装箱的数量。如果货物密度等于箱的单位容重，则无论按重量计或容积计，均可求得需要集装箱的个数。

实际工作中，除了考虑集装箱的容积和载重是否可以容纳下所托运的货物，还要考虑尽可能地节约运费。通常船公司确定的运价表中，一个 40 英尺箱的运费是 20 英尺箱的 1.7 倍。如果货物装一个 20 英尺箱不行，而使用两个 20 英尺箱或一个 40 英尺箱都可以装下，那么，应首先选择使用一个 40 英尺箱。

3. 适用集装箱的选择应用实例

现以某船公司一组集装箱最大载货重量和集装箱容积数据为例，以 20 英尺、40 英尺干货集装箱，列出集装箱的单位容重见表 7-10。

表 7-10　集装箱的单位容重

集装箱种类	定额重量/kg	自重/kg	最大载货重量/kg	集装箱容积/m³ 箱容利用率100%	箱容利用率90%	箱容利用率80%	集装箱单位容重/(kg·m⁻³) 箱容利用率100%	箱容利用率90%	箱容利用率80%
20 英尺干货箱	24 000	2 210	21 790	33.2	29.9	26.6	656.3	729.3	820.4
40 英尺干货箱	30 480	3 650	26 830	67.7	60.9	54.2	396.3	440.6	495.2
20 英尺干货箱	30 480	2 992	27 490	28	25.2	22.4	981.8	1 098.8	1 227.2

【例题】

有一批出口五金工具，需从福州运往南非开普敦（CAPTOWN）。货主提供的资料显示，共465箱，毛重30 612千克，体积33立方米。试回答以下问题：

①该批货物是否是适箱货物？

②应选择的集装箱种类是什么？

③应选择的集装箱规格尺寸多大？

④选用集装箱的数量是多少？

答：

①五金工具，从性质和状态分析为适箱货。

②五金工具属于普通件杂货，应选择干货集装箱。

③该批货物密度＝重量/体积＝30 612/33＝927.6（kg/m³)，由于该货物的包装形式为箱子，箱容利用率高，取90%。因该批货物密度数值927.6大于440.6和729.3，属于高密度货，即重货，考虑使用20英尺干货集装箱。

④已知20英尺干货集装箱的最大载货重量为21 790千克，该批货物重量为30 612千克，所需的集装箱箱数＝货物重量/集装箱的最大载货重量＝30 612/21 790＝1.4（个），去整后确定的集装箱箱数为2个。

最后结论：该批货物适合集装箱运输，应选择2个20英尺干货集装箱。

(二) 集装箱的检查

(1) 集装箱运输的有关关系人（船公司、租箱公司、码头、集装箱堆场、集装箱货运站、拖车公司、仓库、用箱人等）在相互交接时要对集装箱进行认真检查，并以书面形式确认交接时的状况。

(2) 集装箱的检查包括：

①外部检查。外部检查是指对集装箱进行六面查看，检查外部是否有损坏、变形、破口等异常情况。

②内部检查。是指对集装箱的内部进行六面察看，检查是否漏水、漏光，有无污点、水迹等。

③箱门检查。主要检查箱门是否完好、箱门四周是否水密、门锁是否完整、箱门能否270度开启。

④清洁检查。清洁检查是指对箱内有无残留物、污染、锈蚀异味、水湿等情况进行检查。如不符合要求，应予以清扫，甚至更换。

⑤附属件检查。如冷柜的制冷设备，通风柜的通风口，板架式集装箱的支柱状态，平板集装箱、敞棚集装箱上部延伸用加强结构的状态等，这些都必须进行检查。

二、集装箱装箱的一般要求

(1) 装箱前要检查箱体状况。

(2) 不同件杂货混装于同一箱内时，应根据货物的性质、重量、外包装强度，货物的特性等情况，将货物区分开。

(3) 货物在箱内的重量分布要均匀，防止畸轻畸重，重货在下，轻货在上；

(4) 对机器、玻璃、桶装货物等要进行加固、衬垫、绑扎等处理，特别是门边货物，要用木条或铁丝作"井"字形或网状加固，防止拆箱时倒塌伤人。

(5) 要科学合理地设计装箱方案，充分利用箱容空间，为货主尽量多装，节省运费。货物在集装箱内的装载要严密整齐，货物之间不应留有空隙，这样不仅可充分利用箱内容积，也可防止在运输过程中货物相互碰撞而造成损坏；一般方法是：先满足箱宽，再满足箱高，最后考虑充分利用箱长。

（6）对体积不能装满箱的货物，要逐层装满，其考虑顺序是：先满足箱宽，再满足箱长，将多余空间留给箱高；最上一层不满的货物要用木板、铁丝等将其固定，防止在箱内翻滚、碰撞。

（7）托盘货物装箱时，一般选用110厘米×110厘米、双向或四向进叉的托盘，配载为：两列×两层×五排/20′。

（8）装箱时一般采取梯形层次从里往外，不能垂直装载，防止货物倒塌伤人，拆箱时只能先开一块箱门，不能双门同时打开，防止货物倒塌伤人。

（9）禁止野蛮装卸，禁止抛甩货物，禁止硬拉、硬拽、硬顶、硬塞。

（10）装货重量不仅不能超过集装箱标示的最大载重量，而且还要依据承运人的重量限制。如北美线，船公司限重规定为：17.6t/20′；21.8t/40′。

三、特殊货物的装箱要求

（一）冷冻（藏）货物装箱要求

（1）货物与集装箱都要提前预冷，预冷温度应与货物的运输温度一致：冷冻货−18℃；冷藏货0℃~5℃。

（2）冷冻（藏）柜装货要注意不能堵塞冷气通道，通风孔、泄水管要保持畅通。

（3）装货高度不能超过箱中的货物积载线。

（二）货物装箱要求

（1）机器设备等大件货物必须进行系固、绑扎处理，防止其在箱内翻滚、碰撞。

（2）超长、超宽、超高货物不仅要符合集装箱的尺寸标准，而且要考虑装卸机械、铁路、公路、桥梁、隧道、涵洞等交通设施的限界要求。

（3）所有特殊用箱都要在订舱前向承运人申请，经确认后方可安排发货，装箱。

（三）食品、动植物类货物

（1）装载食品的集装箱一定要干净、无异味。

（2）食品、动植物类货物进出口都要进行检验检疫。

（3）木材类的货物（如家具）或集装器具（如托盘）进出口有些国家要求进行熏蒸杀虫，而熏蒸后的集装箱货物就被归入9类危险货物。要按危险货物申报。

（四）危险品

（1）危险货物装箱必须有资质的专业人员监装，并签发"危险品装箱证明书"。

（2）桶装、罐装危险品货物装箱要进行加固、衬垫、绑扎等处理，防止滚动、摩擦发生意外，特别是装不满整箱的货物，要用木条或铁丝作"井"字形或网状加固。

（3）危险货物一般不得与普通货物拼装在一个集装箱内。

（4）装载危险品货物的集装箱，要在四面箱壁醒目位置贴上相应的危险品标志。

任务三　集装箱货物交接与单证

任务导入

深圳港船舶穿梭往来，仅国际班轮航线就有300条，365天昼夜不息，连续10年集装箱吞吐量位居全球前四，让世界感受到深圳强劲的脉搏，体验"中国制造"的神奇。在深圳港东部，盐田港是全球单体吞吐量最大的港口，年吞吐量超过千万标箱，拥有逾百条航线通达全球，其中超六成是欧美航线。数据显示，目前，盐田国际承担着广东省进出口外贸 1/3、中国对美贸易 1/4 的货量。

请同学们思考：

面对如此巨大的吞吐量，如何实现集装箱货物的交接？货物交接的凭证是什么？

知识链接

一、集装箱货物交接

（一）装箱方式

（1）整箱货（FCL）：一个发货人，一个收货人，托运人自己装箱，自己施封（与教材叙述有不同）。

（2）拼箱货（LCL）：多个发货人，多个收货人，货运站负责装箱，货运站负责施封。

（二）集装箱运输的货物分类

货物是否适合集装箱装运有两层含义：一是技术上是否可能；二是经济上是否划算。

（1）最适合集装箱装运的货物。

（2）适合集装箱装运的货物。货物性质与最适合集装箱装运的货物相似，但经济价值较低。

（3）临界货物。或由于经济价值较低，或由于外形尺寸的原因，这些货物可以用集装箱装运，但并不经济。当量大时多用散货运输的形式，但量小时只好用集装箱装运。

（4）不适合装箱的货物。

（三）整箱货与拼箱货

按照集装箱货物的交接形态，可以分为：

（1）整箱货（FCL）：一个发货人，一个收货人。托运人自己装箱，自己施封，以整箱交付承运人，承运人在目的港又以整箱交付给收货人。整箱货在码头的集装箱堆场（CY）进行交接。

（2）拼箱货（LCL）：多个发货人，多个收货人，托运人以拼箱货交付货运站，货运站负责拼箱后交付承运人，承运人在目的港（经过 CFS）拆箱后又以拼箱货形态交付给收货人。

在拼箱货运输中，也有一个发货人、多个收货人，或多个发货人、一个收货人的情况；拼整箱货在集装箱货运站（CFS）进行交接。

（四）集装箱货物交接地点与方式

1. 集装箱货物交接地点

（1）收、发货人的工厂或仓库（Door）交接，整箱货交接。

（2）集装箱堆场（CY）交接，整箱货交接。

（3）集装箱货运站（CFS）交接，拼箱货交接。

2. 集装箱货物交接方式

集装箱货物的交接方式，主要有九种：

（1）场到场（CY to CY）：从发货地集装箱堆场到目的地集装箱堆场整箱交接。运输经营人不负责内陆运输。

（2）门到门（Door to Door）：从发货人出货场所到收货人指定的收货场所，整箱货交接。运输经营人负责全程运输。门到门运输是集装箱多式联运的最典型，也是最佳交接方式，经营人要安排两种以上运输方式，其责任期间也就是门到门这段时间。

（3）门到场（Door to CY）：从发货人出货场所到目的地集装箱堆场，整箱货交接。这种交接方式表示承运人不负责目的地的内陆运输，但要负责上门收货。

（4）场到门（CY to Door）：托运人在装运港堆场整箱交货，承运人送货到收货人指定的收货场所，整箱货交接。

（5）站到门（CFS to Door）：从发货地货运站到收货人指定的收货场所（不同发货人对同一收货人的拼箱货）。在这种交接方式下，运输经营人一般是以拼箱形态接收货物，以整箱形态交付货物，要送货上门。

（6）站到场（CFS to CY）：从发货地货运站到目的地集装箱堆场（不同发货人对同一收货人的拼箱货）。在这种交接方式下，运输经营人一般是以拼箱形态接收货物，以整箱形态交付货物。

（7）门到站（Door to CFS）：从发货人出货场所到目的地集装箱货运站（同一发货人对不同收货人的拼箱货）。在这种交接方式下，运输经营人一般是以整箱形态接收货物，以拼箱形态交付货物，承运人要上门收货。

（8）场到站（CY to CFS）：从发货地堆场到目的地货运站（一个发货人对不同收货人的拼箱货）。在这种交接方式下，运输经营人一般是以整箱形态接收货物，以拼箱形态交付货物。

（9）站到站交接（CFS to CFS），是指发货人负责将货物运至集装箱货运站按件交货，运输经营人在集装箱货运站按件接收货物并装箱，负责运抵卸货港集装箱货运站拆箱后按件交货，收货人在卸货港集装箱货运站按件提取货物。在这种交接方式下，货物的交接形态一般都是拼箱交接。

二、集装箱货运单证

集装箱单证很多，主要介绍以下几种单证。

（一）场站收据（Dock Receipt；D/R）

场站收据又称为收货单，是船公司或码头签发给托运人的证明托运货物已收到的收据，是货物交接的主要单据之一。在实际操作中，是五联单中的第二联，场站收据的签署不仅仅表示承运人已收到货物，而且也明确表示承运人对收到的货物开始承担责任。

（二）集装箱设备交接单（Equipment Receipt；E/R）

集装箱设备交接单是船公司或码头向用箱人交接集装箱的凭证，一式三联，分船公司、集装箱堆场和用箱人各一联，当集装箱还场后，码头（闸口）要在用箱人一联上盖章确认，并入电脑联网，凭此打单报关；设备交接单同时也是划分集装箱货物责任的一份重要文件。

（三）集装箱装箱单（Container Load Plan；CLP）

集装箱装箱单是详细记载集装箱内货物的名称、数量、重量、尺码等内容的单据，它是根据已装进集装箱内的货物制作的，必须与实际完全一致，也是海关查验货物的主要依据之一。

在实际操作中，货主的原始装箱单只在报关时需要，而船公司与码头则是用五联单中的第四联做装箱联。

（四）交货记录

交货记录是承运人向提货人交付货物时双方共同签署的证明货物已经交付，承运人责任已告终止的单证。

（五）提货单（Delivery Order D/O）

提货单（即教材称为"交货记录"的第二联）是承运人把货物交付给收货人时签发的，收货人据以向码头 CY 或 CFS 提取货物的凭证。

虽然收货人提取货物是以正本提单为交换条件的，但在实际业务中，收货人是先向船公司或其代理人交出正本提单，再由船公司或其代理人签发一份提货单给收货人，然后再持提货单前往码头提取货物。提货单一般一式五联，也有单独一联的。

任务四　集装箱货物运输作业流程

任务导入

横跨欧亚大陆的陆路运输主要是一个关于"集装箱的故事"。集装箱运输实际上仍然是跨欧亚大陆陆运货物的唯一运输方式。集装箱的使用有利于货物的保存，保证了标准尺寸，降低了包装成本，加快了货物装卸，统一了运输单据，促进了货物运输流量。

第一条路线为欧亚中部走廊（中国—哈萨克斯坦—俄罗斯—欧洲，穿过哈萨克斯坦领土，然后到达俄罗斯，再到白俄罗斯，最后到波兰）。第二条路线是欧亚大陆的北部，从中国东北方向直接通往俄罗斯，或间接穿过蒙古，然后穿过俄罗斯全境，沿西伯利大铁路进入白俄罗斯，最后进入波兰。

请同学们思考：集装箱整箱货出口需要经过哪些流程？

知识链接

由于集装箱货物的交接形态可分为整箱货和拼箱货，海上运输又分为进口和出口，而不同的货物交接形态在进出口的业务中有各自的流程，所以集装箱海运进出口流程可分为整箱货海运出口流程、整箱货海运进口流程、拼箱货海运出口流程、拼箱货海运进口流程。在目前的集装箱货运实践中，整箱货海运进出口业务由集装箱班轮公司经营，而拼箱货海运进出口业务主要经营者为集拼经营人。

一、集装箱整箱货出口流程

（一）委托代理

在集装箱货物运输过程中，发货人一般都委托货运代理人为其办理有关的出口货运业务，双方建立委托代理关系。在发货人委托货运代理时，发货人会与货运代理人签署一份货运代理委托书，如果双方签订了长期货运代理合同，一般使用货物明细表等单证代替委托书。

（二）订舱申请

货运代理人接受发货人的委托后，应根据发货人提供的有关贸易合同或信用证条款的规定，在货物托运前一定时间，选定适当的班期的船舶，填制"场站收据"联单向船公司或其代理人申请订舱。目前很多集装箱班轮公司和船舶代理人开通了网上订舱业务，货运代理人可以通过网络向船公司或其代理人发送订舱申请。

(三) 接受订舱

船公司或其代理人根据自己的运力、航线等具体情况决定是否接受。如船公司或其代理人接受货运代理人订舱申请，则在双方议定船名、航次等信息后，在场站收据副本（海关联）上盖章表示确认接受订舱，并着手按船舶、航次的情况编制集装箱预配清单（订舱清单），并在集装箱预配清单和场站收据上编写海运提单号，然后将集装箱预配清单分送到集装箱堆场、集装箱码头等有关部门，据以安排空箱的发放以及重箱的交接、保管以及装船工作，将配舱回单联退还托运人。

(四) 用箱申请

在货运代理人提出订舱申请时，应根据货物的性质、重量、尺码、积载因素等决定所需集装箱的种类、规格和数量，向船公司或其代理人提出空箱使用申请，同时提供用箱人、运箱人、用箱区域和时间等信息。船公司或其代理人同意订舱申请后，就会签发集装箱空箱提取通知书（提箱单）和集装箱设备交接单，依此提取空箱。

(五) 提取空箱

发货人或其代理人以委托书和内陆承运人（集装箱拖车公司）签署内陆空箱拖运协议，并把提箱单和设备交接单随交内陆承运人以便提取空箱。内陆承运人凭船公司签署的提箱单和设备交接单到集装箱堆场提取空箱，并办理设备交接手续。船公司提供的船东箱（COC）通常都规定了免费使用的限定期限。

(六) 货物装箱

整箱货的装箱方式通常可分为拖装和场装两种。拖装就是由货主自行安排，在货主的工厂、仓库进行装箱，加海关封志并制作装箱单；场装就是由货主根据货运代理人的安排，将货物送到货运代理人指定的集装箱堆场进行装箱，加海关封志并制作装箱单。

(七) 出口报检

凡属法定检验检疫货物或合同规定需要检验检疫机构进行检验的货物，发货人或代理人应及时向检验检疫机构申请检验。出口货物报检时，发货人或货运代理人应按照商品特性不同，填写出境货物报检单，并提供对外贸易合同、信用证、装箱单、商品检验证书、产地证明书等，分别向商品检验、卫生检验、动植物检疫等口岸监管部门申报检验。检验合格，检验机构出具出境货物通关单；如集装箱内有危险货物，发货人或代理人还应提供集装箱装箱证明书向海事部门申报危险货物出口查验；凭边检单向边防检查部门申报出口查验。检验部门同意放行后在相关单证上加盖放行章。

(八) 出口报关

发货人或代理人凭报关单、装货单、商业发票、装箱单等有关单证，必要时还应提供检验机构出具的出境货物通关单，向海关办理申报手续，海关核准后，在装货单（也称关单）上加盖海关放行章，准予货物装船出口。

(九) 集装箱交接

发货人或其代理人以委托书和内陆承运人签署内陆重箱拖运协议，由内陆承运人负责将已加海关封志的整箱货运至集装箱码头堆场，码头堆场业务员根据订舱清单、场站收据及装箱单接收集装箱及货物。集装箱码头准场在验收货箱后，即在场站收据正本联上签字，并将签署的场站收据交还给内陆承运人，由发货人据以换取提单。

需要说明的是，尽管集装箱码头堆场签署了场站收据，但此时集装箱货物尚未装船，所以发货人换取的提单应为收货待运提单。但在实践中，收货待运提单不能保障收货人的权益，一般信用证不能接受收货待运提单结汇。

（十）集装箱装船

集装箱码头装卸部门根据装船计划，将出运的集装箱调整到前方堆场，按预先编制的堆存计划堆放，待船舶到港后按集装箱船实际积载图装船。

（十一）集装箱理箱

外轮理货公司理货员依据现场记录填写装船理箱单并在集装箱全部装船完毕负责绘制集装箱船最终积载图及制作相应文件。

（十二）制送货运单证

在集装箱货物装船离港后，装货港船公司或其代理人制作有关装船货运单据（如提单副本、装箱单、货物舱单、配积载图等），并从速寄至卸货港船公司或其代理人。

（十三）换取提单

发货人在支付全部运费后凭签署的场站收据正本联向船公司或其代理人换取提单，然后到银行结汇。

由于此时集装箱货物已经全部装船完毕，发货人凭签署的场站收据正本联向船公司或其代理人换取已装船提单，符合信用证中已装船提单结汇的要求。

（十四）办理保险

出口集装箱货物若以 CIF 价格条件成交，发货人应负责办理投保手续并支付保险费用。办理投保的保单是出口结汇要求的单证之一。

（十五）出口结汇

在信用证交易下，发货人取得已装船提单证本后，附上贸易合同及信用证上规定的必要单据（商业发票、提单、保单、汇票、装箱单、原产地证书、品质鉴定书等），即可去出口地卖方银行（议付行）办理结汇。

（十六）外汇核销与出口退税

集装箱装船离港后，发货人凭出口收汇核销单到外汇管理局进行外汇核销，凭出口退税报关单到税务局申报出口退税。

（十七）提单转送买方银行

卖方所在地银行收到发货人递交结汇提单后，迅速将提单转交国外买方所在地银行以便结汇。

二、集装箱整箱进口货运流程

（一）委托代理

收货人一般也委托货运代理人为其办理有关的进口货运业务，双方建立委托代理关系。收货人会与货运代理人签署一份货运代理委托，如果双方签订了长期货运代理合同，一般使用货物明细表等单证代替委托书。

（二）卸船准备

卸货港船公司或其代理人在收到装船港寄来的单证后，应从速制作交货记录联单，并将交货记录联单中的到货通知书寄送收货人，同时联系集装箱码头装卸公司。卸货港集装箱码头装卸公司根据装货港船公司或其代理人寄送的有关货运单证，制订卸船计划，待船舶靠泊后即行卸船。

（三）集装箱卸船

集装箱码头装卸公司根据制订的卸船计划从船上卸下集装箱后，并根据堆场计划堆放在集装箱码头堆场或由集装箱运输经营人办理保税手续后继续运至内陆场站。

（四）集装箱理箱

外轮理货公司理货员依据现场记录填写卸船理箱单，该单据与装货港的装船理箱单一起作为判断海上运输中集装箱灭失的责任依据。

（五）付款赎单

收货人或代理人接到货运通知单后，在信用证贸易下应及时向银行付清所有应付款项，取得正本提单等有关单证。

（六）换取提货单

收货人或代理人向卸货港船公司或船代付清相关费用后，凭正本提单和到货通知书换取提货单。

（七）进口报检

收货人或代理人凭提货单、装箱单和其他报检所必需的单证分别向检验检疫部门、海事部门和边防部门办理进口报检手续。

（八）进口报关

收货人或代理人凭提货单、装箱单和其他报关所必需的商务和运输单证分别向海关办理进口报关手续和纳税手续。

（九）集装箱交接

收货人或其代理人以委托书和内陆承运人签署内陆重箱拖运协议，并由内陆承运人凭海关放行的提货单，与集装箱码头堆场（或内陆场站）结清有关费用后提取装有货物的集装箱，由双方签署交货记录和办理设备交接单手续，并负责把整箱货自码头堆场（或内陆场站）运至收货人拆箱地。

（十）集装箱拆箱

内陆承运人把集装箱运至收货人拆箱地，由收货人自行负责拆箱卸货。收货人应在集装箱免费使用期限内及时拆箱卸货，以免产生滞箱费。

（十一）空箱回运

收货人在自己的仓库拆箱后，收货人或其代理人以委托书和内陆承运人签署内陆空箱拖运协议，由内陆承运人负责把空箱运回集装箱堆场，并凭设备交接单办理还箱手续。

（十二）投保索赔对以 FOB 价格条件成交的货物，收货人有责任投保和支付保险费用

收货人在提货时发现货物与提货单不符时，应分清责任及时向有关责任方（发货人、承运人、保险公司等）索赔，并提供有效单据和证明。

 **项目小结** ▶▶▶ ▶

本项目主要介绍了集装箱的各种类型、集装箱的标准化、集装箱的标记、集装箱的选择与检查及装箱要求、集装箱货物交接、货运单证，集装箱整箱货出口和进口流程。学生

通过学习能够认识各类集装箱并知晓用途，能够熟悉集装箱运输方式，熟知货物运输流程。

 思政园地

全国首个智能驾驶集装箱转运业务实现新突破

在全球最大的集装箱码头上海洋山深水港，一辆辆智能重卡从洋山港码头出发，驶过东海大桥，到达深水港物流园区，这是我国首个智能驾驶集装箱转运业务。12 月 23 日下午，伴随着 2021 年第 4 万个标箱发车，上海洋山港"5G+L4"自动驾驶智能重卡集装箱转运业务"准商业化运营"实现阶段性新突破。

近年来，在上海市交通委员会的积极协调组织下，上汽集团、上港集团、中国移动上海公司等项目实施单位紧密协作，经过两年多的技术迭代、试点运营、跟踪评估和探索总结，智能重卡基本具备了"洋山港码头—东海大桥—深水港物流园区"路线上的自动驾驶及载货运输能力，现已累计转运集装箱约 6.1 万标箱。

作为系统工程，洋山港智能重卡示范运营项目需要从智能网联汽车产品研发与功能测试、系统集成与信息互通、数据采集与道路评估、成本控制与流程管理、系统可靠性提升与规模化示范运营等方面循序推进。目前，"5G+L4"智能重卡融合了 AI、5G、V2X 车联通信等先进技术，打通了"智能汽车、车队管理、物流调度、港口作业"之间的全业务链流程，实现了在港区特定场景下的 L4 级自动驾驶、厘米级定位、精确停车（±3 cm）、与自动化港机设备的交互以及东海大桥队列行驶，为港口运输用户提供了更智能、更安全、更高效、更环保的集装箱转运方案。

未来将在确保安全、经济、效率的前提下，努力打造全球领先的海公铁（海运—公路—铁路）智能化集疏运体系，促进智能重卡的自驾水平和示范运营项目水准提升，积极构建具有上海特色的智能网联汽车产业体系和应用生态。同时，充分发挥上海智能制造实力突出、国际航运市场发达、交通应用场景丰富等优势，提升上海城市数字化能级。

【思政点评】 我国集装箱运输事业虽然起步晚，但是发展速度却很快。从集装箱货物的被动接受者，到集装箱运输领域的领头羊，我国航运人只用了短短 20 年的时间，至今在吞吐量、集装箱以及运载、装卸等相关设备生产制造多个领域仍保持着领先水平。这是中国在世界经济发展中地位不断提升的最有力证明，是中华儿女努力奋斗的结果，是中国人的骄傲。

项目七　检测单

自我检测

检测题目：课后的同步测试题。

小组检测

检测题目：写出集装箱运输带鱼全流程，包括集装箱选择、集装箱货物交接与单证。
检测要求：以小组为单位，形成 PPT，课堂进行汇报。
检测标准：1. 团队合作（10 分）；2. 扣题情况（5 分）；3. 内容完整性（10 分）。
小组互评：_____
_____
_____

教师检测

检测标准：1. 团队合作（10 分）；2. 汇报有理有据（10 分）；3. 讲解清楚（5 分）。
教师点评：_____
_____
_____

检测评分

自我检测（40 分）	同步检测（40 分）		
小组检测（30 分）	团队合作（10 分）	紧扣题目（5 分）	内容完整（15 分）
教师检测（30 分）	标准 1：团队合作（10 分）		
	标准 2：解释有理有据（10 分）		
	标准 3：汇报思路清晰（10 分）		
满分（100 分）			

个人反思

同步测试

一、不定项选择题

1. 鹿特丹（ROTTERDAM）是下列哪一条集装箱货物运输航线上的港口？（　　　）

A. 远东北美西海岸航线　　　　　　　B. 澳新航线

C. 远东北美东海岸航线　　　　　　　D. 欧地线

2. SOC 是（　　）的集装箱的英文缩写。

A. 船公司　　　　B. 租船公司　　　　C. 货主　　　　D. 租船人

3. CY-CY 集装箱运输条款是指（　　　）。

A. 一个发货人、一个收货人　　　　　B. 多个发货人、多个收货人

C. 一个发货人、多个收货人　　　　　D. 多个发货人、一个收货人

4. 门到门（Door to Door）的集装箱运输最适合于（　　　）交接方式。

A. 整箱交，整箱接　　　　　　　　　B. 整箱交，拆箱接

C. 拼箱交，拆箱接　　　　　　　　　D. 拼箱交，整箱接

5. 集装箱运输单证有（　　　）。

A. CLP　　　　B. EIR　　　　C. D/R　　　　D. B/LE. LC

二、简答题

1. 什么是集装箱？

2. 简述集装箱运费的构成。

3. 集装箱运输的优越性体现在哪些方面？

三、计算题

有一日用品公司出口一批金属制品，需从福州运往荷兰鹿特丹（ROTTERDAM）。货主提供的资料显示，货物数量为935箱（CTNS）、毛重9 334.6千克，该批货物总共59.66立方米。试回答以下问题：

①该批货物是不是适箱货物？

②应选择的集装箱种类是什么？

③应选择的集装箱规格尺寸多大？

④选用集装箱的数量是多少？

 **综合实训**

一、实训名称

认识集装箱运输。

二、实训目标

1. 通过网上搜集资料，加强对集装箱运输的认识，感受集装箱运输在国际贸易中的重要性。

2. 掌握一些调研方法和途径，培养研究分析问题的能力。

三、实训内容

1. 认识各种集装箱。

2. 认识集装箱标记。

四、实训步骤

1. 在网上搜集集装箱图片、港口图片或港口资讯等相关资料，下载不少于 5 张集装箱图片。

2. 写出每张集装箱图片上集装箱类型和集装箱标记，并对集装箱标记做出解释。

3. 学生分组完成以上工作内容。

五、评价标准

1. 学生能够熟悉各种集装箱。

2. 能够进行相关资料的查询。

六、成果形式

1. 将调研获得的资料做成报告。

2. 组织各组进行交流讨论。

3. 各组相互评议、打分，以小组为单位进行成绩评估。

项目八

多式联运业务

 学习目标

知识目标
1. 了解多式联运的概念和特点
2. 掌握多式联运组织与运作
3. 熟悉多式联运单证
4. 多式联运责任划分

能力目标
1. 具备处理多式联运常规工作的基本业务能力
2. 能够正确填制多式联运单据

素养目标
1. 培养爱国主义情怀
2. 增强学生民族自豪感
3. 培养学生的责任意识

知识逻辑图

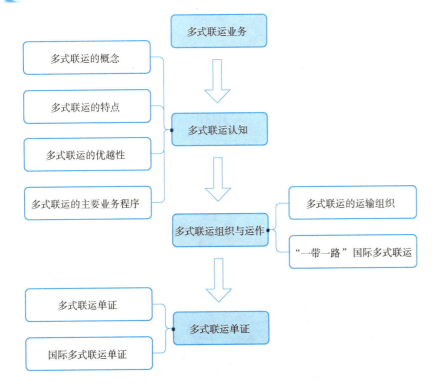

引 例

多方共同推动多式联运发展

2017年1月，交通运输部等18部门联合印发了《关于进一步鼓励开展多式联运工作的通知》，明确了5个方面18条举措，提出了我国多式联运发展的目标，指明了多式联运发展的行动路线。这是我国第一个多式联运的纲领性文件，标志着我国多式联运有了新的发展，上升为国家战略，在我国多式联运发展史上具有里程碑意义。

2017年，多式联运在我国的发展热度空前。传统的铁水联运通道不断增量，新型铁水联运不断出现，中欧班列进入爆发式增长，中蒙俄通道、中国至东盟的通道、中国至南亚的通道逐步形成，长江黄金水道联通中欧班列、联通铁水联运通道的新市场、新模式逐步形成。"一带一路"倡议、京津冀协同发展、长江经济带等的实施，驱动新市场，跨区域产业合作不断深入，东、中、西部协同联动更加紧密，对外交流和贸易往来更加频繁，为中欧班列、国际海铁联运等多式联运业务提供了新机遇，同时为构建全方位、多渠道的国际多式联运服务网络，服务全球供应链合作提出新要求。

企业积极参与多式联运，看好多式联运的前景。铁路总公司把发展集装箱多式联运作为重点方向；沿海和内河港口企业主动开拓多式联运业务，不断增强港口多式联运服务的功能；无车承运人、无船承运人、大型货代企业积极进入多式联运服务领域；传统货运物流企业加快了向多式联运经营人转型的步伐，拓展了多式联运业务；龙头骨干企业或多式联运示范工程企业继续在产业实践中发挥引领作用。

任务一　多式联运认知

任务导入

大力发展多式联运，是实现交通强国战略目标、发展综合交通运输体系的重要支撑，是推进运输结构调整、促进物流业降本增效的重要举措，是引领国际物流通道建设、推动国际贸易便利化的基础工程。掌握多式联运的相关知识是现代物流产业发展升级时代企业对物流从业人员的基本要求。

知识链接

随着国际贸易的不断发展和国内产品的快速流通，货主对运输服务的要求也越来越高，不再满足于单运输方式提供的不连贯运输。在这样的需求背景下，国际多式联运便迅速发展起来。多式联运是将多种运输工具有机地联结在一起，最合理、最有效地实现货物位移的一种运输方式。因此，多式联运是一种高级的运输组织形式，如图 8-1 所示。

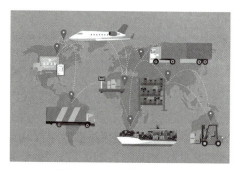

图 8-1　多式联运示意图

一、多式联运的概念

《中华人民共和国海商法》（以下简称《海商法》）第一百零二条规定：本法所称多式联运合同，是指多式联运经营人以两种以上的不同运输方式（其中一种是海上运输方式），负责将货物从接收地运至目的地交付收货人，并收取全程运费的合同。前款所称多式联运经营人，是指本人或者委托他人以本人名义与托运人订立多式联运合同的人。

《联合国国际货物多式联运公约》对国际多式联运所下的定义是：国际多式联运是指按照多式联运合同，以至少两种不同的运输方式，由多式联运经营人将货物从一国境内接管货物的地点运到另一国境内指定交付货物的地点。

一般来讲，构成多式联运应具备下面几个主要条件：

（1）多式联运经营人与托运人之间必须签订多式联运合同，以明确承运人和托法人双方的权利、义务和豁免关系。多式联运合同是确定多式联运性质的根本依据，也是区别多式联运与一般联运的主要依据。

（2）必须使用全程多式联运单据。该单据既是物权凭证，又是有价证券。

（3）必须是全程单一运价。运价一次收取，包括运输成本（各段运杂费的总和）、经营管理费和合理利润。

（4）必须由一个多式联运经营人对全程运输负总责。该经营人是与托运人签订多式联运合同的当事人，也是签发多式联运单据或多式联运提单的人，承担自接收货物起至交付货物止的全程运输责任。

（5）必须是两种或两种以上不同运输方式的连贯运输。如为海/海、铁/铁、空/空联运，虽是两程运输，但仍不属于多式联运，这是一般联运与多式联运的一个重要区别。同时，在单一运输方式下的短途汽车接送也不属于多式联运。

（6）必须是跨越国境的国际货物运输。这是区别国内运输与国际运输的限制性条件。

二、多式联运的特点

多式联运是综合性的运输组织工作，不仅要考虑各种运输方式的特点和优势，合理地选择各区段的运输方式，而且要考虑各种运输方式组成的运输线路的整体功能和各种运输方式优势的充分发挥。只有综合利用各种运输方式的技术和经济特性，扬长避短，相互补充，才能提供优质、方便、高效、快捷的运输服务，实现以最小的社会劳动消耗、最好的服务质量、最合理的运输组织，来满足社会对运输的需要。多式联运的基本特点如下：

（一）全程性

多式联运是由联运经营人完成和组织的全程运输，无论运输中包含几个运输段、包含几种运输方式、有多少个中转环节，多式联运经营人均要对运输的全程负责，完成或组织完成全程运输中所有的运输及相关的服务业务。

（二）简单性

多式联运实行一次托运、一份合同、一张单证、一次保险、一次结算费用、一票到底，比传统分段运输手续简便，大大方便了货主，还可以提前结汇，缩短货主资金占用时间，提高社会效益和经济效益。

（三）通用性

多式联运涉及两种以上运输方式的运输和衔接配合，与按单一运输方式的货运法规来办理业务不同，多式联运所使用的运输单证、商务规定、货运合同、协议、法律、规章等必须适用于两种以上的运输方式。

（四）多式联运经营人具有双重身份

多式联运经营人在完成或组织全程运输过程中，首先要以本人身份与托运人订立多式联运合同，在该合同中它是承运人。然后又要与各区段不同运输方式的承运人分别订立各区段的分运合同，在这些合同中，多式联运经营人是以托运人和收货人的身份出现的，这种做法使多式联运经营人具有双重身份。就其业务内容和性质来看，多式联运经营人的运输组织业务主要是各区段运输的衔接组织，是服务性工作，这又与传统的货运代理人业务较为相似。

三、多式联运的优越性

多式联运是货物运输的较高组织形式，它集中了各种运输方式的优点，组成连贯运输，实现简化货运环节、加速货运周转、减少货损货差、降低运输成本、实现合理运输的目的。它比传统单一运输方式具有无可比拟的优越性，主要表现在以下几方面。

（一）责任统一，手续简便

在多式联运方式下，不论全程运输距离多么遥远，需要使用多少种不同的运输工具，途中要经过多少次转换，一切运输事宜统由多式联运经营人负责办理，而货主只要办理一次托运、订立一份运输合同、一次保险。一旦在运输过程中发生货物损害，多式联运经营人需要对全程负责。货方只需要与多式联运经营人打交道即可。与单一运输方式的分段托运相比，多式联运不仅手续简便，而且责任更加明确。

（二）减少中间环节，缩短货运时间，降低货损货差，提高货运质量

多式联运通常以集装箱为运输单元，实现"门到门"运输。货物从发货人仓库装箱验关铅封后直接运至收货人仓库交货，中途无须拆箱倒载，减少了很多中间环节。即使经过多次换装，也都是使用机械装卸，丝毫不触及箱内货物，货损货差和偷窃丢失事故就大为减少，从而较好地保证了货物安全和货运质量。此外，由于是连贯运输，各个运输环节和各种运输工具之间配合密切，衔接紧凑。货物所到之处中转迅速及时，减少了在途中的停留时间，能较好地保证货物安全、迅速、准确、及时运抵目的地。

（三）降低运输成本，节省运输费用

多式联运是实现"门到门"运输的有效方法。对货方来说，货物装箱或装上第一程运输工具后就可取得联运单据进行结汇，结汇时间提早，有利于加速货物资金周转，减少利息支出。如采用集装箱运输，还可以节省货物包装费用和保险费用。此外，多式联运全程使用的是一份联运单据和单一运费，这大大简化了制单和结算手续，节省了大量人力物力，尤其是便于货方事先核算运输成本，选择合理运输路线，为开展贸易提供了有利条件。

（四）扩大运输经营人业务范围，提高运输组织水平，实现合理运输

在开展多式联运以前，各种运输方式的经营人都是自成体系、各自为政的，只能经营自己运输工具能够涉及的运输业务，因而其经营业务的范围和货运量受到很大限制。一旦发展成为多式联运经营人或作为多式联运的参与者，其经营的业务范围可以扩大，各种运输方式的优势得到充分发挥，其他与运输有关的行业及机构，如仓储、代理、保险等均可通过参加多式联运扩大业务。

（五）其他作用

从政府的角度来看，发展多式联运有利于加强政府部门对整个货物运输链的监督与管理，保证本国在整个货物运输过程中获得较大的运费收入比例，有助于引进先进的运输技术，减少外汇支出，改善本国基础设施的利用状况，通过国家的宏观调控与指导职能保证利用对环境破坏最小的运输方式以达到保护本国生态环境的目的。

四、多式联运的主要业务程序

多式联运是由专业人员组织的全程运输，他们对交通运输网、各类承运人、代理人、相关行业和机构都有较深的了解和较为紧密的联系。能够选择最优运输路线，使用合理的运输方式，选择合适的承运人，实现最佳的运输衔接与配合，从而大大提高了运输组织水平，充分发挥现有设施和设备的作用，实现合理运输。多式联运的业务程序如下。

（一）接受托运申请，订立多式联运合同

多式联运经营人根据货主提出的托运申请和运输路线等情况，判断是否接受该托运申请。如果能够接受，则双方议定有关事项后，在交给发货人或其代理人的场站收据副本上签章，证明接受托运申请，多式联运合同已经订立并开始执行。

发货人或其代理人根据双方就货物交接方式、时间、地点、付费方式等达成的协议，填写场站收据，并把其送至多式联运经营人处编号，多式联运经营人编号后留下货物托运联，将其他联交还给发货人或其代理人。

（二）集装箱的发放、提取及运送

多式联运中使用的集装箱一般应由多式联运经营人提供。这些集装箱来源可能有三个：一是经营人自己购置使用的集装箱；二是由公司租用的集装箱，这类集装箱一般在货物起运地点附近提箱而在货物交付地点附近还箱；三是由全程运输中的某区段承运人提供，这类集装箱一般需要在多式联运经营人为完成合同运输与该分运人订立分运合同后获得使用权。

如果双方协议由发货人自行装箱，则多式联运经营人应签发提箱单或者将租箱公司或区段承运人签发的提箱单交给发货人或其代理人，由他们在规定日期到指定的堆场提箱并自行将空箱托运到货物装箱地点准备装货。如发货人委托亦可由经营人办理从堆场装箱地点的空箱托运。如是拼箱货或整箱货，但发货人无装箱条件不能自装，则由多式联运经营人将所用空箱调运至接受货物集装箱的货运站，做好装箱准备。

（三）出口报关

若联运从港口开始，则在港口报关；若联运从内陆地区开始，则在附近的海关办理报关。出口报关事宜一般由发货人或其代理人办理，也可委托多式联运经营人代为办理。报关时应提供场站收据、装箱单、出口许可证等有关单据和文件。

（四）货物装箱及接收货物

若是发货人自行装箱，发货人或其代理人提取空箱后在自己的工厂和仓库组织装箱，装箱工作一般要在报关后进行，并请海关派员到装箱地点监装和办理加封事宜。如需理货，还应请理货人员现场理货并与之共同制作装箱单。若发货人不具备装箱条件，可委托多式联运经营人或货运站装箱，发货人应将货物以原来的形态运至指定的货运站并由其代为装箱。如是拼箱货物，发货人应负责将货物运至指定的集装箱货运站，由货运站按多式联运经营人的指示装箱。无论装箱工作由谁负责，装箱人均需制作装箱单，并办理海关监装与加封事宜。

对于由货主自装箱的整箱货物，发货人应负责将货物运至双方协议规定的地点，多式联运经营人或其代理人在指定地点接收货物。如是拼箱货，经营人在指定的货运站接收货物。验收货物后，代表联运经营人接收货物的人应在场站收据正本上签章并将其交给发货人或其代理人。

（五）订舱及安排货物运送

经营人在合同订立之后，即应制订货物运输计划，该计划包括货物的运输路线和区段划分，各区段实际承运人的选择确定及各区段衔接地点的到达、起运时间等内容。这里所说的订舱泛指多式联运经营人要按照运输计划安排洽定各区段的运输工具，与选定的各实际承运人订立各区段的分运合同。这些合同的订立由经营人本人或委托的代理人办理，也可请前一区段的实际承运人作为代表向后一区段的实际承运人订舱。

（六）办理保险

在发货人方面，应投保货物运输险。该保险由发货人自行办理，或由发货人承担费用，并由多式联运经营人代为办理。货物运输保险可以全程投保，也可以分段投保。在多式联运经营人方面，应投保货物责任险和集装箱保险，由经营人或其代理人向保险公司办理或以其他形式办理。

（七）签发多式联运提单，组织完成货物的全程运输

多式联运经营人的代表收取货物后，经营人应向发货人签发多式联运提单。在把提单

交给发货人前，应注意按双方议定的付费方式及内容、数量向发货人收取全部应付费用。

多式联运经营人有完成或组织完成全程运输的责任和义务。在接收货物后，要组织各区段实际承运人、各派出机构及代表人共同协调工作，完成全程各区段的运输以及各区段之间的衔接工作，运输过程中所涉及的各种服务性工作和运输单据、文件及有关信息等的组织和协调工作。

（八）运输过程中的海关业务

按照惯例，国际多式联运的全程运输均应视为国际货物运输。因此，该环节的工作主要包括货物及集装箱进口国的通关手续，进口国内陆段保税运输手续及结关等内容。如果陆上运输要通过其他国家海关和内陆运输线路，还应包括这些海关的通关及保税运输手续。

这些涉及海关的手续一般由多式联运经营人的派出机构或代理人办理，也可由各区段的实际承运人作为多式联运经营人的代表办理，由此产生的全部费用应由发货人或收货人负担。

如果货物在目的港交付，则结关应在港口所在地海关进行；如果货物在内陆地交货，则应在口岸办理保税运输手续，海关加封后方可运往内陆目的地，然后在内陆海关办理结关手续。

（九）货物交付

当货物运至目的地后，由目的地代理通知收货人提货。收货人需凭多式联运提单提货，经营人或其代理人需按合同规定，收取收货人应付的全部费用。收回提单后签发提货单，提货人凭提货单到指定堆场和集装箱货运站提取货物。如果整箱提货，则收货人要负责至掏箱地点的运输，并在货物掏出后将集装箱运回指定的堆场，运输合同终止。

（十）货运事故处理

如果在全程运输中发生了货物灭失、损害和运输延误，无论是否能确定发生的区段，发（收）货人均可向多式联运经营人提出索赔。多式联运经营人根据提单条款及双方协议确定责任并做出赔偿。如果已对货物及责任投保，则存在要求保险公司赔偿和向保险公司进一步追索的问题。如果受损人和责任人之间不能取得一致，则需要在诉讼时效内通过提起诉讼和仲裁来解决。

任务二　多式联运组织与运作

任务导入

"推动多式联运高质量发展，应重点围绕调结构，着力推进'公转铁''公转水'；围绕促联通，着力加强综合货运枢纽建设；围绕畅循环，着力健全国内国际联运体系；围绕破梗阻，着力推进联运'一单制'落地；围绕提质效，着力建设好多式联运示范工程，探索形成我国多式联运产业实践的新理念、新路径。"交通运输部运输服务司副司长韩敬华近日在中国集装箱行业协会和天津港（集团）有限公司共同举办的中国多式联运合作大会暨第二届世界一流港口多式联运大会上说。

《中国经济时报》《关注：加快多式联运高质量发展，促进物流产业迭代升级》节选

请同学们思考：

多式联运组织与运作对于推动多式联运高质量发展有何帮助？

知识链接

一、多式联运的运输组织

在传统的分段运输情况下，货物从最初的起运地到最终目的地的运输要经过多个环节，由多个承运人采用接力的方式完成。货方通过与各段承运人订立运输合同来实现各段的运输，从全程运输和各区段运输组织来讲，各段承运人仅负责自己承担区段的组织工作，而货方要负责大部分的组织工作，包括运输线路的确定、运输区段划分、中转地点的选择、各区段运输方式的选择及承运人的选择、各区段的衔接和所需各种服务及手续的办理等。这种做法使得货方不仅要在准备货物方面花费精力，而且需在运输问题上花费更多的精力。如果他们没有精力或能力完成这些工作，则需要通过支付佣金、委托代理人完成各项工作，这种做法给货方带来了许多不方便。由于货方难以对各种运输有较充分的了解，在运输组织和实施过程中，不可避免地会发生费时费力，甚至多花费用等问题。

多式联运的产生和发展，为货主提供了最大限度的方便。作为一种新的、综合性的一体化运输，多式联运提供了理想的"门到门"方式，多式联运经营人履行多式联运合同所规定的运输责任的同时，可将全部或部分运输委托区段承运人完成，并订立分运合同。多式联运经营人通过承担货物全程运输组织工作，提供全面服务，使货主只要订立多式联运合同并在自己认为合适的地点将货物交给经营人，就可以完成货物的全程运输。发展货物多式联运不仅可为货主提供方便，而且可以促进交通运输业的发展。

（一）多式联运运输组织方法

货物多式联运的全过程就其工作性质的不同，可划分为实际运输过程和全程运输组织业务过程两部分。实际运输过程是由参加多式联运各种运输方式的实际承运人完成，其运输组织工作属于各方式下运输企业内部的技术和业务组织。全程运输组织业务过程是由多式联运全程运输的组织者——多式联运经营人完成的，主要包括全程运输所涉及的所有商务性事务和衔接服务性工作的组织实施。其运输组织方法可以有很多种，但就其组织方法来说，基本上分为协作式多式联运的运输组织方法和衔接式多式联运的运输组织方法两大类。

1. 协作式多式联运的运输组织方法

协作式多式联运的组织者是在各级政府主管部门协调下，由参加多式联运各种方式的运输企业和中转港站共同组成联运办公室（或其他名称），制订货物全程运输计划。

在这种机制下，需要使用多式联运形式运输整批货物的发货人根据运输货物的实际需要，向联运办公室提出托运申请，并按月申报整批货物要车、要船计划。联运办公室根据多式联运线路及各运输企业的实际情况制订该托运货物的运输计划，并把该计划批复给托运并转发给各运输企业和中转港站。发货人根据计划安排向多式联运第一程的运输企业提出托运申请并填写联运货物托运委托书，第一程运输企业接受货物后经双方签字，联运合同即告生效。第一程运输企业组织并完成自己承担区段的货物运输至与后一区段衔接地，直接将货物交给中转港站，经换装由第二程运输企业继续运输，直到最终目的地由最后一程运输企业向收货人直接交付（如图8-2所示）。在前后程运输企业之间和港站与运输交接货物时，需填写货物运输交接单和中转交接单。联运办公室或第一程企业负责按全程费率向托运人收取运费，然后按各企业之间商定的比例向各运输企业及港站分配。

在这种组织体制下，全程运输组织是建立在统一计划、统一技术作业标准、统运行图和统一考核标准基础上的，而且在接受货物运输、中转换装、货物交付等业务过程中使用的技术标准、衔接条件等也需要在统一协调下同步建设或协议解决，并配套运行以保证全

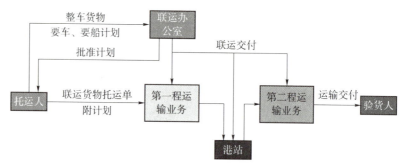

图 8-2　协作式多式联运过程图

程运输的协同性。对这种多式联运的组织体制，在有的资料中称为"货主直接托运制"。协作式联运是计划经济体制下特有的一种形式，一般指为保证指令性计划的货物运输，以及重点物资，国防、抢险、救灾等急需物资的运输而开展的在国家和地区计划指导下的合同运输。这种联运最显著的特点是在国家统一计划下的全程性运输协作。随着我国市场经济体制的建立健全，这种联运方式正在逐渐减少。

2. 衔接式多式联运的组织方法

衔接式多式联运的全程运输组织业务是由多式联运经营人完成的，这种联运组织下的货物运输过程如图 8-3 所示。

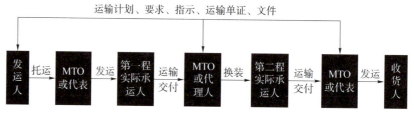

图 8-3　衔接式多式联运过程图

在这种组织体制下，需要使用多式联运形式运输成批或零星货物的发货人首先向多式联运经营人（MTO）提出托运申请，多式联运经营人根据自己的条件考虑是否接受，如接受，双方订立货物全程运输的多式联运合同，并在合同指定的地点办理货物的交接，联运经营人签发多式联运单据。接受托运后，多式联运经营人首先要选择货物的运输路线，划分运输区段，确定中转、换装地点，选择各区段的实际承运人，确定零星货物集运方案，制订货物全程运输计划并把计划转达给各中转衔接地点的分支机构或委托的代理人，然后根据计划与第一程、第二程……第 N 程的实际承运人分别订立各区段的货物合同，通过这些实际承运人来完成货物全程位移。全程各区段之间的衔接，由多式联运经营人（或其代表，或其代理人）采用从前程实际承运人手中接收货物，再向后程承运人发运的方式完成，在最终目的地从最后一程实际承运人手中接收货物后再向收货人交付货物。

在与发货人订立运输合同后，多式联运经营人根据双方协议费率收取全程运费和各类服务费、保险费等费用。多式联运经营人在与各区段实际承运人订立各分运合同时，需向各实际承运人支付运费及其他必要费用；在各衔接地点委托代理人完成衔接服务时，也需向代理人支付委托代理费用。

在这种多式联运组织体制下，承担各区段运输的运输企业的业务与传统分段运输形式完全相同，这与协作式体制下还要承担运输衔接工作有很大区别。这种联运组织体制在有些资料中称为"运输承包发运制"。目前在国际货物多式联运中主要采用这种组织体制，在国内多式联运中采用这种体制的也越来越多。随着我国市场经济体制的日益完善，这种组织体制将成为国内多式联运的主要组织方式。

(二) 多式联运的运输组织业务

多式联运的运输组织业务主要包括：

（1）货源组织。主要包括搜集和掌握货源信息，加强市场调查和预测，建立与货主的联系机制，组织货物按期发运，组织货物均衡发运和组织货物合理运输。

（2）制订运输计划。主要包括选择各票货物的运输路线、运输方式、各区段的实际承运人及代理人，确定运输批量，编制订舱计划、集装箱调运计划，装箱、接货计划及各批货物的运输计划等。

（3）组织各项计划的实施。主要包括与各区段选择的实际承运人签订分运合同，将计划下达给有关人员或机构，监督其按计划工作，及时了解执行情况，并组织有关信息传递工作。

（4）计划执行情况监督及计划的调整。根据计划及执行反馈信息检查督促各区段、各转接点的工作，如出现问题则对计划进行必要调整，并把有关信息及时传达给有关人员与机构，以便执行新的指令。

（5）组织货物交付、事故处理及集装箱回运等工作。

二、"一带一路"国际多式联运

(一) "一带一路"概述

"一带一路"（The Belt and Road，B&R）是丝绸之路经济带和 21 世纪海上丝绸之路的简称，2013 年 9 月和 10 月由中国国家主席习近平分别发出建设新丝绸之路经济带和 21 世纪海上丝绸之路的倡议。

"一带一路"不是一个实体和机制，而是合作发展的理念和倡议，是依靠中国与有关国家既有的双多边机制，借助既有的、行之有效的区域合作平台，旨在借用古代丝绸之路的历史符号，高举和平发展的旗帜，主动地发展与沿线国家的经济合作伙伴关系，共同打造政治互信、经济融合、文化包容的利益共同体、命运共同体和责任共同体。

共建"一带一路"顺应世界多极化、经济全球化、文化多样化、社会信息化的潮流，秉持开放的区域合作精神，致力于维护全球自由贸易体系和开放型世界经济。共建"一带一路"旨在促进经济要素有序自由流动、资源高效配置和市场深度融合，推动沿线各国实现经济政策协调，开展更大范围、更高水平、更深层次的区域合作，共同打造开放、包容、均衡、普惠的区域经济合作架构。共建"一带一路"符合国际社会的根本利益，彰显人类社会共同理想和美好追求，是国际合作以及全球治理新模式的积极探索，将为世界和平发展增添新的正能量。

共建"一带一路"，致力于亚欧非大陆及附近海洋的互联互通，建立和加强沿线各国互联互通伙伴关系，构建全方位、多层次、复合型的互联互通网络，实现沿线各国多元、自主、平衡、可持续的发展。"一带一路"的互联互通项目将推动沿线各国发展战略的对接与耦合，发掘区域内市场的潜力，促进投资和消费，创造需求和就业，增进沿线各国人民的人文交流与文明互鉴，让各国人民相逢相知、互信互敬，共享和谐、安宁、富裕的生活。

1. 北线

第一条：北美洲（美国、加拿大）—北太平洋—日本、韩国—日本海—海参崴（扎鲁比诺港、斯拉夫扬卡等）—珲春—延吉—吉林—长春（即长吉图开发开放先导区）—蒙古国—俄罗斯—欧洲（北欧、中欧、东欧、西欧、南欧）

第二条：北京—俄罗斯—德国—北欧各国

2. 中线

北京—郑州—西安—乌鲁木齐—阿富汗—哈萨克斯坦—匈牙利—巴黎

3. 南线

泉州福州—广州—海口—北海—河内—吉隆坡—雅加达—科伦坡—加尔各答—内罗毕—雅典—威尼斯

4. 中心线

连云港—郑州—西安—兰州—新疆—中亚—欧洲各国

(二)"一带一路"倡议的影响意义

"一带一路"是中国与丝路沿途国家分享优质产能、共商项目投资、共建基础设施、共享合作成果，内容包括道路联通、贸易畅通、货币流通、政策沟通、人心相通"五通"，肩负着三大使命。

1. 探寻经济增长之道

"一带一路"是在后金融危机时代，作为世界经济增长火车头的中国，将自身的产能优势、技术与资金优势、经验与模式优势转化为市场与合作优势，实行全方位开放的一大创新。通过"一带一路"建设共同分享中国改革发展红利、中国发展的经验和教训。中国将着力推动沿线国家间实现合作与对话，建立更加平等均衡的新型全球发展伙伴关系，夯实世界经济长期稳定发展的基础。

"一带一路"倡议既是今后我国对外开放的总纲领，也理应成为全面深化改革的总钥匙。通过融入国际治理和开展国企的跨国产权合作，"一带一路"的实施在有效避免"西方经验"局限、防止治理本身被"短视"市场消解和坚持"四项基本原则"的同时，将为我国经济治理、国家治理、社会治理进一步引入来自治理体系之外的监督主体，创造强有力、更有效的外部监督，从根本上解决治理效率问题。当前，在经济新常态和改革"空转"的情况下，迫切需要加强以"一带一路"为引领构建开放型经济新体制，全面统筹促进国内各领域改革发展特别是供给侧改革。

当前，中国经济和世界经济高度关联。中国将一以贯之地坚持对外开放的基本国策，构建全方位开放新格局，深度融入世界经济体系。推进"一带一路"建设既是中国扩大和深化对外开放的需要，也是加强和亚欧非及世界各国互利合作的需要，中国愿意在力所能及的范围内承担更多责任义务，为人类和平发展做出更大的贡献。

2. 实现全球化再平衡

传统全球化由海而起，由海而生，沿海地区、海洋国家先发展起来，陆上国家、内地则较落后，形成巨大的贫富差距。传统全球化由欧洲开辟，由美国发扬光大，形成国际秩序的西方中心论，导致东方从属于西方、农村从属于城市、陆地从属于海洋等一系列不平衡不合理效应。

如今，"一带一路"正在推动全球再平衡。"一带一路"鼓励向西开放，带动西部开发以及中亚、蒙古等内陆国家和地区的开发，在国际社会推行全球化的包容性发展理念；同时，"一带一路"是中国主动向西推广中国优质产能和比较优势产业，将使沿途、沿岸国家首先获益，也改变了历史上中亚等丝绸之路沿途地带只是作为东西方贸易、文化交流的过道而成为发展洼地的面貌。这就超越了欧洲人所开创的全球化造成的贫富差距、地区发展不平衡，推动建立持久和平、普遍安全、共同繁荣的和谐世界。

3. 开创地区新型合作

中国改革开放是当今世界最大的创新，"一带一路"作为全方位对外开放战略，强调共商、共建、共享原则，超越了马歇尔计划、对外援助以及"走出去"战略，给21世纪的国际合作带来新的理念。比如，经济带概念就是对地区经济合作模式的创新，其中经济走廊——中俄蒙经济走廊、新亚欧大陆桥、中国—中亚经济走廊、孟中印缅经济走廊、中国—中南半岛经济走廊等，以经济增长极辐射周边，超越了传统发展经济学理论。

丝绸之路经济带概念，不同于历史上所出现的各类经济区与经济联盟，同以上两者相比，经济带具有灵活性高、适用性广以及可操作性强的特点，各国都是平等的参与者，本着自愿参与、协同推进的原则，发扬古丝绸之路兼容并包的精神。

(三)"一带一路"倡议的共建原则

"一带一路"建设秉承共商、共享、共建原则，恪守《联合国宪章》的宗旨和原则，遵守和平共处五项原则，即尊重各国主权和领土完整、互不侵犯、互不干涉内政、和平共处、平等互利。

1. 坚持和谐包容

倡导文明宽容，尊重各国发展道路和模式的选择，加强不同文明之间的对话，求同存异、兼容并蓄、和平共处、共生共荣。

2. 坚持互利共赢

兼顾各方利益和关切，寻求利益契合点和合作最大公约数，体现各方智慧和创意，各施所长，各尽所能，把各方优势和潜力充分发挥出来。

3. 坚持开放合作

"一带一路"相关国家基于但不限于古代丝绸之路的范围，各国和国际、地区组织均可参与，让共建成果惠及更广泛的区域。

4. 坚持市场运作

遵循市场规律和国际通行规则，充分发挥市场在资源配置中的决定性作用和各类企业的主体作用，同时发挥好政府的作用。

(四)"一带一路"多式联运

"一带一路"商机无限，利用国家战略帮着中国企业走出去，比如很多产能的优势，可以通过"一带一路"沿线发展需求，以互联互通为抓手，以金融合作为前导，把实业、生产也带出去，激发大市场活力，共享发展新成果。

实践"一带一路"关键在于做好"通"的文章，也就是政策沟通、设施联通、贸易畅通、资金融通。基础设施互联互通是优先领域，修桥建路，串联起欧亚大陆、东南亚各国物流运输枢纽，还有油气管道、输电网、跨境光缆建设等。贸易畅通解决投资贸易便利化问题，消除投资和贸易壁垒。资金融通重点在于亚洲货币金融体系建设与金融监管合作。

在"一带一路"框架下，发展实业为中国筑基。在内需不足、国内产业结构调整的新时期，推动优势产业"走出去"，推动高效产能转出去。中国的企业和外国在中国设立的工厂生产全球大部分消费产品，国内企业商品直接通过"一带一路"发展商贸，充分运用沿线国家的社会资源和地理优势，不断加强中国经济辐射能力。

实业、生产外迁，国际商贸核心，就是依托物流大通道支撑内外开放和产业转移，物流业在这个战略中发挥的是主体和基础的作用，提供的是功能性、基础性、标准性的服务。因此，我们要加快推进综合运输体系建设，以多式联运为战略方向，提高运输效率，减少货损货差，降低物流成本。

发展多式联运需要国家层面明确把多式联运作为国家物流系统建设的基本战略。开展多式联运工程需注重强化多式联运基础设施衔接，探索创新多式联运组织模式，引导各地加快消除市场分割、打破区域壁垒，推动建立国际多式联运运营组织一体化解决方案，支持"一单制"的全程无缝运输服务。同时推广应用快速转运装备技术，充分利用 RFID、物联网等先进信息技术，建立智能转运系统，不断提高多式联运换装转运的自动化作业水平；推进多式联运信息系统建设，促进不同运输方式、不同企业间多式联运信息开放共享和互联互通，推进与国家交通运输物流公共信息平台等信息系统间的有效对接。

由此可见，除关键的政策制定落实外，开展多式联运最重要的是提升各地物流信息化水平，实现跨区域式的物流信息共享，大数据根据信息灵活定制运输方案。

未来物流发展必将是信息化、集约化、专业化，而从确保物流运输效率大幅提高，海陆空联运协同紧密，物流车辆行车路径最短化、最优化定制，提升物流行业服务水平，为服务国家重大战略奠定坚实基础。

任务三　多式联运单证

任务导入

随着一声汽笛长鸣，首列"津石欧"中欧班列近日从天津新港站天津中外运集装箱发展有限公司专用线鸣笛起程，在到达石家庄国际陆港完成拼列作业后，驶往俄罗斯莫斯科。

2022年1月1日至2022年11月24日，石家庄国际陆港累计开行中欧班列439列，发送标箱43 208个，货重42.28万吨，货值92.89亿元，同比分别增长173%、171%、253%、190%，各项指标居京津冀首位。

请同学们思考：

多式联运单证在石家庄国际陆港货物运输中起什么作用？

知识链接

一、多式联运单证

多式联运单据是证明多式联运合同成立及证明多式联运经营人接管货物，并负责按照多式联运合同条款交付货物的单据。货运多式联运单据是在多式联运经营人接管货物后，经托运人要求，由多式联运经营人签发或其授权人签发。当国际多式联运的运输方式之一是海运，尤其是第一程运输是海运时，国际货运多式联运单据通常表现为多式联运提单。

（一）多式联运单据的内容

多式联运单据是多式联运经营人、实际承运人、发货人、收货人等当事人之间进行业务活动的凭证，起到货物的收据和交货凭证的作用，证明货物的外表状况、数量、品质等情况。多式联运单据的内容是否准确、清楚、完整，对保证货物正常交接、安全运输有着重要意义。多式联运单据应记载的主要内容包括以下几项：

（1）货物品类、识别货物所必需的主要标记；

（2）货物的外表状况；

（3）多式联运经营人的名称和主要营业场所；

（4）发货人、收货人名称；

（5）多式联运经营人接管货物的地点和日期；

（6）交付货物的地点、日期或期间；

（7）表示多式联运单据为可转让或不可转让的声明；

（8）多式联运单据的签发地点和日期；

（9）多式联运经营人签字或其授权人的签字；

（10）有关运费支付的说明；

（11）有关运输方式和运输路线的说明；

（12）履行合同的法律依据等。

以上一项或者多项内容的缺乏，不影响单据作为多式联运单据的性质。如果多式联运经营人知道或者有合理的根据怀疑多式联运单据所列的货物品类、标记、包装、数量、重量等没有准确地表明实际接管货物的状况，或者无适当方法进行核对的，多式联运经营人应在多式联运单据上做出保留，注明不符合之处及怀疑根据或无适当核对方法。如果不加批注，则应视为已在多式联运单据上注明货物外表状况的良好。

（二）多式联运单据的分类

多式联运单据可以分为以下两大类。

1. 可转让的多式联运单据

多式联运单据以可转让的方式签发时，应列明按指示或向持票人交付；如列明按指示交付，须经背书后转让；如列明向持票人交付，无须背书即可转让；如签发一套一份以上的正本，应注明正本份数；如签发任何副本，每份副本均应注明"不可转让副本"字样。

只有交出可转让多式联运单据，并在必要时经正式背书，才能向多式联运经营人或其代表提取货物。

如签发一套一份以上的可转让多式联运单据正本，而多式联运经营人或其代表已按照其中的一份正本交货，则该多式联运经营人便已履行其交货责任。

2. 不可转让的多式联运单据

多式联运单据以不可转让的方式签发时，应指明记名的收货人。

多式联运经营人将货物交给此种不可转让的多式联运单据所指明的记名收货人或经收货人以书面形式正式指定的其他人后，该多式联运经营人即已履行其交货责任。

（三）多式联运单据的性质与作用

（1）多式联运单据是多式联运经营人与托运人之间订立的多式联运合同的证明，是双方在运输合同中确定权利和责任的准则。

（2）多式联运单据是多式联运经营人接管货物的依据。多式联运经营人向托运人签发多式联运单据，表明已承担运送货物的责任并接管了货物。

（3）多式联运单据是收货人提货和多式联运经营人交货的凭证。收货人或其代理人在目的地提取货物时，必须凭多式联运单据换取提货单（收货记录）才能提货。

（4）多式联运单据是货物所有权的证明。多式联运单据持有人可以押汇、流通转让，因为多式联运单据是货物所有权的证明，可以产生货物所有权转移的法律效力。

二、国际多式联运单证

《联合国国际多式联运公约》对多式联运单证所下的定义是："国际多式联运单证（Multimodal Transport Document，MTD），是指证明多式联运合同以及证明多式联运经营人接管货物并负责按照合同条款交付货物的单证。"该单证包括双方确认的取代纸张单证的电子数据交换信息。

国际多式联运单证不是多式联运合同，只是多式联运合同的证明，同时是多式联运经营人收到货物的收据和凭其交货的凭证。在实践中一般称为国际多式联运提单。

（一）可转让的多式联运单证

可转让的多式联运单证类似提单，即可转让的多式联运单证具有三种功能：多式联运合同的证明、货物收据与物权凭证功能。

（二）不可转让的多式联运单证

不可转让的多式联运单证类似于运单（如海运单，空运单），即不可转让的多式联运单证具有两种功能：多式联运合同的证明和货物收据。但它不具有物权凭证功能，如果多式联运单证以不可转让方式签发，多式联运经营人交付货物时，应凭单证上记名的收货人的身份证明向其交付货物。

（三）集装箱提单与多式联运提单

1. 集装箱提单

集装箱提单是指为集装箱运输所签发的提单。它既可能是港到港的直达提单，也可能是海船转海船的转船提单或联运提单，还可能是海上运输与其他运输方式接续完成全程运输的多式联运提单。虽然习惯上常将这三种提单统称为集装箱提单，甚至认为集装箱提单就是多式联运提单，然而，应该明确的是，由于集装箱运输并不一定都是多式联运，因而为集装箱运输所签发的提单也不一定都是多式联运提单。不过，在实务中，集装箱提单大都以"港到港或多式联运"为提单的"标题"，以表明本集装箱提单兼具直达提单和多式联运提单性质，而且都在提单中设置专门条款按"港到港"运输和多式联运分别为承运人规定了不同的责任。

2. 多式联运提单

关于多式联运单证的表现形式，目前并没有统一的格式。实践中，多式联运单证可以有各种不同的格式、名称出现，其记载的内容和特点可能也有差别。常见的有联运提单和波罗的海航运公会多式联运提单。

项目小结

本项目主要介绍了多式联运的概念、特点、优越性和主要业务程序，多式联运的运输组织、"一带一路"国际多式联运，多式联运单证、国际多式联运单证，学生通过学习能够了解多式联运的概念和特点，掌握多式联运组织与运作，熟悉多式联运单证，掌握多式联运责任划分。

"一带一路"唤起民族文化骄傲与认同

自2013年国家主席习近平提出共建"丝绸之路经济带"和"21世纪海上丝绸之路"（简称"一带一路"）的倡议以来，"一带一路"已经成为当今国际社会热议的话题。这一重大的决策与思路可谓大手笔、大境界。它不仅仅是当年举世闻名的"丝绸之路"的继承与再现，也开拓了中国与各国之间经济合作的新机遇，同时更是展示与输出国家软实力的大好途径。这一倡议将会像一条纽带一样，将沿线国家璀璨的文明与历史串联起来，不仅能增进中国与世界的友谊，还能积极地改变很多国家的政治与经济利益，甚至重新规划世界格局，奠定中国再度成为文明大国的基础。

汉武帝建元元年（公元前140年），张骞出使西域，开辟了中国通往西方的通道，开启了中国文化走向世界的先河，成了汉夷之间的第一次文化交融。汉朝不仅为西域带去了茶叶、丝绸、瓷器等技艺，还带去了中国先进的造铁术和凿井技术，这些技术的输出，不仅促进了中国与西域之间正常商品的流通与交易，更促进了沿线各民族之间的文化交流、思想交流，同时配合了汉朝当时的战略国策，加强了中国对外开拓的精神，同时获得了西域诸国的信任与仰慕，使中国的政治地位得以巩固与提高，对促进人类文明的发展贡献非常大。

　　同样，张骞也带回了西方的很多植物、食品与技术。西域的核桃、葡萄、石榴、蚕豆苜蓿等十几种植物，逐渐在中原得以栽培。汉军在鄯善、车师等地屯田时使用地下相通的穿井术，习称"坎儿井"，在当地逐渐推广。被誉为"天马"，以"使者相望于道以求之"而形容的大宛的汗血马也传入中国。彼时，大宛以西到安息国都不产丝，也不懂得铸铁器，后来汉朝的使臣和散兵把这些技术传了过去。龟兹的乐曲和胡琴等乐器，也进入了汉朝的生活当中。

　　在丝绸之路上扮演了重要角色的华美的丝绸与精致的瓷器，令许多西方国家对中国产生了向往与憧憬。由于传至君士坦丁堡的丝绸和瓷器的价格很高，人们由此而认定中国是一个物产丰富、技术发达的文明大国，各国的王公贵族曾一度以穿中国丝绸服装、使用中国瓷器为富有与高贵的象征。由此可见，手工艺技术是一种最直接的交流与展示的手段。而这些手工艺技术又是文化与文明最具体的体现与载体。

　　汉朝丝绸之路的交流手段看上去并不复杂，仿佛平常人们走亲戚一般，带着礼物、情谊，以及和平友好的姿态，所到之处，以理服人，以物赠人，以德待人，相互学习与借鉴，最后既收获了西方的新知识、新技术，也收获了友谊和邻国对中国的尊重，一路向西不慌不忙、不卑不亢、不急不躁，慢慢地征服了世界。这种交流的形式本身就彰显了中国人的哲学思想和为人之道：润物细无声，滴水穿石，大道无形。

　　毫无疑问，中国自古以来就是一个崇尚和平与友好的国家，始终本着宽厚待人的态度与世界相望，但是这种内敛与隐忍在近代的战争中演变成了怯懦和谦卑，转而成为崇洋与恐洋，渐渐地对自己原本拥有的大国自信发生了动摇，从世界的中心游离出来。加上无数灾难与战火的侵犯，各类运动的洗劫，尤其是近代西方列强的强势侵犯，中国人对自身文明与文化的认知也发生了转变。一方面盲目地迷信与崇拜西方的文明，一方面痛彻地批判自己的历史与根脉，失去了对原本应该引以为荣的传统文化的尊重与认同。近百年来，中国人对物质与精神层面追求的标准无不以西方标准为准绳，以西方之发展为目标，失去了对自我的判断与信心。即便是近30年来，中国经济的迅速崛起与腾飞，也无法彻底改变多数人的心态，归根结底，还在于失去了文化的根基与精神的寄托。因此，恢复中国民众对自身民族文化的认同与自信，恢复中华民族敢于担当的决心，重新建立文明大国的信心，是十分必要的。与此同时，在21世纪全球经济一体化、文化多元化、世界格局重新调整的当下，唤起民众对本民族的骄傲与认同是当务之急。也因此，"一带一路"的提出与开启，不仅可以重现丝绸之路的信心与姿态，还可以唤起民族的自信心、自尊心和民族自豪感。

　　"一带一路"也将文化软实力的输出作为主要的途径与手段，符合中国在和平中恢复并崛起的心愿。而民众只有在了解本民族的文化内涵，继承传统优秀的文化，认同本民族的文化根脉的前提下，整体素质才能提高、民心才能凝聚，进而使不同国家、民族增强对我们的了解和认同，赢得国际社会的尊重。

　　开启新的丝绸之路的同时，中国的民众也要学会以平和宽厚的心态去对待其他国家不同的文明，平等对待不同民族的文化与价值观，包容不同民族的差异，建立大国的宽容心态，建立平等的对话机制，树立自我尊重的信念，敢于承担，勇于表述自己的态度与立场，才能真正融合到世界的新格局中，承担起文化大国的责任与角色。而民众的整体素质与思想境界乃至精神风貌也需要提升与改观。所以，在"一带一路"上，我们应该看到更多的中国文化走出去的现象，并且在世界的舞台上成为重要的角色。走出去的内容可以丰富多彩，就像当年的张骞带着中国人的智慧与思想，带着各种精美的手工艺品，带着中国多民族的元素与文化遗产，去交朋友，去理解世界、关心世界，而且加入不同的对话行列，通过多渠道的沟通构建国与国之间、民众与民众之间和平互惠的持久联系。

　　走出去不仅仅是寻求经济与贸易的合作，更多的是建立情感与文化的沟通与交流，需要突破区域地理的限制，用文化连接中国与世界。因为当年的丝绸之路串起来的不仅仅是国家与国家之间的往来与邦交，更重要的是它连接起了各国民众的情感与友谊，在文化的桥梁之下，也建立了经济的合作与互惠。

　　2014年，中国、哈萨克斯坦、吉尔吉斯斯坦三国将"丝绸之路：长安—天山廊道的路网"成功申报为世界遗产，这就是一个软实力构建的成功范例。按国际古迹遗址理事会前副主席郭旃的评价，三国联合申遗的成功，为中国"一带一路"倡议的国际框架和历史渊源，做出了有力的铺垫和证明，也证明了一点：国土有界，文化无疆。

　　【思政点评】人类对美好事物的追求是共通的，对于和平的向往也是共通的，无论生活在哪一块土地上的人们，都希望世界和平、生活富足，而这种理想只有在相互包容、相互理解、相互尊重的前提下才能实现。在这个世界大家庭中，中国应该主动融入世界，把中华民族的精神之美、思想之美、物质之美、文化之美分享给世界，展现给世界，美美与共，天下大同。

资料来源：光明网

项目八　检测单

自我检测

检测题目：课后的同步测试题。

小组检测

检测题目：多式联运运输组织过程中需要注意哪些事项？

检测要求：以小组为单位，形成PPT，课堂进行汇报。

检测标准：1. 团队合作（10分）；2. 扣题情况（5分）；3. 内容完整性（15分）。

小组互评：_____

_____

_____

教师检测

检测标准：1. 团队合作（10分）；2. 汇报有理有据（10分）；3. 讲解清楚（10分）。

教师点评：_____

_____

_____

检测评分

自我检测（40分）	同步检测（40分）		
小组检测（30分）	团队合作（10分）	紧扣题目（5分）	内容完整（15分）
教师检测（30分）	标准1：团队合作（10分）		
	标准2：解释有理有据（10分）		
	标准3：汇报思路清晰（10分）		
满分（100分）			

个人反思

同步测试

一、单项选择题

1. 多式联运中使用的集装箱一般应由（　　）提供。

A. 发货人   B. 收货人

C. 多式联运经营人   D. 实际承运人

2. 对于由货主自装箱的整箱货物，（　　）应负责将货物运至双方协议规定的地点。

A. 发货人   B. 收货人

C. 多式联运经营人   D. 实际承运人

3. 1980 年公约采用的多式联运责任形式为（　　）。

A. 责任分担制   B. 网状责任制

C. 统一责任制   D. 经修正的统一责任制

4. 多式联运经营人对货物承担的责任期限是（　　）。

A. 自己运输区段   B. 全程运输

C. 实际承运人运输区段   D. 第三方运输区段

二、简答题

1. 简述多式联运的特点及优越性。

2. 简述多式联运经营人的法律特点。

3. 简述多式联运的业务程序。

4. 简述多式联运的责任形式。

三、案例分析

山东某多式联运经营人从新加坡通过大陆桥运输进口家具，家具装载于 8 个 20 英尺的集装箱内。第一批货为 4 个集装箱，于 2 月 21 日抵达集装箱站，而另外 4 个集装箱却迟迟未见。后经过多方查找得知，由于国外代理制单填错到站名，将货错发至福州。当时福州正遭遇洪水灾害，7 月 25 日该多式联运经营人收到货后，打开集装箱，发现大部分家具被水浸泡、破损，已不能使用。

思考：

1. 简述多式联运责任形式主要有哪几种。

2. 此案中谁应对货损负责，并阐述原因。

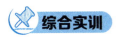 **综合实训**

一、实训名称

多式联运经营人货物配舱。

二、实训目标

1. 通过海洋运输相关知识，能够承接各类货物的海洋运输。

2. 掌握各类货物运输时如何配舱，提升业务人员的配舱能力。

三、实训内容

1. 认识各类货物的配舱要求。

2. 多式联运经营人的职责。

四、实训任务

根据所提供的货物资料，试对其进行配舱安排，本次船运输的货物种类如下：大米、荞麦、大豆、花生果、搪瓷、罐头、茶叶、新闻纸、棉布、纺织品、玩具、文具、滑石粉、铁丝网、草席、花生油、桐油、蜂蜜、白油、兔毛。

五、评价标准

1. 学生能够熟悉各类货物的配舱。

2. 能够按类别进行配舱。

六、成果形式

1. 将不同货物进行配舱。

2. 组织各组进行交流讨论。

3. 各组相互评议、打分，以小组为单位进行成绩评估。

项目九

货物运输商务业务

 学习目标

知识目标
1. 了解各种货物运输保险的种类、特点
2. 掌握各种货物运输保险人与被保险人的权利与义务
3. 掌握货物运输保险、运输合同的基本概念
4. 掌握运输纠纷及解决方法

能力目标
1. 具备处理货物运输保险基本业务的能力
2. 具备处理货物运输合同基本业务的能力
3. 能处理简单的货物运输纠纷

素养目标
1. 培养学生自觉践行习近平新时代中国特色社会主义思想价值观
2. 培养学生良好的社会公德、职业道德、家庭美德和个人品德
3. 培养学生的法律意识，有法必依

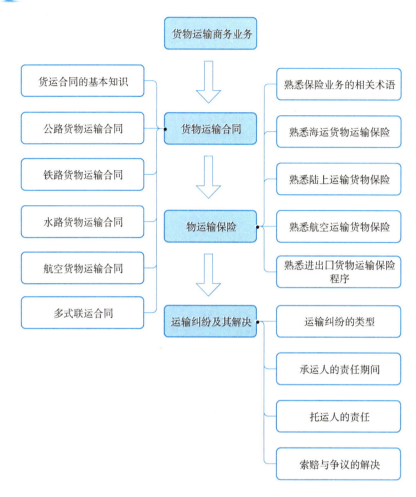

知识逻辑图

引　例

顺丰因运输合同纠纷起诉 ofo，要求其赔偿 1 300 万元

2018 年 10 月，因运输合同纠纷，顺丰向广东省深圳市宝安区人民法院提出财产保全申请，请求冻结东峡大通（北京）管理咨询有限公司（ofo 运营主体）在招商银行天津分行鞍山西道支行所设账户存款 1 300 万元人民币。

2019 年 1 月，法院判决如下：被告东峡大通（北京）管理咨询有限公司应于判决生效之日起十日内向原告深圳市顺丰综合物流服务有限公司支付运输费人民币13 689 037.30 元及逾期付款违约金（以人民币 13 689 037.30 元为计算基数，按日万分之三的标准从 2018 年 9 月 1 日起计至款项付清之日止）。如未按本判决指定的期间给付，应当按照法律规定，加倍支付迟延履行期间的债务利息。

思考：你对运输合同的认识是什么？

运输纠纷的解决方式有哪些？

任务一　货物运输合同

任务导入

我国某进出口公司甲与德国某客商乙签订合同出口大豆一批。货物在中国某保险公司投保并由中国商检局出具品质、质量检验证书。货物运抵目的地时，客商来电称货物品质不符合合同规定，货物已变质。我方经调查推定货物变质可能是在运输途中发生的，并催其向承运人或保险公司提出交涉。德国保险查勘代理公司称检验机构出具的检验报告直寄保险公司，要求迅速给出处理意见。10个月后，客商由于保险公司迟迟不肯做出决定，改变主意把责任推向我方出口公司，称大豆在装运前是有缺陷的。

根据以上材料请同学们思考：

(1) 我方出口公司是否应该承担责任？

(2) 最终该案的解决方法是什么？

知识链接

货物运输的目的是在考虑成本因素的前提下，按时把货物安全地送达目的地。而在货物运输的过程中，必然会涉及许多不同的当事人，以及交货时间、地点，货物的交付与检验，运输费用的结算，货物运输的保险，争议或纠纷的解决途径，货物损失的索赔等一系列问题。为了保证运输过程的顺畅，预先划分各当事人的责任范围，将上述问题的协商结果形成一个书面的文件，并经过当事人签字确认，最终成为有法律效力的文书——货物运输合同。因此，掌握货物运输保险及货物运输合同的基础知识，能够处理货物运输过程中所涉及的基本业务和常见问题，已成为现代物流从业人员应具备的基本职业能力。

想一想

物流运输合同与一般合同的区别是什么？

一、货运合同的基本知识

(一) 货运合同

货运合同即货物运输合同，是指当事人为完成一定数量的货运任务，约定承运人使用约定的运输工具，在约定的时间内，将托运人的货物运送到约定地点交由收货人收货并收取一定运费而明确相互权利义务的协议。

运输合同是现代市场经济社会中最常见、最重要的一种合同形式。在社会主义市场经济条件下，社会的生产、分配和消费无一不与运输合同发生联系，运输合同成为市场经济中的联结点，日益发挥着其突出的作用。

(二) 货运合同的特征

货运合同为运输合同的一种，除具有运输合同的一般特征外，还具有如下重要特征：

1. 货运合同往往涉及第三人

货运合同由托运人与承运人双方订立，托运人与承运人为合同的当事人，但托运人既可以为自己的利益托运货物，也可以为第三人的利益托运货物。托运人既可自己为收货人，也可以是第三人为收货人。在第三人为收货人的情况下，收货人虽不是订立合同的当事人，却是合同的利害关系人。在此情况下的货运合同即属于为第三人利益订立的合同。

2. 货运合同以将货物交付给收货人为履行完毕

货运合同与客运合同一样，均是以承运人的运输行为为标的。但是，客运合同中承运人将旅客运输到目的地义务即履行完毕；而货运合同中，承运人将货物运输到目的地，其义务并不能完结，只有将货物交付给收货人后，其义务才告履行完毕。

3. 货运合同为诺成性合同

货运合同一般以托运人提出运输货物的请求为要约，承运人同意运输为承诺，合同即告成立。因此，货运合同为诺成性合同。

（三）货运合同的效力

货运合同的效力主要体现为：

1. 托运人的义务

（1）如实申报的义务。托运人在将货物交付运输时，有对法律规定或当事人约定的事项进行如实申报的义务。因托运人申报不实或者遗漏重要情况，造成承运人损失的，托运人应当承担损害赔偿责任。

（2）托运人有按规定向承运人提交审批、检验等文件的义务。在货物运输中，根据运输货物的种类、性质及国家的计划安排等，有的货物的运输需要得到有关部门的批准，有的货物的运输需要先经过有关机关的检验方可进行运输。托运人对需要办理审批、检验手续的货物运输，应将办完有关手续的文件提交承运人。

（3）托运人的包装义务。合同中对包装方式有约定的，托运人有按照约定方式包装货物的义务。合同中对包装方式没有约定或者约定不明确时，可以协议补充，不能达成补充协议的，按照合同有关条款或者交易习惯确定。仍不能确定的，应当按照通用的方式包装，没有通用方式的，应当采取足以保护标的物的包装方式。所谓按照通用的方式包装，主要是指按照某种运输工具运输某种货物的惯常方式包装。所谓足以保护货物的包装方式，主要是指足以保证货物在运输过程中不致发生损坏、散失、渗漏等情形的包装方式。托运人违反约定的包装方式的，或者不按通用的包装方式或足以保护运输货物的包装方式而交付运输的，承运人有权拒绝运输。

（4）托运人托运危险物品时的义务。托运人托运易燃、易爆、有毒、有腐蚀性、有放射性等危险物品的，应当按照国家有关危险物品运输的规定对危险物品妥善包装，做出危险物标识和标签，并将有关危险物品的名称、性质和防范措施的书面材料提交承运人。托运人违反规定的，承运人可以拒绝运输，也可以采取相应措施以避免损失的发生，因此产生的费用由托运人承担。

（5）支付运费、保管费以及其他运输费用的义务。在承运人全部、正确履行运输义务的情况下，托运人或者收货人有按照规定支付运费、保管费以及其他运输费用的义务。这是托运人应负担的主合同义务。托运人或者收货人不支付运费、保管费以及其他运输费用的，承运人对相应的运输货物享有留置权，但当事人另有约定的除外。货物在运输过程中因不可抗力灭失，未收取运费的，承运人不得要求支付运费；已收取运费的，托运人可以要求返还。

2. 承运人的义务

（1）安全运输义务。承运人应依照合同约定，将托运人交付的货物安全运输至约定地点。运输过程中，货物毁损、灭失的，承运人应承担损害赔偿责任。货物的毁损、灭失的赔偿额，当事人有约定的，按照其约定；没有约定或者约定不明确，当事人可以协议补充，不能达成补充协议的，按照合同有关条款或者交易习惯确定。仍不能确定的，按照交付或者应当交付时货物到达地的市场价格计算。法律、行政法规对赔偿额的计算方法和赔偿限额另有规定的，依照其规定。如果承运人证明货物的毁损、灭失是因不可抗力、货物本身的自然性质或者合理损耗以及托运人、收货人的过错造成的，不承担损害赔偿责任。

（2）承运人的通知义务。货物运输到达后，承运人负有及时通知收货人的义务。当然，承运人只有在知道或应当知道收货人的通信地址或联系方法的情况下，方负有上述通知义务，如果因为托运人或收货人的原因，如托运人在运单上填写的收货人名称、地址不准确，或者收货人更换了填写地址或联系方式而未告知承运人的，承运人免除上述通知义务。

3. 收货人的义务

（1）及时提货的义务。收货人虽然没有直接参与货物运输合同的签订，但受承运人、托运方双方签订的货物运输合同约束，收货人应当及时提货，收货人逾期提货的，应当向承运人支付保管费等费用。收货人不及时提货的，承运人有提存货物的权利。

（2）支付托运人未付或者少付的运费以及其他费用。一般情况下，运费由托运人在发站向承运人支付，但如果合同约定由收货人在到站支付或者托运人未支付的，收货人应支付。在运输中发生的其他费用，应由收货人支付的，收货人也必须支付。

（3）收货人有在一定期限内检验货物的义务。货物运交收货人后，收货人负有对货物及时进行验收的义务。收货人应当按照约定的期限检验货物。对检验货物的期限没有约定或者约定不明确，当事人可以协议补充，不能达成补充协议的，按照合同有关条款或者交易习惯确定。仍不能确定的，应当在合理期限内检验货物。收货人在约定的期限或者合理期限内对货物的数量、毁损等未提出异议的，视为承运人已经按照运输单证的记载交付货物。

二、公路货物运输合同

公路货物运输是汽车承运人与托运人之间签订的明确相互权利义务关系的协议，公路货物运输合同除具有一般货运合同的特点外，还有下列几个特点：

一是承运人必须是经过国务院交通行政主管部门批准并持有运输经营许可证的单位和个人，国家交通行政主管部门必须对运输工具、司机进行管理，明确职责，以确保货物运输的安全。

二是具有门到门的优势和特点。公路汽车货物运输合同可以是全程运输合同，即交由公路承运人通过不同的运输工具一次完成运输的全过程。

三是承运人的许多义务是强制性的，如定期检修车辆，确保车辆处于适运状态；运费的计算和收取必须按照有关部门的规定进行，不得乱收费等。

（一）承运方的违约主要责任

（1）承运方过错造成货物逾期到达应按合同规定支付违约金。

（2）从货物装运时起，至货物运抵到达地点交付完毕时止，承运方应对货物的灭失、短少、变质、污染、损坏负责，并按货物实际损失赔偿。

（3）货物错运到达地点或收货人，由承运方无偿运到规定地点，交给指定的收货人，由此造成的货物逾期到达，按规定处理。

（4）货物赔偿价格，按实际损失价格赔偿。如货物部分损失，应按损坏货物所减少的金额或按修理费用赔偿。赔偿费用应专账支付，不得在运费内扣抵。

（二）托运人的违约主要责任

（1）未按合同规定的时间和要求提供货物，应按合同规定支付给对方违约金。

（2）由于托运人发生下列过错造成事故，致使车辆、机具、设备损坏、腐蚀或人身伤亡以及涉及第三者物质的损失，应由托运人负赔偿责任：在普通货物中夹带、匿报危险品或其他违反危险品运输规定的行为；错报笨重货物重量；货物包装不良或未按规定制作标识。

（3）货物包装完整无损而货物短损、变质，收货人拒收，或货物运抵到达地找不到收货人，以及由托运方负责装卸的货物，超过合同规定装卸时间所造成的损失，均应由托运方负责赔偿。

（4）由于托运方责任给承运部门造成损失，或因捏报而造成他人生命财产损失时，除由托运方负责赔偿外，必要时应交有关部门处理。

（5）托运方对承运方的赔偿要求，凡起运前发现而要求赔偿的，由起运车站负责处理，其他由到达站负责处理。但行车肇事所引起的货运事故，应由事故发生地的就近车站，会同当地监理部门和有关单位做出现场记录，由责任人承担赔偿责任。

（6）要求赔偿有效期限，从货物开票之日起，不得超过6个月。从提出赔偿要求之日起，责任人应在2个月内做出处理。

（三）收货人的违约主要责任

（1）收货人逾期领取货物要承担货物的仓储保管费。

（2）收货人应当补交托运人未交或者少交的运费，迟交的要承担滞纳金。

（3）因收货人的取货行为而造成公路承运人其他财产损失的，应承担赔偿责任。

三、铁路货物运输合同

铁路货物运输合同是指铁路运输企业与托运人之间达成的旨在明确双方的权利义务关系的协议。根据这个协议，铁路运输企业利用自己的运载工具，按照托运人的要求将货物从一地运至另一地，并交付给托运人指定的收货人。托运人则按照规定支付运输费用。

（一）铁路货物运输合同的类型

铁路货物运输合同根据其运输方式的不同，可以分为整车货物运输合同、零担货物运输合同和集装箱运输合同三种。整车货物运输合同是指一批货物的重量、体积或者形状需要一辆以上货车运输条件的，则应按照整车运输方式运输；如果不够一辆整车运输条件的，则按照零担货物运输的方式运输。集装箱运输是指利用特殊的装载工具进行运输。对于易碎、易损或者贵重物品应当用集装箱进行运输，以保证铁路运输货物的安全。

铁路货物运输合同根据运送货物的性质也可以分为三种，即普通货物运输合同、特殊货物运输合同和危险货物运输合同。危险货物是指容易引起爆炸、燃烧、腐蚀、毒害和放射性等危害后果的货物。运输这类货物，需要采取特殊的包装、特殊的防护措施和特殊的运输条件。运输危险货物应当按照《铁路危险货物运输规则》的规定办理。特种货物运输主要是指鲜活货物运输、超限货物运输等。由于这类货物性质的特殊性，订立这类运输合同要按照铁路的规定，采取特定的包装、特定的运输方式，以确保铁路运输的安全。运输其他货物则按照一般货物运输的条件与铁路运输企业签订货物运输合同，这类合同就是普通货物运输合同。

（二）铁路货运合同的履行

合同的履行，是指双方当事人按照合同的约定履行义务的过程。因此，论及合同的履行，首先要弄清合同当事人双方的基本权利和义务。铁路货运合同的当事人的权利义务，一方面由法律法规直接规定，也就是通常所说的法定的权利义务。根据法律规范的规定，有的义务是强制性的，有的是选择性的。强制性的义务必须执行，选择性的义务可以由当事人约定或者选择适用。区分这两类规范，对正确履行铁路货运合同具有重要的意义。

由于铁路货运合同自身存在的特点，当事人对合同每一个细节进行协商是很难的，而且也是不经济的，从便利当事人、节约谈判成本、提高合同效率的角度出发，各国一般采取两种办法解决大量的合同谈判基础问题。第一，是由服务提供方制定标准合同文本，通过格式合同的形式减少协商的过程，提高签订合同的效率；第二，通过国家立法的形式，直接规定当事人的权利和义务。这两种方式，第一种是市场的成分多一些，第二种是行政的成分多一些。也有采取的是两种方式的兼容，即既有法律的规定，也有合同文本的规定。我国运输合同立法，按不同的运输方式，采取不同的形式。在民航、铁路和海上方面，国家立法占主导；而在公路、水路运输方面，又是市场化的成分多些，当事人可以自由地协商签订公路和水路运输合同。

在铁路货运合同履行中，有一些涉及承运人的行为性质在实践中有争议。比如，货物检查是承运人的权利还是义务？承运人是否有义务核实托运人的货物包装？承运人对托运自装货物的装载加固是否承担违约责任？在实践中有的认为是权利，有的认为是义务。在法律上，没有明确的规定。

对于这类问题，需要区分的是，法律规定的是合同权利义务还是行政法上的权利义务。在合同法上，并不是所有的权利义务都是合同性质的，有相当一部分属于行政法范畴的权利义务。比如，危险品运输，托运人如不履行如实申报的义务，行政部门可以给予行政处罚，造成承运人损失的，构成民事赔偿责任。对货物的检查、装卸安全检查、包装检查等涉及货物运输安全的检查行为，就不能仅仅理解为是承运人的权利或者义务。我们认为，对涉及公共运输安全的检查行为或者义务，应当理解为是承运人的一种职权，这种职权不能放弃，但不履行职权，不构成托运人向承运人主张违约责任的基础，其不履行的法律后果是行政责任而不应是民事责任。

（三）铁路货运合同的变更或解除

1. 铁路货运合同的变更

铁路货运合同的变更，是指经合同双方同意，对运输的货物、运期、到站及收货人等，在法律允许的范围内进行更改的法律行为。

2. 铁路货运合同的解除

铁路货运合同的解除，是指合同有效成立后，基本当事人双方的意思表示，使特定的铁路货运合同托运人与承运人之间的权利义务关系归于消灭的法律行为。

练一练

拟定物流
运输合同

四、水路货物运输合同

国际海上货运合同是指船主与货主之间签订的，由承运人或船舶出租人负责将货物由一港经海路运至另一港，交由收货人，由托运方（收货人）支付运费的协议。

国际海上货运合同可分为两类：一种是班轮运输合同；另一种是租船运输合同。

（一）班轮运输合同

班轮运输合同是指托运人将一定数量的货物交由轮船公司（承运人），由承运人按固定的航线、沿线停靠固定的港口，按固定船期，将货物送达目的港，由托运人支付固定运费的协议。

班轮运输合同中的托运人一般是指国际货物买卖合同中的买方或卖方。承运人一般是船舶的所有人或经营人。除托运人和承运人外，班轮运输合同中还常常出现合同第三人，即运输合同的收货人，他对运输合同的履行不负任何责任，一般而言，收货人在收货时发现货损货差或灭失时不能直接以自己的名义向承运人索赔，而只能请求发货人或以发货人的名义向承运人索赔或向法院起诉。但如果收货人本身即为托运人，收货人自然可以直接向承运人索赔。

（二）提单

班轮运输合同的表现形式是海运提单，因而班轮运输又称提单运输。提单，是承运人在接受托运人交付的货物后，由承运人或其代理人或承运货物的船长签发给托运人的书面凭证。提单的职能：提单是货物所有权的凭证。拥有提单则表明享有提单所载货物的所有权；提单是班轮运输合同的凭证。提单规定了托运人与承运人之间的权利义务，对双方都有约束力，具有合同效力；提单是承运人签发给托运人的货物收据，提单是在承运人收到托运人的货物后才签发的，所以提单起着货物收据及交货凭证作用。

五、航空货物运输合同

（一）运输合同

航空货物运输合同是航空承运人与货物托运人之间，依法就提供并完成以民用航空器运送货物达成的协议。

航空承运人是利用民用航空器实施货物运输的公共航空运输企业。《中华人民共和国民航法》第九十二条规定，公共航空运输企业是指以营利为目的，使用民用航空器运送旅客、行李、邮件或者货物的企业法人。设立公共航空运输企业，应当向国务院民用航空主管部门申请领取经营许可证，并依法办理工商登记；未取得经营许可证的，工商行政管理部门不得办理工商登记。因此，航空承运人只能是取得航空运输许可证并依法办理工商登记的企业法人。航空货物运输合同的承运人包括缔约承运人和实际承运人，所谓缔约承运人是指以本人名义与旅客或者托运人，或者与旅客或托运人的代理人，订立航空运输合同的人。所谓实际承运人是指根据缔约承运人的授权，履行全部或者部分运输的人。缔约承运人对合同约定的全部运输负责，实际承运人对其履行的运输负责。

货物托运人是指与航空承运人订立合同，要求使用航空器运输特定货物的当事人，它可以是法人，其他经济组织、个体工商户、农村承包经营户和公民个人等。

收货人是航空运输合同指定的货物被运送至约定地点后提取货物的当事人，收货人可以是托运人，也可以是托运人之外的第三人。

（二）航空货物运输合同的特点

1. 航空货物运输合同是标准合同

航空货物运输合同中包含大量格式条款，合同的形式和条款基本上都是由承运人依法律、行业惯例、经营需要单方预先制定的，国家对这些条款要加以审核，既要保护航空运输企业的利益，又要保护托运人的利益，这体现了国家对航空货物运输合同的监管和控制。因此说航空货物运输合同具有标准合同的性质。

2. 航空货物运输合同是双务、有偿合同

航空货物运输合同双方互负义务，并且其义务具有对应性，这体现了它的双务性，托运人需为其得到的运输服务支付报酬，这体现了它的有偿性。

（三）航空货物运输合同的变更和解除

货物承运后，托运人可以按照有关规定要求变更到站、变更收货人或运回原发站。托运人对已承运的货物要求变更时，应当提供原托运人出具的书面要求、个人有效证件和货运单托运人联。要求变更运输的货物，应是一张货运单填写的全部货物。

对托运人的变更要求，只要符合条件的，航空承运人都应及时处理；但如托运人的变更要求违反国家法律、法规和运输规定，承运人应予以拒绝。

由于承运人执行国家交给的特殊任务或气象等原因，需要变更运输时，承运人应及时

案例讨论

与托运人或收货人商定处理办法。对于托运人的指示不能执行的，承运人应当立即通知托运人，并说明不能执行的理由。承运人按照托运人的指示处理货物，没有要求托运人出示其所收执的航空货运单，给该航空货运单的合法持有人造成损失的，承运人应当承担责任，但不妨碍承运人向托运人追偿。

货物发运前，经合同当事人双方协商同意，或任何一方因不可抗力不能履行合同时，可以解除航空运输合同，但应及时通知对方。承运人提出解除合同的，应退还已收的运输费用；托运人提出解除合同的，应付给承运人已发生的费用。

六、多式联运合同

读一读

航空运输
合同样本

国际多式联运是指按照多式联运合同，以至少两种不同的运输方式，由多式联运经营人将货物从一国境内接管货物的地点运至另一境内指定交付货物的地点的一种运输方式。

多式联运经营人可以与参加多式联运的各区段承运人就多式联运合同的各区段运输约定相互之间的责任；但是，该约定不影响多式联营人对全程运输承担义务，否则，不构成多式联运。

多式联运人收到托运人交的货物，应当签发多式联运单据，该单据按照托运人的要求，可以转让，也可以不转让。多式联运单据经托运人同意转让后，货物的损失是由托运人的过错造成的，尽管多式联运单据已转让，仍应承担赔偿责任。多式联运货物由第一承运人转交第二承运人时，不需要另行办理托运手续，可以减少中间环节，有利于货物的快速运输，提高运输效率。

（一）多式联运特征

1. 使用至少两种运输方式进行运输

使用两种或两种以上运输方式进行运输，是多式联运与单式运输方式的主要区别，因此，某一运输是否构成联运，主要取决于其是否使用了两种以上运输方式。

2. 多式联运是两种以上不同运输方式的有机组合，是一种独立的运输形态

尽管多式联运利用至少两种运输方式，但利用两种及以上运输方式所进行的运输并不都是多式联运。

3. 多式联运必须以多式联运合同为根据

多式联运必须以多式联运合同为根据，缺乏多式联运合同，就不存在多式联运。多式联运的这一特点，使得多式联运区别于通过两种不同运输方式进行的非多式联运。

（二）多式联运合同的订立

所谓多式联运承运人，又称多式联运经营人，是指与旅客或者托运人订立多式联运合同，并负责履行或者组织履行合同，对全程运输负责，享有承运人权利、承担承运人义务的人。

多式联运承运人不仅是订立多式联运合同的承运人，也是对全程运输负责的承运人。他既不是旅客或者托运人的代理人或代表，也不是参加多式联运的承运人的代理人或代表，或者不是参加联运各区段的具体承运人。多式联运承运人负有履行合同的全部责任，这是他与各区段具体承运人的主要区别所在。

（三）多式联运承运人的责任

1. 多式联运经营人的责任范围

多式联运经营人负责履行或者组织履行多式联运合同。在多式联运经营人负责履行的情况下，多式联运经营人直接从事运输活动，既是缔约承运人又是实际承运人；在多式联运经营人组织履行的情况下，多式联运经营人并不参加运输活动，而只是缔约承运人。无论多式联运经营人是负责履行或者组织履行多式联运合同，都对全程运输享有承运人的权

利，承担承运人的义务。

2. 多式联运合同责任制度

多式联运至少有两种责任制度，即分散责任制度和统一责任制度。分散责任制度，是指多式联运经营人无须对全程运输负责，有关责任由发生责任的区段上的实际承运人负责并适用该区段的相应法律。统一责任制度，是多式联运经营人对全程运输负责，多式联运经营人与实际承运人之间可另以合同约定相互之间的责任。

任务二　货物运输保险

任务导入

某货轮载货后，在航行途中不慎发生搁浅，事后反复开倒船，强行起浮，致使船上轮机受损并且船底划破，海水渗入货舱，造成部分货物损失。该船行驶至邻近的一个港口船坞修理，暂时卸下大部分货物，前后花费了 10 天时间，增加了各项费用支出，包括员工工资。货轮修复后装上原货起航后不久，A 舱起火，船长下令对该舱灌水灭火。经灭火后发现 A 舱一部分原载文具用品被焚毁，另一部分文具用品和全部茶叶被浸湿。

根据以上材料请同学们思考：

（1）分析以上各项损失的性质。

（2）简析上述案例可以投保什么险，保险公司才负责赔偿。

知识链接

货物运输保险是以运输过程中的各种货物作为保险标的，投保人或被保险人（买方或卖方）在货物装运之前，向承保人或保险人（保险公司）按一定金额投保一定的险别，投保人按保险金额、投保险别及保险费率，向保险人支付保险费并取得保险单证。

保险人承保以后，投保货物一旦在运输途中遭受约定范围内的损失，则保险人负责对投保险别责任范围内的损失，按保险金额及损失程度给予保险单证的持有人相应经济补偿。

一、熟悉保险业务的相关术语

（1）保险：指投保人根据合同约定，向保险人支付保险费，保险人对于合同约定的可能发生的事故因其发生所造成的财产损失承担赔偿保险金责任。

（2）保险人：指与投保人订立保险合同，并承担赔偿或者给付保险金责任的保险公司。

（3）投保人：指与保险公司订立保险合同，并按照保险合同负有支付保险费义务的人。投保人在投保时必须具有行为能力。在多数海上保险合同中，投保人与被保险人应该是同一人，但在海上货物运输保险合同中，投保人和被保险人经常是分离的。

（4）被保险人：指受保险合同保障的人，是在保险标的遭受保险事故后发生损害，因而有权按照保险合同向保险人请求赔偿的人。被保险人若不是投保人则不一定需要具有行为能力。

（5）保险合同：是投保人与保险人约定保险权利义务关系的协议。

（6）保险利益：又称可保利益，指投保人对保险标的具有法律上承认的利益。

（7）保险标的：指作为保险对象的财产及其有关利益，它是保险利益的载体。

（8）可保风险：指符合保险人承保条件的特定风险。

（9）受益人：指在保险合同中由投保人指定的享有保险金请求权的人。

> **想一想**
> 在实践中，有的托运人为了少交部分保价费，不如实申报货物的实际价值。这样做的后果是什么？

（10）保险费：简称保费，指投保人交付给保险公司的钱。

（11）保险金：指保险事故发生后被保险人或受益人从保险公司领取的钱。

（12）保险单：简称保单，指保险公司给投保人的凭证，证明保险合同的成立及内容。保单上载有参加保险的种类、时间、保险金额、保险费、保险期限等保险合同的主要内容，保险单是一种具有法律效力的文件。

（13）保险责任：指保险公司承担赔偿或者给付保险金责任的项目。

（14）除外责任：指保险公司不予理赔的项目。

（15）保险期间：根据合同在约定时间内对约定的保险事故负保险责任，该约定的时间称为保险期间，也称保障期，各个不同的险种有不同的保险期间。

（16）主险与附加险：主险指可以单独投保的保险险种，附加险指不能单独投保，只能附加于主险投保的保险险种，主险因失效、解约或满期等原因效力终止或中止时，附加险也随之终止或中止。

二、熟悉海运货物运输保险

在海运货物保险中，都要明确承保责任的范围和保险的险别，这是保险人和被保险人行使权利和义务的依据。在办理货物运输保险时，当事人应根据货物的性质、包装情况、运输方式以及自然气候等因素全面考虑，合理选择。

海上货物运输保险承保的范围，包括海上风险、海上损失与费用及海上风险以外的其他外来原因所造成的风险与损失。

（一）海运货物的风险、损失与费用

在海运货物保险中，保险人的承包范围包括可保障的风险、可补偿的损失和可为保险公司承担的费用三个方面。

（1）海上货物运输的风险：海上货物运输保险中的风险可以分为海上风险和外来风险。

（2）海上货物运输的损失：海上损失简称海损，是指被保险货物在海运过程中，由于海上风险所造成的损坏或灭失。

（3）海上货物运输的费用：保险人承担的费用是指保险标的发生保险事故后，为减少货物的实际损失而支出的合理费用，包括施救费用、救助费用两种。

（二）我国海运货物保险险别

保险险别是指保险人对风险和损失的承保责任范围。在保险业务中，各种险别的承保责任是通过各种不同的保险条款规定的。

我国货物运输保险险别，按照能否单独投保，可分为基本险和附加险两类。基本险可以单独投保，而附加险不能单独投保，只有在投保基本险的基础上才能加保附加险。附加险是对基本险的补充和扩大，是不能独立投保的险别，承保的是由于外来原因所造成的损失。目前，中国人民保险公司《海洋运输货物保险条款》中的附加险有一般附加险和特殊附加险。

三、熟悉陆上运输货物保险

（一）两个基本险别

1. 陆运险（Overland Transportation Risks）

对被保货物在运输途中遭受暴风、雷电、地震、洪水等自然灾害；或由于陆上运输工

课堂实训

具遭受碰撞倾覆或出轨；如有驳运过程，包括驳运工具搁浅、触礁、沉没或由于遭受隧道坍塌、崖崩或火灾、爆炸等意外事故所造成的全部或部分损失，负责赔偿。

2. 陆运一切险（Overland Transportation All-risks）

除包括上述陆运险的责任外，对在运输中由于外来原因造成的短少、短量、偷窃、渗漏、碰损、破碎、钩损、生锈、受潮、受热、发霉、串味、沾污等全部或部分损失负赔偿责任。在投保上述任何一种基本险别时，经过协商还可加保附加险。

（二）除外责任

陆上运输货物保险的除外责任与海洋运输货物保险条款中的规定相同。

（三）责任起讫

陆上运输货物保险的责任起讫也是"仓至仓"。如未进仓，以到达最后卸载车站满60天为止。如加保了战争险，其责任起讫自货物装上火车时开始，至目的地卸离火车时为止，如不卸离火车，以火车到达目的地的当日午夜起满48小时为止。如在中途转车，不论货物在当地卸载与否，以火车到达中途站的当日午夜起满10天为止。如货物在10天内重新装车续运，保险责任继续有效。

四、熟悉航空运输货物保险

（一）两个基本险别

1. 航空运输线（Air Transportation Risks）

对被保货物在运输途中遭受雷击、火灾、爆炸，或由于飞机遭受恶劣气候或其他危难事故而被抛弃，或由于飞机遭受碰撞、倾覆、坠落或失踪等意外事故所造成的全部或部分损失负赔偿责任。

2. 航空运输一切险（Air Transportation All-risks）

除包括上述航空运输险的责任外，还负责由于外来的原因所造成的全部或部分损失负赔偿责任。

在投保上述任何一种基本险别时，经过协商还可以加保附加险。

（二）除外责任

航空运输货物保险的除外责任与海洋运输货物保险条件中规定的相同。

（三）责任起讫

航空货物运输保险的责任起讫也是"仓至仓"。如未进仓，以被保货物在最后卸载地卸离飞机后满30天为止。如加保了战争险，其责任起讫自被保货物装上飞机时开始至目的地卸离飞机为止。如不卸离飞机，以飞机到达目的地的当日午夜满15天为止。如在中途港转运，以飞机到达转运地的当日午夜起满15天为止，装上续运的飞机时保险责任继续有效。

五、熟悉进出口货物运输保险程序

（一）确定保险金额

保险金额是指保险人承担赔偿或者给付保险责任的最高限额，也是保险人计算保险费的基础。保险金额是根据保险价值确定的，保险价值一般包括货价、运费、保险费以及预期利润。

（二）保险险别约定

按 FOB 条件成交时，运输途中的风险由买方承保，保险费由买方负担。按 CF 或 CIP 条件成交时，运输途中的风险本应由买方承保，但一般保险费则约定由卖方负担，因货价中包括保险费。买卖双方约定的险别通常为平安险、水渍险、一切险三种基本险别中的一种。但有时也可根据货物特性和实际情况加保一种或若干种附加险。如果约定采用英国伦敦保险协会货物保险条款，也应根据货物特性和实际需要约定该条款的具体险别。在双方未约定险别的情况下，按惯例，卖方可按最低的险别投保。

在 CIF 或 CIP 货价中，一般不包括加保战争险等特殊附加险的费用。因此，如果买方要求加保战争险等特殊附加险时，其费用应由买方负担。

（三）办理投保和交付保险费

读一读

进口货物运
输预约保险
合同

出口合同采用 CIF 或 CIP 条件时，保险由卖方办理。出口企业在向当地的保险公司办理投保手续时，应根据买卖合同或信用证规定，在备妥货物并确定装运日期和运输工具后，按规定格式逐笔填制投保单，具体列明被保险人名称，被保险货物的名称、数量、包装及标识，保险金额，起讫地点，运输工具名称，起航日期，投保险别，送交保险公司投保并交付保险费。投保人交付保险费，是保险合同生效的前提条件。

（四）取得保险单据

保险单据是保险人与被保险人之间订立保险合同的证明文件，它反映了保险人与被保险人之间的权利和义务关系，也是保险人的承保证明。当发生保险责任范围内的损失时，它又是保险索赔和理赔的主要依据，主要有保险单、联合凭证和预约保单。

（五）保险单的背书

保险单据按信用证的要求填写时将由被保险人在单据上背书。在信用证的单据付款之时或以前，被保险人的权利应该转移。保险单据的背书应与提单背书保持一致。

一般保险单据的背书有两种：空白背书和记名背书，具体如表9-1所示。

表9-1　空白背书和记名背书

种类	具体做法	使用条件	意义
空白背书	在保险单据背面打上被保险人公司的名称或盖上公司图章，再加上背书人签字。此外不再做任何批注。在被保险人的名称上面打印上"DELIVERY TO（THE ORDER OF）×× BANK（Ca.）"，即［交由××银行（或公司）的（指示）］	信用证规定"ENDORSED IN BLANK"或"BLANK ENDORSED"时；信用证对保险单据的背书无明确规定时	保险单据做成空白背书意味着被保险人或任何保单持有人在被保货物出险后享有向保险公司或其代理人索赔的权利并得到合理赔偿
记名背书	以银行或公司为背书人，记名背书大都给开证行。保险单据的被保险人，如果不是我方出口公司，而是其他国家或地区的"××Ca.，LTD"，我方出口公司不用背书。如被保险人需转让海运提单，保险单据上则由其他国家或地区的"××Co.，LTD."背书	保险单据的被保险人是托运人，即我国外贸进出口公司或企业，根据信用证的不同规定，有时可做成空白背书，有时也可做成记名背书。记名背书在日常业务中较少使用	保险单据做成记名，背书意味着保险单据的受让人在被保货物出险背书后享有向保险公司或其代理人索赔的权利

一般说来，保险单据的背书应与提单的背书保持一致，即通过背书的保险单据的转让范围应等于或大于提单的转让范围。如果提单做成记名背书，保险单据可做同样内容的记名背书，但也可做成空白背书。同样，如果提单做成空白背书，保险单据也应该做成空白

背书。在 FOB 和 CFR 价格条件下成交，由买方投保，如买方需要转让提单，保险单据也需要转让，两者的转让如上所说必须保持一致，在被保货物出险后，保单持有人凭保单向保险公司索赔并取得合理的补偿。

任务三　运输纠纷及其解决

任务导入

西安外运和其长期合作的客户庆安公司做了一票进口设备运输业务，该贸易合同设备的价格条款是每台 30 万美元。因为长期合作，该运输项目没有签订正式合同，而是一个口头协定，按照以往的操作模式进行。承运庆安公司的进口设备在海运到达天津港清关完毕后，西安外运委托天津塘沽危险品运输公司将汽车运输回西安，在汽车运输至河南陕西交界处时，因为下雨路滑，高速行驶的汽车刹车失灵侧翻，导致设备损坏，损坏的设备价值 230 多万元，因为庆安公司对进口设备进行了投保，陕西平安保险公司向庆安公司赔付 230 多万元。赔付一个月后，平安保险公司把中外运陕西公司告上法庭，要求承运人中外运陕西公司赔付平安保险公司 230 万元。

根据以上材料请同学们思考：

(1) 该案例中的运输纠纷属于哪一类型的纠纷？

(2) 平安保险公司决定把中外运陕西公司告上法庭的理由是什么？

(3) 中外运陕西公司是否应该赔付平安保险公司 230 万元？为什么？

知识链接

一、运输纠纷的类型

托运人把货物交给承运人后，承运人会根据双方之间的合同和行业惯例履行运输的义务，把货物安全、及时地送交收货人。无论是海运、公路运输、铁路运输还是航空运输，承运人都深刻地意识到货运质量对于业务发展的重要性。虽然加强货运质量管理在一定程度上可以防止运输纠纷的发生，但由于各种危险的存在及货物处在长途运输过程中及其间多环节作业的情形，货运事故、运输纠纷的发生难以完全避免。因而纠纷的及时、妥善解决也是运输服务的延伸，更是整个物流链不可缺少的部分。

运输纠纷可能由承运人因经营管理不善、意外、过失等原因造成对货方的损失，也可能因货方的原因造成对承运人的损失。概括起来，运输纠纷可分为以下几大类。

(一) 货物灭失纠纷

造成货物灭失的原因很多，但其后果均是货方受到损失。绝大多数情况是收货人未能收到货物，也有的是托运人在未转移货物所有权的情况下，无法取回货物。

(二) 货损、货差纠纷

货损包括货物破损、水湿、汗湿、污染、锈蚀、腐烂变质、焦损、混票和虫蛀鼠咬等，货差即货物数量的短缺。

(三) 货物延迟交付纠纷

货物延迟交付是指因承运货物的交通工具发生事故，或因承运人在接受托运时未考虑到本班次的载货能力而必须延误到下一班期才能发运，或在货物中转时因承运人的过失使货物在中转地滞留，或因承运人为自身的利益绕航而导致货物晚到卸货地。

（四）单证纠纷

承运人未及时签发提单，或托运人未要求签发提单而造成托运人受损的，承运人应托运人的要求倒签、预借提单，从而影响到收货人的利益，收货人在得知后向承运人索赔，继而承运人又与托运人之间发生纠纷；或因承运人在单证签发时的失误引起承托双方的纠纷；此外，也有因货物托运过程中的某一方伪造单证引起的单证纠纷。

二、承运人的责任期间

（一）承运人的责任期间

承运人的责任期间是这样一段时间，即指除法律另有规定外，货物发生灭失或者损坏，承运人应当负赔偿责任的期间。

1. 海运运输承运人的责任期间

在集装箱运输时，承运人的责任期间采取"港至港"原则，即从装运港接收货物时起至卸货港交付货物时止，货物处于承运人掌管之下的全部期间。

在非集装箱运送时，承运人的责任期间包括两部分：

（1）法定强制责任期间：是指从货物装上船时起至卸下船时止，货物处于承运人掌管之下的全部期间。

（2）约定责任期间：是指装船前和卸船后的一定期间。

（二）公路运输承运人的责任期间

公路运输承运人的责任期限是从接收货物时起至交付货物时止。在此期限内，承运人对货物的灭失损坏负赔偿责任。但不是由于承运人的责任所造成的货物灭失损坏，承运人不予负责。

（三）铁路运输承运人的责任期间

按国际货协单承运货物的铁路，应负责完成货物的全程运送，直到在到站交付货物时为止。参加运送国际联运货物的铁路，从承运货物时起至到站交付货物时为止，对货物运到逾期，以及因货物全部或部分灭失、重量不足、毁损、腐败或其他原因降低质量所发生的损失负责。如由于铁路过失，发货人或海关在运单上已做记载的添附文件遗失，以及由于铁路过失未能执行运送契约变更申请书，则铁路应对其后果负责。

（四）航空运输承运人的责任期间

我国的民用航空法主要借鉴了《华沙公约》关于承运人的相关规定，承运人责任期间采取的是两要素判断标准，即货物处于承运人照管之下且在机场或航空器上。航空运输期间，不包括机场外的任何陆路运输、海上运输、内河运输过程；但是，此种陆路运输、海上运输、内河运输是为了履行航空运输合同而装载、交付或者转运，在没有相反证据的情况下，所发生的损失视为在航空运输期间发生的损失。

三、托运人的责任

托运人责任是托运人在集装箱运输中应有的责任，这种责任是不完全同于传统海运方面的。拼箱货托运人的责任与传统海运相同。整箱货托运人的责任不同于传统运输的有：应保证所报货运资料的正确和完整；承运人有权核对箱内所装货物，因核对而发生的费用，由托运人承担；海关或其他权力机关开箱检查，其费用和由此发生货损货差，由托运人承担；如集装箱货不满，或是垫衬不良、积载不当，或是装了不适于集装箱运输的货物，因而引起货损、货差，概由托运人负责；如使用了托运人自有的不适航的集装箱，所引起的货损事故，应由托运人负责；在使用承运人集装箱及设备期间造成第三者财产或生命的损害，应由托运人负责赔偿。

四、索赔与争议的解决

课堂实训

在货物运输中产生纠纷以致引起诉讼是常有的事。一方面，货主可能会因为货物在运输途中发生的各种损失而向承运人索赔；另一方面，承运人也可能会因为未支付的运费或其他应付款项而向货主索赔。这些索赔并不一定都是由承运人的过失引起的。正确解决这些纠纷不仅要找到真正的过失方，还要清楚承运人或托运人谁应对过失负责。这是一个复杂的任务，其中不仅牵扯到货物运输法，还会涉及代理法、合同法等其他许多法律规范。

（一）解决纠纷的措施

造成货损或货物灭失的，先向保险公司索赔，再由保险公司行驶代位求偿权向责任人追偿。考虑到物流经营人或直接承运人的责任期间比较复杂，且有各种免责、责任限制的可能，这是在运输货物投保情况下货物利益方最适宜采用的方式。

如所涉及货物未投保、未足额投保，或货损在免赔额以内，或货物利益人认为货损远超出保险赔偿额，则可以依物流合同向物流经营人提出赔偿请求，再由物流经营人向责任人追偿。因为货方一旦把货物交付给物流经营人，他很难了解货损、货差发生在哪个实际承运人的责任期间内，故只能向物流经营人先行索赔。如果货方直接订立物流作业分合同，而且也知道货损、货差发生的确切责任期间，则可以依据分合同向实际履行人追偿。

（二）解决运输纠纷的途径

目前，我国解决运输纠纷、索赔一般有四种途径：当事人自行协商解决、调解、仲裁和诉讼。其中，仲裁和诉讼是司法或准司法的解决途径。运输纠纷出现后，大多数的情况下，纠纷双方会考虑到多年的或良好的合作关系和商业因素，互相退一步，争取友好协商解决，同时为以后的进一步合作打下基础。但也有的纠纷因双方分歧比较大，无法友好协商解决，双方可以寻求信赖的行业协会或组织进行调解，在此基础上达成和解协议，解决纠纷。但还会有一部分纠纷经过双方较长时间的协商，甚至在行业协会或其他组织介入调解的情况下还是无法解决，双方只能寻求司法的途径。

项目小结 ▶▶▶ ▶

运输合同是规范运输市场行为的重要依据。为了避免经济纠纷，影响整个货运业的形象和运输市场秩序。本章从运输合同入手，介绍运输合同的订立、履行、终止、变更，运输责任的划分及违约处理等相关知识。在当今贸易活动中，货物在整个运输过程中可能因遇到自然灾害或意外事故而遭受损失。货主为了减少损失，使用货物运输保险来转移自己的风险。本部分从保险的概念、特点出发，介绍了不同运输方式下保险的相关知识。

思政园地

交通先行助力脱贫致富

贵州山区偏远农村曾流传着这样一句顺口溜：年年五谷丰，就是路不通；有货卖不出，致富一场空。昔日的状况如今已经改变，中国西部首个实现"县县通高速"的省份贵州，大力建设"四好农村路"，新建成的农村公路串起了大山深处的村寨，"扶贫路"连接起千家万户，"旅游路"延伸至千山万水，"产业路"遍布千村万寨……

依托便捷的交通条件和优质的环境配套，神采八卦园景区实现了跨越式发展。2016年5月开园以来，沿线开办的农家乐、农村客栈、候鸟式公寓等特色附属配套旅游产业超过80家，吸引游客300万余人，村集体收入增加到400万余元，促成了景观公路拉动旅游业发展，推进了"交通+旅游"的城乡统筹发展新格局。

农村"组组通"硬化路不仅改变了农村民众出行条件，拉近了贫困地区与外界的距离，也加快了农业产业结构调整，助推了脱贫攻坚的步伐。一条条资源路、旅游路、产业路应运而生。交通格局的改变，打通了贵州省决胜脱贫攻坚的"最后一公里"。

据不完全统计，"组组通"建设带动贫困民众约25万余人次、带动增收27.1亿元、带动农业产业发展500余万亩[①]，乡村旅游村寨突破3 500个。

【思政点评】 交通运输是经济发展的先行官，特别是在脱贫攻坚战中，贯彻落实"脱贫攻坚，交通先行"战略，大力推进交通扶贫，着力打通制约贫困地区产业发展的"最后一公里"，农村公路路网布局不断优化，运输服务能力不断提升，为决战脱贫攻坚提供有力的交通保障。打赢脱贫攻坚战也是中国共产党对全国人民庄严的承诺。

---

① 1亩＝666.67平方米。

项目九　检测单

自我检测

检测题目：课后的同步测试题。

小组检测

检测题目：常见的运输不合理现象及运输合理化措施。

检测要求：以小组为单位，形成 PPT，课堂进行汇报。

检测标准：1. 团队合作（10分）；2. 扣题情况（5分）；3. 内容完整性（15分）。

小组互评：_____

_____

_____

教师检测

检测标准：1. 团队合作（10分）；2. 汇报有理有据（10分）；3. 讲解清楚（10分）。

教师点评：_____

_____

_____

检测评分

自我检测（40分）	同步检测（40分）		
小组检测（30分）	团队合作（10分）	紧扣题目（5分）	内容完整（15分）
教师检测（30分）	标准1：团队合作（10分）		
	标准2：解释有理有据（10分）		
	标准3：汇报思路清晰（10分）		
满分（100分）			

个人反思

同步测试

一、不定项选择题

1. （　　）是托运人与承运人之间缔结的货物运输合同。

　A. 航空货运单　　　　　　　　　　　B. 提货通知书

　C. 货物托运书　　　　　　　　　　　D. 运输许可证

2. 航空运输中，如发生货损货差，根据《华沙公约》规定，最高赔偿为每千克货物（　　）。

　A. 15 美元　　　　B. 20 美元　　　　C. 30 美元　　　　D. 40 美元

3. 当一笔普通航空货物计费重量很小时，航空公司规定按（　　）计收运费。

　A. 特种运价　　　　　　　　　　　　B. 声明价值费用

　C. 起码运费　　　　　　　　　　　　D. 指定运价

4. 一张航空运单可以用于一个托运人在（　　）托运的由承运人运往同一目的站的同一收货人的一件或多件货物。

　A. 同一时间　　　B. 同一地点　　　C. 不同一时间　　　D. 不同一地点

5. 租船提单必须由（　　）签发或证实。

　A. 船长　　　　　　　　　　　　　　B. 船东

　C. NVOCC（无船承运人）　　　　　　D. 船东代理人

6. 海运国际公约包括（　　）等。

　A.《海牙规则》　　　　　　　　　　B.《海牙—维斯比规则》

　C.《国际货约》　　　　　　　　　　D.《国际货协》

二、简答题

1. 货运合同在何种情况下可以变更或撤销？

2. 航空货运单应包括的内容有哪些？

3. 多式联运合同的特征是什么？

三、案例分析

某食品公司与某水运公司签订一份运输 200 头黄牛的合同，合同规定由承运人在 7 天内将牛从汉水运至上海。托运方自备饲料和派人押送并负责照料黄牛。在运输过程中，因船长上岸买润滑油及信号灯和加油等耽误了数天时间，船到九江已过 6 天半。押运人要求上岸买饲料遭拒绝。船因主机状况不良，从九江到镇江又花了 2 天半时间，到上海又花了 1 天时间，结果断了 2 天饲料，饿死了 3 头黄牛，每头牛非正常掉膘 15 千克，共损失 2 万元。食品公司认为船只未按约定时间到港，导致黄牛饿死和非正常掉膘，水运公司应赔偿损失。水运公司认为船期延误系因意外事故造成，属于不可抗力，反而因押运人未及时添置饲料导致损失后果，所有损失应由托运人自负。双方争执不下，诉至法院。

思考：本案中责任应由哪方负责？为什么？

综合实训

一、实训名称

虚拟运输企业情景，模拟签订运输合同。

二、实训目标

1. 通过实训使学生掌握运输合同的形式和主要内容。

2. 培养学生搜集资料、谈判沟通的能力。

三、实训内容

1. 货物运输合同的概念和特点。

2. 货物运输合同的分类与表现形式。

3. 货物运输当事人的权利与义务。

4. 货物运输合同的变更和解除条件。

5. 运输合同纠纷的解决。

四、实训步骤

1. 以 2 人为一个小组，分别扮演托运人和承运人的角色。

2. 选定不同的运输商品，并选择合适的运输方式。

3. 托运人与承运人就运输的具体问题进行磋商，谈妥相关约定。

4. 填写相应的运输合同。

五、评价标准

1. 掌握货物运输的概念和特点。

2. 熟悉运输合同的分类与表现形式。

3. 明确货物运输当事人的权利与义务。

4. 掌握货物运输合同的变更与解除条件。

5. 熟悉运输合同纠纷的类型及解决办法。

六、成果形式

1. 以小组为单位提交货物运输合同。

2. 抽取部分同学介绍运输合同内容。

3. 根据合同内容的完善程度和格式的规范程度及个人在交流过程中的表现进行成绩评估。

项目十

货物运输决策

 学习目标

知识目标
1. 掌握运输成本项目
2. 熟悉影响运输成本的因素
3. 掌握运输线路与调度优化
4. 熟悉运输作业计划编制

能力目标
1. 能够合理选择运输方式
2. 能够利用数学工具确定合理运输路线

思政目标
1. 培养学生的节约意识
2. 树立学生的社会责任意识
3. 加强学生的职业道德修养

知识逻辑图

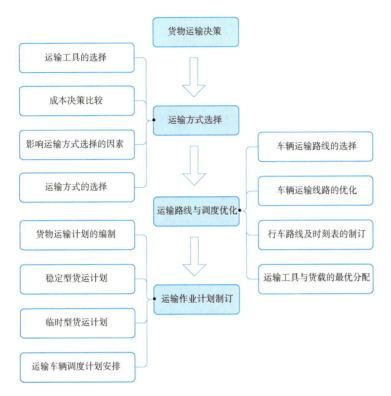

沃尔玛日运货物超百万箱　致力于打造绿色智能物流

2017年3月22日，沃尔玛中国有限公司在深圳举办2017年年度运输商大会，分享了绿色智能管理和移动技术在物流运输领域的应用成果。

沃尔玛供应链团队支持全国各地400多家门店的日常商品运转，为零售业务进行准确的供需预测、及时的补调货和安全高效的物流配送，运输是确保庞大网络正常运作的重要"血脉"。平均每天约有800辆卡车行驶在配送途中，行驶里程数超过21万千米，每天完成100万箱货物的准时送达。

在商品流转过程中，门店与配送中心、配送中心与承运商、承运商与单位车辆之间发生大量的端到端交互信息，如实时监控车辆位置、在途预警、异常反馈、车辆到达时间估算等。为精准处理动态信息，沃尔玛利用运输管理软件系统（TMS）及客户端APP，通过移动互联网与运输方共享信息。对于系统累积的信息和数据，增加大数据分析处理的功能。

为了提高商品流转效率，沃尔玛引入路径优化系统（ROS），规划商品到店最优路线。系统根据承运商的承载能力、配送中心的仓储情况，结合实时路况，通过移动客户端APP，进行在线车辆调度和到店顺序安排。

沃尔玛应用智能引擎管理系统（EMS）实时记录驾驶员的驾驶情况，包括车速、刹车记录、历史轨迹、油耗、异常情况等，为安全驾驶提供参数指导，为推行优化运费结构政策提供数据支持，以降低运输成本。

任务一 运输方式选择

任务导入

随着经济全球化的快速发展，物流行业竞争日益激烈，企业不断努力降低物流成本，以提升自身的竞争力。运输成本在物流总成本中占有较大的比例，通过运输成本的控制，可以有效降低物流成本。沃尔玛在运输管理过程中，通过采取各种运输优化方案，不仅大大提高了运输效率，而且有效节约了运输成本，提升了企业的竞争力。因此，掌握运输成本管理的基础知识，能够正确选择运输方式，确定合理的运输路线及运输服务方式，加强运输信息管理，这已成为现代物流从业人员必须掌握的管理知识。

知识链接

对于运输方式的选择，由于各种运输方式的载运工具、线路设备、营运管理和服务水平等方面各有不同，具有不同的技术经济特征，因而作为运输需求的主体对运输方式就有必要做出挑选，利用选定的运输方式来完成运输过程。

一、运输工具的选择

如何选择适当的运输工具是物流运输决策重要内容。一般来讲，选择运输工具，应根据物流系统要求的服务水平和允许的物流成本来决定，可以使用一种运输工具，也可以使用联运方式。对于货主来讲，关注的重点要素有运输的安全性、运输的准确性、运输的费用以及运输实践等。具体来说，在进行运输工具的选择时，一般考虑的基本要素包括品种、时间、距离、数量和费用，具体说明如表10-1所示。

表 10-1 运输工具选择

序号	基本要素	要素描述
1	品种	物品的形状、单件重量、容积、危险性、变质性等都成为运输工具选择的制约因素。一般来说，价格低、体积大的货物，尤其是散装货物，比较适合铁路运输或水路运输；重量轻、体积小、价值高以及对时间要求较高的鲜活易腐货物适合航空运输；石油、天然气、碎煤及浆等适宜选择管道运输
2	时间	运输期限与交货日期相联系，要保证运输期限，必须调查各种运输方式所需要的运输时间，根据运输时间来选择，运输时间的快慢顺序一般情况下依次为航空运输、汽车运输、铁路运输、船舶运输。可以按照运输工具速度编制组来安排日程，加上运输工具两端及中转的作业时间，就可以计算出所需要的运输时间
3	距离	从运输距离来看，一般情况下可以依照以下原则：300千米以内，用汽车运输；300~500千米，用铁路运输；500千米以上，用铁路、水路（有条件的地方）运输。这样的选择是比较经济合理的
4	数量	因为大批量运输成本低，应尽可能使货物集中，选择合适运输批量进行运输是降低成本的良策。一般来说，20吨以下的货物用汽车运输；20吨以上的货物用铁路运输；数百吨的原材料之类的货物，应选用铁路、水路运输
5	费用	虽然货物运输费用的高低是选择运输工具时要重点考虑的要素，但在考虑运输费用时，不能仅从运输费用本身出发，而应从物流总成本考虑，在选择最适宜的运输工具时，应保证在相同的服务水平或客户满意水平下，实现总成本最低

二、成本决策比较

运输成本比较法实际上是运输工具选择的量化分析，运输的速度可靠性会影响托运人和买方的库存水平（订货库存和安全库存，以及它们之间的在途库存水平）。如果选择速度慢、可靠性差的运输服务，物流渠道中就会需要有更多的库存。这样就需要考虑库存持有的成本可能升高，以此来抵消运输服务成本降低的情况。因此各种备选方案中最合理的应该是既能满足客户需要，又能使总成本最低的方案。

【例题】

某企业欲将其产品从坐落位置为 A 的工厂运往坐落位置为 B 的公司的自有仓库，年运量 D 为 700 000 件，每件产品的价格 C 为 30 元，每年的存货成本 I 为产品价格的 30%。运送时间每减少一天，平均库存水平减少 1%，Q 为年存货量，在途运输的年存货成本为 $ICDT/365$，两端储存点的存货成本各为 $ICQ/2$，但其中的 C 值有差别：工厂储存点的 C 值为产品的价格，购买者储存点的 C 值为产品价格与运费之和。存货量的调整系数依次为：铁路运为 1，驮背运输为 0.93，公路运输为 0.84，航空运输为 0.80。企业希望选择总成本最小的运输方式。各种运输方式有关参数如表 10-2 所示，试分析运输方式选择的依据。

表 10-2　各种运输方式有关参数

运输方式	费率 $R/(元\cdot件^{-1})$	运达时间 $T/天$	平均存货量 $(Q/2)/件$
铁路	0.1	21	100 000
驮背运输	0.15	14	50 000
公路	0.2	5	50 000
航空	1.4	2	25 000

解：在途运输的年库存成本为 $ICDT/365$，两端储存点的存货成本各为 $ICQ/2$，但其中的 C 有差别：工厂端的 C 为产品价格，购买者端的 C 为产品价格和运输费率之和。

D：年运输量；

C：产品单价；

I：年存货成本率；

T：运达时间（天）

R：运输费率（元/件）；

Q：每个储存点存货量（件）。

运输服务方案对比如表 10-3 所示。

表 10-3　运输服务方案对比表

成本类型	计算方法	运输方式			
		铁路	驮背运输	公路	航空
运输费用/元	$R \times D$	0.1×700 000 =70 000	0.15×700 000 =105 000	0.2×700 000 =140 000	1.4×700 000 =980 000
在途存货/元	$ICDT/365$	(0.3×30×700 000×21)/365=362 465	(0.30×30×700 000×14)/365=241 644	(0.3×30×700 000×5)/365=86 301	(0.3×30×700 000×2)/365=34 521
工厂存货/元	$ICQ/2$	(0.3×30×100 000)/2=450 000	(0.30×30×50 000×0.93)/2=209 250	(0.3×30×50 000×0.84)/2=189 000	(0.3×30×25 000×0.80)/2=90 000
仓库存货/元	$ICQ/2$	(0.3×30.1×100 000)/2=451 500	(0.30×30.15×50 000×0.93)/2=210 296	(0.3×30.2×50 000×0.84)/2=190 260	(0.3×31.4×25 000×0.80)/2=94 200
总成本		1 333 966	766 190	605 561	1 198 721

三、影响运输方式选择的因素

影响各种运输方式的技术经济因素主要包括运输速度、运输工具的容量及线路的运输能力、运输成本、经济里程、环境保护等，研究这些因素，有助于我们选择合理的运输方式，充分发挥运输组织在运输过程中的作用。

（一）货物的特性

货物的价值、形状、单件重量、容积、危险性、变质性等都是影响运输方式选择的重要因素。一般来说，不可能空运量大、价位低的沙子，庞大笨重的塔吊车等物品；同样，也不可能海运价值昂贵的钻石和硅晶片；更不可能用管道运输冰箱、洗衣机。这些极端的例子说明货物的自然属性直接影响我们对运输方式的选择。

一般说来，原材料等大批量的货物，价格低廉或容积庞大的货物的长途运输适合铁路或水路运输；重量轻、容积小、价值高的货物的长途运输适合于航空运输；中短距离的运输适合公路运输。至于生活消费品是选择公路还是铁路运输，或是水路、航空运输，则需要综合其他因素进行具体的比较分析。如把一个装笔记本电脑的集装箱从广州运送到乌鲁木齐市，然后再选择用汽车运送的方式把货物分给各零售商。

（二）可选择运输工具的运输能力

由于技术及经济的原因，各种载运工具的容量范围大不相同，即各种运输方式的运输能力不同。对于运输工具的选择，不仅要考虑运输费用，还要考虑仓储，因为运输费用低的运输工具，一般运量大，而运量大会使库存量增大，库存量增大会增加高额的仓储费用，最后使得运输成本增加，因此要综合考虑进行选择。另外，运输工具的选择还要考虑不同运输方式的营运特性，包括速度、可得性、可靠性、能力、频率等，相对来说，汽车运量小，单位运价高，能力不如火车和轮船；而火车和轮船虽然运量大，费用也比较低，但急需时却不如汽车那么容易获得。

（三）运输总成本与运输速度

运输总成本是指两个地理位置间的运输所支付的有关费用的总和，包括载运工具的运输费用，以及运输管理、维持运输中的包装、保管、库存、装卸费用以及保险费用等。而这些费用又和运输速度有直接的关系：运输速度快，运输时间短，这些费用会随之减少，反之就会增加。这就是说，最低的运输费用并不意味着最低的运输总成本；因此，货物的运输不能单纯考虑运输方式的费用，还要考虑运输的速度，这样才能使运输总成本达到最小，运输方案最优。

运输速度是指完成货物运输所需要的时间。提高运输速递，缩短运输时间与降低运输总成本是一种此消彼长的关系。要利用快捷的运输方式，就有可能增大运输总成本；反之，运输总成本的降低有可能导致运输速度的减缓、运输时间的延长。所以，选择期望的运输方式，至关重要的问题就是有效协调二者的关系，使其保持一种均衡状态，这样才是理想的选择。

（四）经济里程

经济里程是指单位货物运输距离所支付票款的多少。交通运输经济性状况一般说来受投资额、运转额以及运输速度和运输距离的影响。

不同运输方式的运输距离与成本之间的关系存在较大的差异。如铁路的运输距离增加的幅度要大于成本上升的幅度，而公路则相反。从国际惯例来看，运输距离在 300 千米内主要选择公路运输；300~500千米内，或在没有水路和航空运输线路的区域超过500千米，主要选择铁路运输；500千米以上则选择水路或航空运输。

（五）其他影响因素

除了上述列举的影响运输方式选择的因素外，经济环境或社会环境的变化也制约着托运人对运输方式的选择。如随着物流量的增大，噪声、震动、大气污染、海洋污染、事故等问题的社会化，政府为防范这些问题发生的法律法规相继出台并日益严格；又如对公路运输超载货物、超速运行的限制，对航空、水路、铁路、公路运输中特种货物运输的不同规定等；还有调整运输产业的政策，包括税收、规费等的限制。这些都会影响到出行人、托运人对运输方式的选择。

四、运输方式的选择

运输方式的选择，既可以单独选用一种，也可以采用多式联运；究竟如何选择，则需要根据运输环境、运输服务的目标要求，采取定性分析与定量分析的方法进行考虑。

（一）定性分析法

1. 单一运输方式的选择

单一运输方式的选择就是指选择一种运输方式提供运输服务。公路、铁路、水路、航空和管道五种运输方式各有自身的优点和不足，结合运输需求进行恰当的选择。各种运输方式的技术经济特征如表10-4所示。

表10-4 各种运输方式的技术经济特征

运输方式	技术经济特点	运输对象
铁路	初始投资大，运输容量大，成本低廉，占用的土地多，连续性强，可靠性好	适合大宗货物、散件杂货等的中长途运输
公路	机动灵活，适应性强，短途运输速度快，能源消耗大，成本高，污染大，占用土地多	适合短途、零担运输，门到门运输
水路	运输能力大，成本低廉，速度慢，连续性差，能源消耗及土地占用少	适合中长途大宗货物运输，海运、国际货物运输
航空	速度快，成本高，空气和噪声污染重	适合中长途及贵重货物运输、保险货物运输
管道	运输能力大，占用土地少，成本低廉，能够连续输送	适合长期稳定的流体、气体及浆化固体物运输

2. 多式联运方式的选择

多式联运的选择就是指选择两种或两种以上的运输方式联合起来提供运输服务。多式联运的主要特点是可以在不同运输方式间自由变换运输工具，以最合理、最有效的方式实现货物的运输。多式联运的组合方法很多，但在实际运输中，一般只有铁路与公路联运、公路或铁路与水路联运、航空与公路联运得到较为广泛的应用。

（二）定量分析法

运输方式选择的定量分析，可以根据影响运输方式选择的各种因素进行综合评价，也可以根据运输成本费用进行比较分析，得出合理的选择结果。

1. 综合评价选择法

综合评价选择法是指根据影响运输方式选择的四个因素——经济性、迅速性、安全性和便利性进行综合评价，根据评价结果确定运输方式的选择方法。这种评价方法的基本步骤是：

首先，确定运输方式的评价因素值，即运输方式的经济性、迅速性、安全性、便利性。如果用 $F1$、$F2$、$F3$、$F4$ 分别表示影响运输方式选择的四个因素值，且各自因素对运输方式的选择具有同等重要性（也可以考虑重要性不同），那么，运输方式的综合评价值 F 为：

$$F = F1 + F2 + F3 + F4$$

但是，由于货物的形状、价格、交货日期、运输批量和收货单位等因素的影响也不相同，因此，可对它们赋予不同的权重加以区别。若用 a、b、c、d 表示这些权重，则运输方式的综合评价值可表示为：

$$F = aF1 + bF2 + cF3 + dF4$$

如果可供选择的运输方式有公路（A）、铁路（B）、水路（C）、航空（D）那么，它们的评价值分别为：

$$F(A) = aF1(A) + bF2(A) + cF3(A) + dF4(A)$$
$$F(B) = aF1(B) + bF2(B) + cF3(B) + dF4(B)$$
$$F(C) = aF1(C) + bF2(C) + cF3(C) + dF4(C)$$
$$F(D) = aF1(D) + bF2(D) + cF3(D) + dF4(D)$$

显然，评价值最大的为合理的选择对象。

对于 $F1$、$F2$、$F3$、$F4$ 的确定，目前还没有绝对行之有效的方法。这里介绍一种利用简单算术平均数法确定评价因素值 $F1$、$F2$、$F3$、$F4$ 的方法。

①经济性 $F1$ 的确定。

运输方式的经济性是由运费、包装费、装卸费、保险费以及运输手续费等有关费用的合计数体现出来的。显然，费用越高，运输方式的经济性就越低，反之越高。

设上述四种运输方式所产生的运输费用分别为 $G(A)$、$G(B)$、$G(C)$、$G(D)$，则平均值为：

$$G = (G(A) + G(B) + G(C) + G(D))/4$$

这时候，四种运输方式的经济性分别为：

$$F1(A) = G(A)/G,$$
$$F1(B) = G(B)/G,$$
$$F1(C) = G(C)/G,$$
$$F1(D) = G(D)/G$$

②迅速性 $F2$ 的确定。

运输方式的迅速性用从发货地到收获地所需的时间表示。显然，所需的时间越多，迅速性就越低，反之越高。

设上述四种运输方式所需的时间分别为 $T(A)$、$T(B)$、$T(C)$、$T(D)$，则平均值为：

$$T = (T(A) + T(B) + T(C) + T(D))/4$$

这时，四种运输方式的迅速性分别为：

$$F2(A) = T(A)/T,$$
$$F2(B) = T(B)/T,$$
$$F2(C) = T(C)/T,$$
$$F2(D) = T(D)/T$$

③安全性 $F3$ 的确定。

运输方式的安全性可根据过去一段时间内货物的货损、货差率（有时可通过实验数据得到）来表示。显然，货差、货损、货损率越高，运输方式的安全性就越低，反之越高。

设上述四种运输方式所需的时间分别为 $K(A)$、$K(B)$、$K(C)$、$K(D)$，则平均值为：

$$K = (K(A) + K(B) + K(C) + K(D))/4$$

这时，四种运输方式的安全性分别为：

$$F3(A) = K(A)/K,$$
$$F3(B) = K(B)/K,$$
$$F3(C) = K(C)/K,$$
$$F3(D) = K(D)/K$$

④便利性 $F4$ 的确定。

运输方式的便利性通常可以根据货主需要为货物最终交付托运人所需要付出的工作量，包括花费的时间来衡量。显然，工作量越大，表明便利性越差，反之越好。

设上述四种运输方式所需的时间分别为 $L(A)$、$L(B)$、$L(C)$、$L(D)$，则平均值为：

$$L = (L(A) + L(B) + L(C) + L(D))/4$$

这时，四种运输方式的便利性分别为：

$$F4(A) = L(A)/L,$$
$$F4(B) = L(B)/L,$$
$$F4(C) = L(C)/L,$$
$$F4(D) = L(D)/L$$

上述四个因素都与我们的设定目标是相反的，即费用越高经济性越差，运输所需的时间越长迅速性越低，破损率越高安全性越低，货主工作量越大便利性越差。这样就可以得到四种运输方式的综合评价值，哪种运输方式的综合评价值最大，就可选择用哪种运输方式组织货物运输。

2. 成本比较选择方法

不同的运输方式产生不同的运输成本。故对运输方式的选择，也可以通过比较运输服务成本与服务水平导致的相关间接库存成本之间达到的平衡程度进行。这就是说，运输的速度和可靠会影响托运人或买方的库存水平。如果选择速度慢、可靠性差的运输服务，物流运输过程中就会需要更多的库存。这时，由于库存增多，成本升高，就会抵消选择低水平运输服务降低的成本。因此，最佳的运输服务方案是既能满足客户的需要，又能使总成本最低。

例如：某公司欲将产品从甲厂运往乙厂公司自有的仓库，年运量 q 为 70 万件，每件产品的价格 p 为 30 元，每年的存货成本 m 为产品价格的 30%，各种运输方式的有关参数如表 10-5 所示。

表 10-5　四种运输方式参数统计表

运输方式	运送费用 k/(元·件$^{-1}$)	运输时间 t/d	平均存货量 n/万件
铁路运输	0.10	21	10
驼背运输	0.15	14	5×0.93
公路运输	0.20	5	5×0.84
航空运输	1.4	2	5×0.81

解：在途运输的年存货成本为 $pmqt/365$，两端储存点的存货成本各为 $pmn/2$，但其中的 p 值有差别：工厂储存点的 p 值为产品的价格，消费地存储点的 p 值为产品价格与运费率之和。具体计算结果如表 10-6 所示。

表 10-6　四种运输方式成本比较表

成本类型	计算方法	运输方式			
		铁路运输	驼背运输	公路运输	航空运输
运输费用/元	qk	70 000	105 000	140 000	980 000
在途存货/元	$pmqt/365$	362 466	241 644	86 301	34 521
工厂存货/元	$pmn/2$	450 000	209 250	189 000	182 250
仓库存货/元	$m(p+k)×n/2$	451 500	210 296	190 260	190 755
总成本/元		1 333 966	766 190	605 561	1 387 526

由表 10-6 可知，在四种运输方式中，公路运输方式的总成本最低，因此，该公司应选择公路运输方式运送货物。

任务二　运输路线与调度优化

任务导入

某公司有 28 辆运输车，每天要从仓库出发，去往 536 个快递取件、派件点收发快递，最后返回仓库，每个快递点都有不同的开关门时间。

请同学们思考：你们能规划出车辆去快递点的最佳路线吗？

知识链接

一、车辆运输路线的选择

车辆行驶路线指车辆在完成运输工作中的运行线路，包括空驶和有载行程。在道路网发达、货运点众多的情况下，车辆按不同的行驶线路完成计划的运输任务时，对运输效率和运输成本会有不同影响。因此，在组织运输生产活动时，要避免不合理运输，如返程或起程空驶、对流运输、迂回运输、重复运输、倒流运输、过远运输等情况，选择时间短、费用省、效益好的最经济的运输线路，是组织货运车辆经济有效运行的一项十分重要的工作。

车辆在货运生产中，按预定计划在道路上运行的线路即为车辆行驶线路。如图 10-1 所示，包括三个或三个以上运输区段：A→B、D→A 属于空驶区段；B→C、C→D 属于有载区段。货运车辆的行驶线路一般有往复式、环形式和汇集式三种类型。

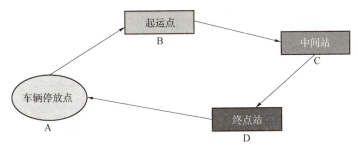

图 10-1　车辆行驶线路

（一）往复式行驶线路

往复式行驶线路是指车辆在两个装卸作业点之间的线路上，做一次或多次重复运行的行驶线路。根据汽车往复运输时的载运情况，可分为单程有载往复式、回程部分有载往复式和双程有载往复式三种。

1. 单程有载往复式行驶线路

单程有载往复式运输线路（如图 10-2 所示）在运输生产中属于常见方式，但是车辆里程利用率较低，生产效率在三种方式中最低。

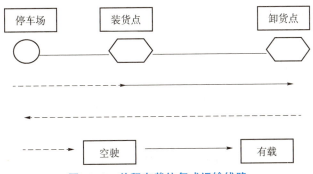

图 10-2　单程有载往复式运输线路

2. 回程部分有载往复式行驶线路

回程部分有载往复式行驶线路在运输生产中也常用到，尤其是已经具有网络化运输经营能力的大型运输企业。目前许多企业通过回程"配载"的方式，尽量减少回程空驶路段或空载现象（如图 10-3 所示）。

3. 双程有载往复式行驶线路

车辆双程有载往复式行驶线路在三种运输生产中运输效率最高，而回程时满载属于最高运输效率（如图 10-4 所示）。

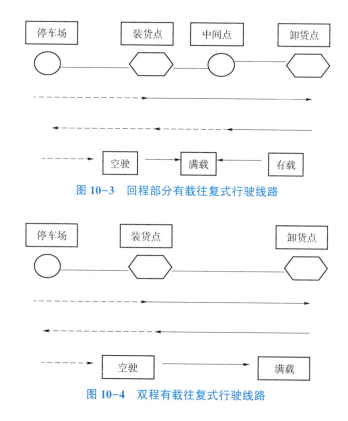

图 10-3　回程部分有载往复式行驶线路

图 10-4　双程有载往复式行驶线路

（二）环形行驶线路

不同运输任务的装卸点一次连接成一条封闭线路时成为环形行驶线路。由于不同货物任务装卸点位置分布不同，环形路线可能有不同的形状，如图 10-5 所示。环形线路的选择，以完成同样货运任务时，里程利用率最高，即空车行程最短为原则。

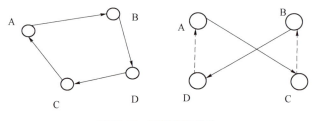

图 10-5　环形行驶线路

（三）汇集式行驶线路

汇集式行驶路线是指按单程进行货运生产组织的车辆行驶的线路。车辆由起点发车，在货运任务规定的各货运点依次进行装（卸）货，并且每次装（卸）货量都小于一整车，车辆完成各货运点运输任务以后，最终返回原出发点。汇集式运输时，车辆可能沿一条环形线路运行，也可能在一条直线型线路上往返运行。一般汇集式运输可分为三种形式。

1. 分送式

车辆沿运行线路上货运点依次进行卸货，如图 10-6 所示。

2. 收集式

车辆沿运行线路上各货运点依次进行装货，如图 10-7 所示。

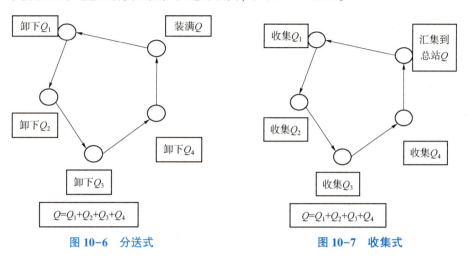

图 10-6　分送式　　　　　　　　　图 10-7　收集式

3. 分送—收集式（先送货后收货）

车辆沿运行线路上各货运点分别或同时进行分送及收集货物，如图 10-8 所示。

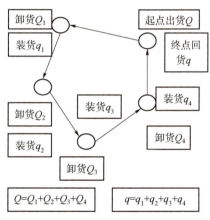

图 10-8　分送收集式（先送货后收货）

在三种运送方式中，按总行程最短组织车辆进行运输最为经济，因此，选择汇集式线路以总行程最短为最佳运输方案。

二、车辆运输线路的优化

运输线路的选择是运输所要考虑的主要因素，也是影响运输成本的主要因素。在运输过程中往往会面临许多具体的问题，例如：有时从单一的出发地到单一的目的地，有时却需要从多个起点出发到达多个终点；有时每一个地点既有货物要运送，又有货物要取；有时有多辆运输工具可以使用，每一运输工具都有自己的容量和承载量的限制，并且要考虑到司机的就餐和休息；有时追求目标还是相互矛盾的。所以，运输问题就不可能有一个普遍适用的最佳解决方案。这里仅给出在一定简单假设约束线路选择的数学方法。

（一）图上作业法

（1）图上作业法是使用图解的形式进行车辆调度或货物分配，特点是直观易懂、计算简单。其步骤如下：

①列出货物运输计划平衡表或各点发到空车差额表。

②绘制运输线路表。运输线路是由若干个点（点上标有地名）和连接各个点的线段（线段上标有两点间的距离）组成。为了使运输线路图简单明确，各点用符号表示。车场、车队所在地用"△"表示；发货点，即空车的收点（需车点）用"○"表示；收货点即空车的发点用"□"表示。

③作流向图。在运输线路图的各发、收点上注上货物发、收量，或空车收、发量，有"+"号的数值表示收获量或空车发车量，有"-"号的数值表示发货量或空车收车量，括号中的数值表示两点间的距离，用箭头表示货物运输或空车调度的方向，在箭头线上注明数值表示运量。

④检查是否最优方案。最优流向图应该既没有对流，也没有迂回。

对流就是在流向图的同一路段上两个方向都有货物或车辆流向。在图10-9中，在B、C之间就发生了对流现象，若改为图10-10就没有对流现象了。

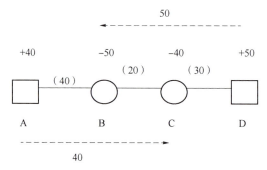

图 10-9 有对流的流向图

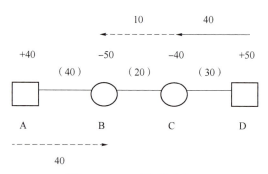

图 10-10 无对流的流向图

如果运输线路成闭合时，在流向图中把顺时针流向画在圈内，成为内图流向；把逆时针流向画在圈外，成为外圈流向；如果流向图中内圈流向的总长度（称内圈长）或外圈流向的总长度（称外圈长）超过整个圈长的50%，就称为迂回运输，属于不合理运输。图10-11所示的流向图就属于迂回运输，如果调整为图10-12所示的流向图就没有迂回现象了。

⑤调整到最优流向图后，根据最优流向图将最优方案填入货运计划平衡表或空车调度表。

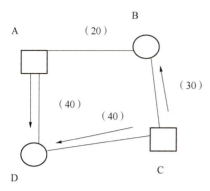

图 10-11　有迂回运输流向图

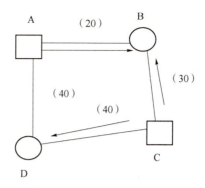

图 10-12　无迂回运输流向图

1. 运输线路不是闭合环作业法

在货运线路不是闭合环时，编制出的空车调度方案只要无对流，就是运输线路的最优方案。直线操作步骤按"直线取一端，供需归邻点"的原则进行。

【例题】

某货运公司承接一货运任务：有 B、E 2 个装货点（如图 10-13 所示），分别有货物 50 吨、10 吨，有 A、C、D 3 个收货点，各需要物资 30 吨、10 吨、20 吨，空车流向如图 10-14 所示。

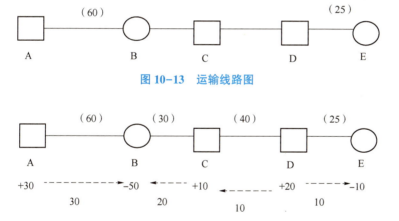

图 10-13　运输线路图

图 10-14　初始方案空车流向图

解：①列出各收发点的空车差额表，如表 10-7 所示。

表 10-7　各点收发空车差额表
吨

项目	数量	收发点					合计
		A	B	C	D	E	
货物	发量		50			10	60
	收量	30		10	20		60
空车吨位差额	需要调进（−）		50			10	60
	需要调出（+）	30		10	20		60

②绘制空车流向图，如图 10-14 所示。先取左端点 A 点，将 A 点的 30 吨供给 B 点；再取右端点 E，将 D 点 20 吨中的 10 吨供给 E 点，剩下的 10 吨和 C 点的 10 吨都供给 B 点，全线安排完毕，各点供需已经平衡。

③检验方案。经检验没有对流，是最优方案。

④根据流向图，填制空车调度表，如表 10-8 所示。

表 10-8　空车调度表

空驶线路			空车吨位	空车记录	合计空驶吨位公里
起点	终点	里程/千米			
A	B	60	30		1 800
C	B	30	10		300
D	B	70	10		700
D	E	25	10		250

填表时应注意：D—C、C—B 是连续流向线，应按 D—B 直达流量 10 吨和 C—B 10 吨填表，不能按图示的 D—C 10 吨和 C—B 20 吨分段流量填表。

2. 运输线路是闭合环形作业法

在道路闭合环形的情况下，必须首先将其破圈，即将闭合线路变成不闭合的运输线路，然后按不闭合环形线路的方法做出流向图。破圈就是要甩开一段，一般甩圈中较长段或同收及同发点之间的段。做出空车调度方案后，如果既没有对流也没有迂回，就是最优方案。

【例题】

如图 10-15 所示，B、D、F、H 各有待运货物 80 吨、150 吨、170 吨，A、C、E、G 各需货物 110 吨、160 吨、100 吨、160 吨，求空车调度最优方案。

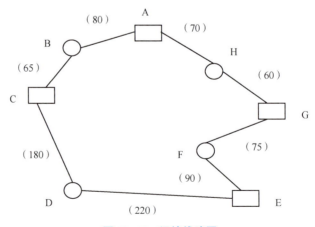

图 10-15　运输线路图

解：①因 ED 段距离较长，按经验甩段法先甩 ED 段，这一单圈即画为 D—C—B—A—H—G—F—E 一条线，按直线作业法取端点顺次对空车进行供需分配，初始方案如图 10-16 所示。

②检验有无迂回。若内圈（顺时针方向）长和外圈（逆时针方向）都没有超过全圈长的一半（即无迂回），同时也没有对流，就是最优流向图。

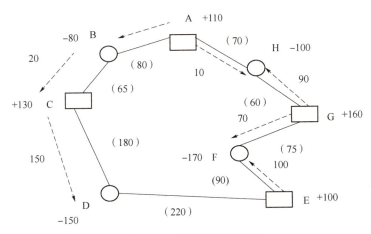

图 10-16　初始方案空流图

全圈长 = 80+65+180+220+90+75+60+70 = 840

内圈长 = 70+75 = 145 < 半圈长 = 420

外圈长 = 80+65+180+90+60 = 475 > 半圈长 = 420

有迂回，需要调整。

③调整：把超过半圈长的圈称为超长圈，在超长圈中找出最小流量作为调整量，然后在超长圈的流向段上分别减去调整量，在不超长圈的流向段上（包括原来甩掉的段）分别加上调整量，使超长圈缩短，成为新的流向图。对新的流向图进行检查，外圈长 410 千米，内圈长 365 千米，均未超过半圈长，为最优流向图。

（二）表上作业法

表上作业法属于线性规划问题，利用"运输问题"模型寻求最优解。其原理是：假设空车发点（包括卸货点、车场）数为 m；空车收点（包括装货点、车场）数为 n；由 i 点发往第 j 点的空车数为 Q_{ij}；第 j 点所需空车数为 q_j；第 i 点发出的空车数为 Q_i；自第 i 点到第 j 点的距离为 L_{ij}。则其空车行驶线路的选择问题数学模型如下：

$$\min L_v = \sum \sum Q_{ij} L_{ij}$$

$$约束条件:\begin{cases} \sum Q_{ij} = Q_i(i = 1,2,\cdots,m) \\ \sum Q_{ij} = q_j(j = 1,2,\cdots,n) \\ \sum Q_i = \sum q_j \\ Q_{ij} \geqslant 0 \end{cases}$$

上述数学模型的求解方法较多，以表上作业法为例，求解上述问题的程序框图，如图 10-17 所示。

【例题】

产品需要从 A1、A2、A3 三个产地运往 B1、B2、B3、B4 四个销售地。假设 A1、A2、A3 三个产地的产量分别是 7 吨、4 吨、9 吨，B1、B2、B3、B4 四个销售地的销售量分别为 3 吨、6 吨、5 吨、6 吨，如表 10-9 所示。如何安排从产地向各销售地的运量，才能使成本最低？

表上作业法如表 10-9 所示。

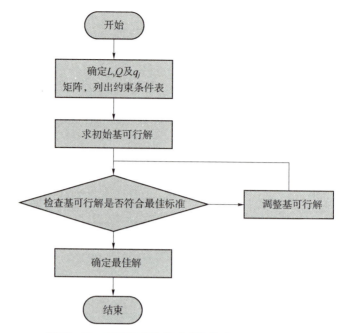

图 10-17　应用表上作业法选择空车线路程序框图

表 10-9　表上作业法

产地	B_1/(元·吨$^{-1}$)	B_2/(元·吨$^{-1}$)	B_3/(元·吨$^{-1}$)	B_4/(元·吨$^{-1}$)	产量/吨
A_1	300	1 100	300	1 000	7
A_2	100	900	200	800	4
A_3	700	400	1 000	500	9
销量/吨	3	6	5	6	20

解：

（1）第一步，给定初始方案，最小元素法。

根据运价最小优先的原则，得出初始方案运量表，如表 10-10 所示。

表 10-10　闭回路

吨

产地	销地				产量
	B_1	B_2	B_3	B_4	
A_1			4	3	7
A_2	3		1		4
A_3		6		3	9
销量	3	6	5	6	20

初始基本可行解为总费用：

总费用 $= 4 \times 300 + 3 \times 1\,000 + 3 \times 100 + 1 \times 200 + 6 \times 400 + 3 \times 500 = 8\,600$（元）

（2）第二步，最优解的判断，优势法。

①做初始方案运价表，如表10-11所示。

表 10-11　初始方案运价表

产地	B_1	B_2	B_3	B_4	行位势 U_i
A_1	（200）	（900）	300	1 000	$U_1=0$
A_2	100	（800）	200	（900）	$U_2=-100$
A_3	（-300）	400	（-200）	500	$U_3=-500$
列位势 V_i	$V_1=200$	$V_2=900$	$V_3=300$	$V_4=1\,000$	

②做位势法，$U_i+V_i=$ 单位运价。

第三列：$U_1+V_3=300$，$0+V_3=300$，则 $V_3=300$

第四列：$U_1+V_4=1\,000$，$0+V_4=1\,000$，则 $V_3=1\,000$

第二行：$U_2+V_3=200$，$300+U_2=300$，则 $U_2=-100$

第三行：$U_3+V_4=500$，$U_3+1\,000=500$，则 $U_3=-500$

第一列：$U_2+V_1=100$，$-100+V_1=100$，则 $V_1=200$

第二列：$U_3+V_2=400$，$-500+V_2=400$，则 $V_2=900$

③行位势+列位势=单位运价，将运价填入空格（带括号的数字）。

④计算得出检验数表，如表10-12所示。

检验数=单位运价表10-13中相对应表格中的数字。如检验数≥0，则为最优方案；如检验数<0，则方案需改进。

表 10-12　检验数表（一）

产地	B_1	B_2	B_3	B_4
A_1	100	200	0	0
A_2	0	100	0	-100
A_3	1 000	0	1 200	

从表10-12中可知，检验数第二行第四列小于0，则此方案不是最优方案。

（3）第三步，初始运量方案的改进，闭回路法。

①从负数格出发，做一闭回路，边线为垂直线和水平线且顶点是有数字格，如表10-13所示。

表 10-13　初始方案运量表　　　　　　吨

产地	B_1	B_2	B_3	B_4	产量
A_1			4	3	7
A_2	3		1		4
A_3		6		3	9
销量	3	6	5	6	20

②以起始点为 0，顺序给各角点编号 0、1、2、3。从奇数角点选一最小"运输量"作为"调整量"（第 3 角点的"1"），所有奇数角点均减去该"调整量"，所有偶数角点均加上该"调整量"。

③调整后的运量如表 10-14 所示。

表 10-14 调整后的运量表

吨

产地	B_1	B_2	B_3	B_4	产量
A_1			4+1=5	3-1=2	7
A_2	3		1-1=0	0+1=1	4
A_3		6		3	9
销量	3	6	5	6	20

（4）第四步，对表 10-14 再求位势表和检验数表，如表 10-15、表 10-16 所示。

表 10-15 位势表

产地	B_1	B_2	B_3	B_4	行位势 U_i
A_1	（300）	（900）	300	1 000	$U_1=0$
A_2	100	（700）	（100）	800	$U_2=-200$
A_3	（-200）	400	（-200）	500	$U_3=-500$
列位势 V_i	$V_1=300$	$V_2=900$	$V_3=300$	$V_4=1\,000$	

表 10-16 检验数表（二）

产地	B_1	B_2	B_3	B_4
A_1	0	200	0	0
A_2	0	200	100	0
A_3	900	0	1 200	0

表 10-16 中各数均为非负，说明调整后的运量表为最优解。

三、行车路线及时刻表的制定

（一）行车路线时间进度安排

1. 影响行车路线和时间进度安排的因素

是否计划送货作业或长途行车作业，有很多限制因素和特征影响这一计划过程。

（1）人员特性：包括可获得的人力、所持许可证、培训水平、工会的限制、工作小时、倒班的模式等。

（2）车辆特性：包括车辆的数量、型号、车队的组合、维修要求、运货能力、体积等。

（3）有关客户的情况：包括订单模式、地点（距离仓库的距离）、送货地点的特征（接近收获口是否有限制）、营业时间、白天或夜晚送货、返回时装货与否等。

（4）公司特性：包括客户服务政策、经营政策、车辆使用政策等。

（5）产品特性：包括仓库的特征、返回时装货的政策、管理目标等。

（6）环境特性：包括公路模式、气候条件、法律限制（作业的时间、总量限制等）。

（7）路线和时间安排：包括采用的技术、法律要求等。

以上的所有因素共同指导和限制装卸计划作业，过程描述如图10-18所示。

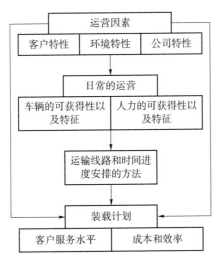

图 10-18 **装载规划作业流程图**

从总体上讲，车辆的时间进度安排需要达到下列目标：

一是车辆额载重量的最大化（通过收入最大化，以及将车装满及回程装载）。

二是车辆利用最大化（通过最大化每辆车装货行驶次数）。

三是距离最小化（如：最小化送货路线中的重复）。

四是花费时间最小化（如：最小化等待时间）。

五是满足客户在成本、服务及时间方面的要求，满足在车辆载重量和司机工作时间方面的法律规定。

因此，不论是本地送货，还是长途行车作业，在运营成本上的节约都是可以通过以下途径达到：

一是增加每辆车所装载的货物，从而增加运输载重量。

二是计划合理的送货路线，避免重复行驶。

三是保持按计划的日常性的送货，避免特殊的送货。

四是必要时，通过改变订单的最小规模，降低送货的频率。

五是安排返回送货，限制空载。

六是减少司机的非驾驶时间，与客户协调，使无效的等待时间最小化。

2. 计算驾驶时间

为了有助于计算仓库和客户之间或者至下一个客户间的驾驶时间，下面的平均速度表非常有用。也许一些公司可能使用他们自己合同约定的标准驾驶速度，或者由时间研究得到的其他标准，但表10-17将提供一个实用的指南。

表 10-17 平均速度表

公路类型	地段	平均速度/(千米·小时⁻¹)
高速公路 M	城市	55
	农村	65
双行道 A（T）	城市	48
	农村	55
"A"级	城市	32
	农村	40
"B"级	城市	24
	农村	32
"C"未上等级公路	城市	20
	农村	24

上述速度考虑了在连接点、山路，以及弯曲处和城市中的拥挤处的拖延。图 10-19 显示了从仓库到 4 个运输点客户 1、客户 2、客户 3、客户 4，并且返回仓库的送货线路。

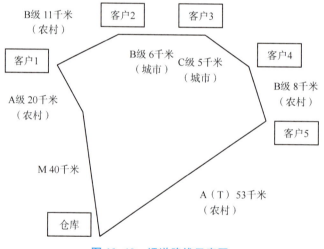

图 10-19 运送路线示意图

驾驶时间的计算结果如表 10-18 所示。

表 10-18 计算结果

项目 1	项目 2	里程数/千米	速度/(千米·小时⁻¹)	时间/分钟
高速公路	农村	40	65	37
A 级公路	农村	20	40	30
B 级公路	农村	11	32	21
B 级公路	城市	6	24	15
C 级公路	城市	5	20	15
C 级公路	农村	8	24	20
A（T）双行道	农村	53	55	58
				共计 196

（二）按运输组织方式进行时刻表制定

本教材主要介绍多班运输，多班运输是指在一天 24 小时之内，如果一辆车出车工作 2 个或 3 个班次，就称为双班或多班运输，其出发点是"人休车不休"，可以停人不停车或少停车，增加了车辆工作时间，提高了车辆设备利用率和生产率。

根据货源情况以及驾驶员工作组织方式的不同，多班运输主要有以下几种组织形式：

1. 一车 2 人，日夜双班

即每车配备驾驶员 2 人，分为日夜两班，每隔一段时间（每周或旬），日夜班驾驶员相互调换一次，配备 1 名替班驾驶员，替班轮休。

这种组织形式能做到定人、定车，能保证车辆的保修时间，驾驶员的工作、学习、休息时间比较有规律，行车时间组织安排简单、伸缩性大，容易和货主及有关部门配合。缺点是车辆利用时间还不够充分，驾驶员不能当面交接车辆。组织形式及交接班方法如图 10-20 所示。

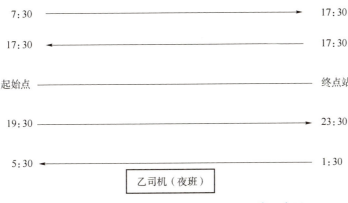

图 10-20　"一车 2 人，日夜双班"时刻表示意图

2. 一车 3 人，两工一休

每车配备 3 名驾驶员，每位驾驶员工作 2 天，休息 1 天，夜班轮流，按规定的地点定时交接班。它适用于一个车班内完成一趟或多趟往返的短途运输任务，一般在车站、码头、机场、物流中心等节点处的货物集疏运采用较多。采用这种组织形式，能做到定车、定人，车辆出车时间较长，运输效率高。缺点是每车班驾驶员一次工作时间较长，容易疲劳；另外，安排车辆和保修时间较紧张，需要配备驾驶员数量也比较多。组织形式及交接班方法如表 10-19 所示。

表 10-19　"一车 3 人，两工一休"多班运输时刻表

驾驶员	周一	周二	周三	周四	周五	周六	周日
甲	日	日	休	夜	夜	休	日
乙	夜	休	日	日	休	夜	夜
丙	休	夜	夜	休	日	日	休

3. 一车 2 人，日夜双班，分段交接

每车配备 2 名驾驶员，分段驾驶，定点（中间站）交接，每隔一段时间，驾驶员对换行驶路线，确保驾驶员劳逸均匀。这种组织形式一般适用于运距比较长、车辆在一昼夜可以到达送货点或能往返的运输线路上，其特点基本与第一种组织形式相近，但能保证驾驶员当面交接。其组织形式及交接班方法如图 10-21 所示。

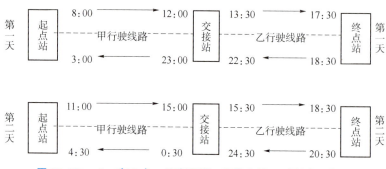

图 10-21 "一车 2 人，日夜双班，分段交接"时刻表示意图

4. 一车 3 人，日夜双班，分段交接

每车配备 3 名驾驶员，分日夜两班行驶，驾驶员在中途定点、定时进行交换，中途交换站可设在离终点站较近（全程 1/3 左右处），并在一个车时间内能往返一次的地点，在起点配备 2 名驾驶员，采用日班制，每隔一段时间轮流交换。

这种组织形式运输效率高，能做到定车、定人运行，驾驶员的工作、休息时间均衡，但车辆几乎全日运行，适于保养能力强、驾驶员充足或为完成短期突击性运输任务时采用。其组织形式及交接班方法如图 10-22 所示。

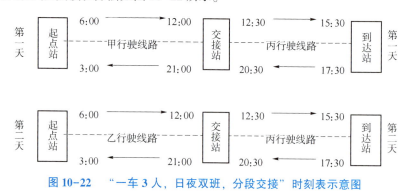

图 10-22 "一车 3 人，日夜双班，分段交接"时刻表示意图

5. 一车 2 人，轮流驾驶，日夜双班

一辆车上同时配备 2 名驾驶员，在车辆全部运行时间内，由 2 人轮流驾驶，交替休息。这种组织形式适于长途运输、货流不固定的运输线路。其组织特点是能定人、定车，最大可能地提高车辆运行时间；缺点是驾驶员在车上得不到正常休息，随着高速公路网的形成，车辆性能不断提高，这种组织形式已经越来越多地被采用。其组织形式如表 10-20 所示。

表 10-20 "一车 2 人，轮流驾驶，日夜双班"时刻表

时间	14:30—17:00	17:00—21:00	21:00—1:00	1:00—5:00	5:00—12:00	12:00—19:00	19:00—21:30
作用项目	准备与装车	运行	运行	睡眠	运行	运行	卸车与加油
驾驶员 A	工作	工作	休息	休息	工作	休息	工作
驾驶员 B	工作	休息	工作	休息	休息	工作	工作

四、运输工具与货载的最优分配

（一）航线配船优化问题

1. 问题概述

设船公司经营 n 条航线。第 j 条航线上规划期正向货运量预测为 Q_j，公司拥有装载能力分别为 N_i 的 m 种船型；i 型船的船舶艘数为 m_i，一艘 i 型船在 j 航线上规划期可以完成的最大往返航次数为 n_{ij}；一艘 i 型船在 j 航线上完成一个往返航次所花费的全部成本为 k_{ij}。要求将这些船合理地安排在这几条航线上，使公司的经济效益最好。

2. 数学模型的建立

①参数说明：

I——船型编号，$i = 1, 2, \cdots, m$；

J——航线编号，$j = 1, 2, \cdots, n$；

X_{ij}——i 型船在 j 航线上每季度完成的往返航次数，是决策变量；

Y_j——j 航线上未被船舶承运的货物量，也是决策变量；

K_{ij}——每艘 i 型船在 j 航线上完成一个往返航次所花费的运营成本；

K_{ij}——j 航线上单位货物未被承运产生的费用损失；

δ_j——每艘 i 型船在 j 航线上每季度可以完成的最大往返航次数；

N_j——i 型船的集装箱装载能力；

M_j——i 型船的船舶数量；

Q_j——j 航线的正向运量。

②目标函数：

$$\min k = \sum_{i=1}^{m} \sum_{j=1}^{n} K_{ij} x_{ij} + \sum_{j=1}^{n} \delta_j y_j$$

③约束条件：

$$\left.\begin{array}{l} \displaystyle\sum_{j=1}^{n} \frac{1}{n_{ij}} x_{ij} \leqslant m_i \\[3mm] \displaystyle\sum_{i=1}^{m} N_i x_{ij} + y_j = Q_j \\[3mm] x_{ij} \geqslant 0, y_j \geqslant 0 \end{array}\right\}$$

3. 航线配船优化举例

【例题】

假设某船公司拥有 3 种吨位的集装箱船舶共 30 搜，分别是 1 500 TEU 的 8 艘、850 TEU 的 12 艘、500 TEU 的 10 艘。现开辟班轮航线 6 条，各航线季度集装箱运输量、船舶在每条航线每季度最多能完成的航次数、每艘船在各航线每往返航次的成本（万美元）以及每条航线发现的机会成本（万美元/TEU）如表 10-21~表 10-23 所示。求不同航线的船舶最佳配置方案。

表 10-21　某船公司船型及航线与航次

航线	1	2	3	4	5	6
Ⅰ型船（1 500 TEU），8 艘	2	3	2	3	1	2
Ⅱ型船（850 TEU），12 艘	3	4	3	4	2	3
Ⅲ型船（500 TEU），10 艘	4	4	4	5	2	1

表 10-22 不同航线和船型的营运成本

季节最大航次数	1	2	3	4	5	6
Ⅰ型船（1 500 TEU），8 艘	30	25	28	25	35	32
Ⅱ型船（850 TEU），12 艘	24	24	25	24	30	28
Ⅲ型船（500 TEU），10 艘	18	20	20.5	18.5	23	32

表 10-23 不同航线的运量和机会成本

航线	1	2	3	4	5	6
机会成本/（万美元·TEU^{-1}）	0.15	0.125	0.1	0.1	0.15	0.125
运量/TEU	6 000	8 000	5 000	4 500	3 000	7 000

解：

①目标函数：

$$\min K = 30x_{11}+24x_{21}+18x_{31}+0.15y_1+25x_{12}+24x_{22}+20x_{32}+$$
$$0.125y_2+28x_{13}+25x_{23}+20.5x_{33}+0.1y_3+25x_{14}+24x_{24}+$$
$$18.5x_{34}+0.1y_4+35x_{15}+30x_{25}+20x_{35}+0.15y_5+32x_{16}+28x_{26}+$$
$$32x_{36}+0.125y_6$$

②约束条件：

$$
\begin{cases}
\dfrac{1}{2}x_{11}+\dfrac{1}{3}x_{12}+\dfrac{1}{2}x_{13}+\dfrac{1}{3}x_{14}+x_{15}+\dfrac{1}{2}x_{16}\leqslant 8 \\[2mm]
\dfrac{1}{3}x_{21}+\dfrac{1}{4}x_{22}+\dfrac{1}{3}x_{23}+\dfrac{1}{4}x_{24}+\dfrac{1}{2}x_{25}+\dfrac{1}{3}x_{26}\leqslant 12 \\[2mm]
\dfrac{1}{4}x_{31}+\dfrac{1}{4}x_{32}+\dfrac{1}{4}x_{33}+\dfrac{1}{5}x_{34}+\dfrac{1}{2}x_{35}+x_{36}\leqslant 10 \\[2mm]
1\,500x_{11}+850x_{21}+500x_{31}+y_1=6\,000 \\[1mm]
1\,500x_{12}+850x_{22}+500x_{32}+y_2=8\,000 \\[1mm]
1\,500x_{13}+850x_{23}+500x_{33}+y_3=5\,000 \\[1mm]
1\,500x_{14}+850x_{24}+500x_{34}+y_4=4\,500 \\[1mm]
1\,500x_{15}+850x_{25}+500x_{35}+y_5=3\,000 \\[1mm]
1\,500x_{16}+850x_{26}+500x_{36}+y_6=7\,000 \\[1mm]
x_{11},\cdots,x_{36}\geqslant 0,y_1,\cdots,y_6\geqslant 0,\text{且均为整数}
\end{cases}
$$

③求解结果：如表 10-24 所示。

表 10-24 求解结果

船型	1	2	3	4	5	6
Ⅰ型船（1 500 TEU），8 艘	0	0	3	2	2	4
Ⅱ型船（850 TEU），12 艘	7	0	0	0	0	1
Ⅲ型船（500 TEU），10 艘	0	1	1	4	0	0

(二) 多车多品种货载配车优化

1. 问题概述

已知有 m 辆零担作业车，其载重量和容积分别为 $G_1, G_2, \cdots, G_m$ 和 $V_1, V_2, \cdots, V_m$。现有 n 批货物 $H_1, H_2, \cdots, H_n$，其重量和体积分别为 $g_1, g_2, \cdots, g_n$ 和 $v_1, v_2, \cdots, v_n$。

试确定一个零担货物的装车计划，使各车厢的载重能力和装载空间浪费最少，即如何用最少的车辆完成所要求的货运量。

2. 数学模型的建立

①变量及参数说明：

i——货物编号，$i = 1, 2, \cdots, n$；

j——车连编号，$j = 1, 2, \cdots, m$；

x_{ij}——0-1 变量，当货物 i 装入车辆 j 时取值 1，否则取值 0。

y_i——0-1 变量，当车辆 j 装货物时取值 1，否则取值 0。

G_i——车辆 j 的载重能力；

V_j——车辆 j 的有效容积；

g_i——货物 i 的重量；

v_i——货物 i 的体积。

②目标函数：

$$\max Z_g = \sum_{i=1}^{n} \sum_{j=1}^{m} g_i X_{ij} \qquad \max Z_v = \sum_{i=1}^{n} \sum_{j=1}^{m} V_i X_{ij}$$

③约束条件：

每辆车的载重能力限制：$\sum_{i=1}^{n} g_i x_{ij} \leqslant G_j \qquad \min Z_c = \sum_{i=1}^{m} y_j$

每辆车的容积限制：$\sum_{i=1}^{n} v_i x_{ij} \leqslant V_j$

每一批货物最多只能装入一辆车：$\sum_{j=1}^{m} x_{ij} = 1$

变量约束：$x_{ij} = 0$ 或 1；$y_j = 0$ 或 1。

3. 启发式方法求解算例

【例题】

A 物流公司为机电市场采用直送方式送货，现有相同车型的待装车辆 5 辆，要对 14 种货物进行配装。每辆车的额定体积为 10 立方米，额定载重为 6 吨，各种货物的体积和重量如表 10-25 所示。试确定合理的货物配车方案。

表 10-25　货物信息表

项目	1	2	3	4	5	6	7	8	9	10	11	12	13	14
v_i/立方米	2.4	3.6	0.5	3	5.4	3.5	1.4	2.4	2	6.4	2.4	1.2	1.8	0.5
g_i/吨	3	1	2.5	0.6	2	1	0.5	0.6	0.8	2	1.5	1	2	1

①其求解思路：

根据各种货物的容重比，运用反聚类的思想对货物容重之间的距离进行计算，分析货物之间差距大小与车辆容重，比较是否需要对其中某些货物进行组合，看成新的货物集，然后采用启发式算法，先装大件货物，再比较车辆剩余容重与货物容重差距后依次装载货物，从而得到最优方案。

②求解步骤：

第一阶段：货物聚类。

第一步，将每批货物看成是一类，记做 $G_1, G_2, \cdots, G_n$。计算其对应货物的容重比 $c_i = v_i/g_i$。

第二步，确定每批货物之间的距离 d_{ij}，计算出 n 种货物间容重比距离 $d_{ij}(i, j = 1, 2, \cdots, n)$，得到货物距离关系表记作 $D(0)$，如表 10-26 所示。

表 10-26 货物距离关系表 $D(0)$

c_j		G_1	G_2	G_3	G_4	G_5	G_6	G_7	G_8	G_9	G_{10}	G_{11}	G_{12}	G_{13}	G_{14}
		0.8	3.6	0.2	5	2.7	3.5	2.8	4	2.5	3.2	1.6	1.2	0.9	0.5
G_1	0.8	0													
G_2	3.6	2.8	0												
G_3	0.2	0.6	3.4	0											
G_4	5	4.2	1.4	4.8	0										
G_5	2.7	1.9	0.9	2.5	2.3	0									
G_6	3.5	2.7	0.1	3.3	1.5	0.8	0								
G_7	2.8	2	0.8	2.6	2.2	0.1	0.7	0							
G_8	4	3.2	0.4	3.8	1	1.3	0.5	1.2	0						
G_9	2.5	1.7	1.1	2.3	2.5	0.2	1	0.3	1.5	0					
G_{10}	3.2	2.4	0.4	3	1.8	0.5	0.3	0.4	0.8	0.7	0				
G_{11}	1.6	0.8	2	1.4	3.4	1.1	1.9	1.2	2.4	0.9	1.6	0			
G_{12}	1.2	0.4	2.4	1	3.8	1.5	2.3	1.6	2.8	1.3	2	0.4	0		
G_{13}	0.9	0.1	2.7	0.7	4.1	1.8	2.6	1.9	3.1	1.6	2.3	0.7	0.3	0	
G_{14}	0.5	0.3	3.1	0.3	4.5	2.2	3	2.3	3.5	2	2.7	1.1	0.7	0.4	0

第三步，比较 $D(0)$ 中的每个非零元素 d_{ij}，如果任意 d_{ij} 小于临界值 C 则停止。如果存在某个 d_{ij} 大于 C 则继续下一步。

第四步，把距离最大的两批货物合并成一个新类，记做 $G_n + 1$，取消原来的两个类，若存在多个这样的类，则同时合并。

第五步，重新计算各类之间的距离，得到降一阶的新距离矩阵 $D(1)$，如表 10-27 所示。

表 10-27 货物距离关系表 $D(1)$

项目	G_1	G_2	G_5	G_6	G_7	G_8	G_9	G_{10}	G_{11}	G_{12}	G_{13}	G_{14}	G_{15}
G_1	0												
G_2	2.8	0											
G_5	1.9	0.9	0										
G_6	2.7	0.1	0.8	0									
G_7	2	0.8	0.1	0.7	0								
G_8	3.2	0.4	1.3	0.5	1.2	0							
G_9	1.7	1.1	0.2	1	0.3	1.5	0						

续表

项目	G_1	G_2	G_5	G_6	G_7	G_8	G_9	G_{10}	G_{11}	G_{12}	G_{13}	G_{14}	G_{15}
G_{10}	2.4	0.4	0.5	0.3	0.4	0.8	0.7	0					
G_{11}	0.8	2	1.1	1.9	1.2	2.4	0.9	1.6	0				
G_{12}	0.4	2.4	1.5	2.3	1.6	2.8	1.3	2	0.4	0			
G_{13}	0.1	2.7	1.8	2.6	1.9	3.1	1.6	2.3	0.7	0.3	0		
G_{14}	0.3	3.1	2.2	3	2.3	3.5	2	2.7	1.1	0.7	0.4	0	
$G_{15}(3,4)$	0.6	1.4	2.3	1.5	2.2	1	2.3	1.8	1.4	1	0.7	0.3	0

第六步，对 $D(1)$ 重复步骤第四步、第五步，直到所有 d_{ij} 小于临界值 C 为止。得到表 10-28 所示的货物距离关系表。

表 10-28 货物距离关系表 $D(1)$

项目	G_7	G_9	G_{11}	G_{16}	G_{17}	G_{18}	G_{19}	G_{20}
G_7	0							
G_9	0.3	0						
G_{11}	1.2	0.9	0					
$G_{16}(8,14)$	1.2	1.5	1.1	0				
$G_{17}(1,2)$	0.8	1.1	0.8	0.3	0			
$G_{18}(6,13)$	0.7	1	0.7	0.4	0.1	0		
$G_{19}(3,4,5)$	0.1	0.2	1.1	0.3	0.6	0.7	0	
$G_{20}(10,12)$	0.4	0.7	0.4	0.7	0.4	0.3	0.5	0

第七步，对货物进行聚类分组得到新的待装货物，如表 10-29 所示。

表 10-29 新待装货物信息表

货物编号	聚类名称	货物品种	v_i/立方米	g_i/吨	c_i
i_1	19	3, 4, 5	8.9	5.1	1.75
i_2	17	1, 2	6	4	1.5
i_3	20	10, 12	7.6	3	2.53
i_4	18	6, 13	5.3	3	1.77
i_5	16	8, 14	2.9	1.6	1.81
i_6	11	11	2.4	1.5	1.6
i_7	9	9	2	0.8	2.5
i_8	7	7	1.4	0.5	2.8

第二阶段：货物配装。

对聚类后的新货物进行装载，得到最终装载方案，如表 10-30 所示。

表 10-30　配装方案表

车辆编号	货物编号	聚类名称	货物品种	重量/吨	体积/立方米
1	i_1	19	3,4,5	8.9	5.1
2	i_2,i_7,i_8	17,7,9	1,2,7,9	9.4	5.3
3	i_3,i_6	11,20	10,11,12	10	4.5
4	i_4,i_5	16,18	6,13,8,14	8.2	4.6

任务三　运输作业计划制订

任务导入

世界经济发达国家的公路运输都发展很快，公路运输所承担的运量占运输总量的 80% 以上。全世界的运输网总长度为 3 000 多万千米，其中公路为 2 000 万千米，占 67%，充分说明公路运输在国民经济中占有非常重要的地位。这是因为公路运输有其特殊的优势：机动灵活，可以实现门到门的直达运输。特别是世界范围内高速公路的兴建、集装箱运输和快速客运的发展，以及轿车工业的发展等因素，使公路运输的地位越来越重要。

请同学们思考：

货物运输是否需要编制运输计划，若无运输计划，会带来哪些弊端？

知识链接

一、货物运输计划的编制

道路运输生产计划是从货物运输的需要出发，在充分利用企业现有运力的基础上编制的，是编制和实现其他计划的依据和基础，其目的是把运输生产的五个环节（货源的组织落实，准备技术状况完好的车辆，在运输起点装货，车辆承载在线路上行驶，在到达地点卸货）做出合理的安排，使各个环节紧密相扣、协调一致。

（一）运输计划的编制依据

1. 货物购销合同

货物购销合同即购销双方签订的、具有法律效力的契约。其具体包括货物的品名、规格、数量，收发货单位名称、地点及发货时间和其他有关事项。

2. 货物调拨计划

货物调拨计划是指货物批发部门为做好购销活动的业务计划，包括国家计划分配和企业自行组织进货的要货依据。它是货物流转计划的具体组成部分，也是运输部门编制运输计划的依据。

3. 其他委托任务

其他委托任务如部门间相互委托的中转货物、发货人委托承运的货物或临时增加的运输任务。

4. 各种运输能力

了解和掌握各种运输方式的运输能力是编制货运计划的先决条件，直接影响货运计划的准确性。

5. 历年有关货物运输的资料

它们也是编制货物运输计划的重要参考依据。

(二) 运输计划的编制原则

运输计划的编制应遵循下列原则:

1. 合理运输的原则

要按照合理运输的要求,综合运用各种运输方式,尽可能避免各种不合理运输现象的出现;要充分利用运输工具的容积,提高运输工具的利用率。

2. 均衡运输的原则

托运单位应根据货物的产销季节、气象变化等情况,合理安排月度、旬度计划,合理分配运输工具的货运量,防止忙闲不均的现象发生。

3. 保证重点、统筹兼顾的原则

首先要保证客户关键货物的运输,如市场急需、抢险救灾等,应分轻重缓急,妥善安排。

(三) 运输计划的编制步骤

货物运输计划的编制一般要经过五个步骤。

1. 准备资料

根据货物运输计划的编制依据,主要搜集以下资料:货物流转计划、业务调拨计划、购销合同及有关的历史资料;运力方面,包括铁路、公路、水运等方面的运输能力,铁路、公路、水运方面的运输路线图、航道图及有关的规章制度等,并对上述资料加以必要的研究、分析和整理。其具体要求是:

(1) 根据货物流转计划、业务调拨计划、购销合同等相关资料分析研究计划内货物购销数量,熟悉产销的地理分布,摸清货物的来源和去路。

(2) 根据货物的流向,熟悉各种交通运输路线分布的情况,并分别货物品类,了解货物性质、包装、运价等级、运价里程和各项运杂费率,以便选择合理的运输方式、路线和工具。

(3) 整理运输的历史资料,运用统计报表整理研究和分析,结合生产和市场变化情况,做出正确判断。

2. 预测运量和车数

预测运量的方法如下所述。按计划期供应合同的供应件数来测算,计算公式为:

$$计划期货物发运量 = 计划期某货物供应件数 × 每件毛重$$

3. 分析研究

应充分考虑大宗货物产销的需要及交通运输能力,留有余地,采取多方案比较。

4. 讨论定案

由企业主管与计划、业务、储运等部门多方面研究,从运输成本构成的诸因素进行方案比较,择优定案。

5. 运输计划的填制

货物运输计划的填写如下所述。

(1) 填写份数:应按铁路等交通运输部门的有关规定和要求填写,如铁路货物月度运输计划要求填写 5 份,且对不同品类、不同到达铁路局分别填写,但可将同一品类又到同一铁路局范围的计划填在一张表上。

（2）到货地点的填写：到达的车站、码头或专用线都应按规定办理的营业地点填写。

（3）货物品名、数量的填写。货物的品名、数量和重量要据实填写；重量要按规定分清实重、体积重或换算重。铁路的车数应按技术装载量所需的车数填写，品类要按符合规定的货物分类填写。

（四）货物运输计划的种类

1. 按运输方式及工具分

按不同运输方式和运输工具，可分为铁路、公路、水路、航空和联运运输计划。其中公路货运计划根据下达的规律和车队的类型，可以分成两种：一是稳定型，二是临时型，后面对两种方式进行详细介绍。

2. 按运输时间分

按运输时间的不同，可分为月度或旬度运输计划。

（1）月度运输计划：是货物托运的具体执行计划，也是承运部门制订月度运输计划和安排运力的主要依据。月度运输计划的内容主要包括：起止点、发货人、收货人、货物名称及数量等。

（2）旬度运输计划：是在月度计划的基础上，按旬编制的运输计划，它反映每日的装车数。

计划外要车（船）计划的表式内容和编制要求与计划内月度运输计划的内容基本相同，只要在表上注明"补充"或"计划外"字样加以区别即可。

3. 运输计划的变更规定

变更运输计划，有如下规定：

（1）到站可以变更，发站不能变更，但变更的新到站，其方向不超过原到站铁路局管辖范围。如变更的到站近于原到站，虽属于不同路局管辖范围，仍允许变更。

（2）货物品名可以变更，但不同品类不能变更。

（3）收货人可以变更，但发货人不能变更。

（4）月度计划可以变更一次，但旬计划、追补计划及月度联运计划不得变更。

（五）运输计划的检查与实施

加强货物运输计划的检查，可及时发现计划实施过程中的问题，并及时解决。检查的方法有以下几种。

1. 统计报表检查法

统计报表检查法是指通过统计报表分析研究，及时检查、监督计划执行的方法。

2. 会议检查法

会议检查法是指定期或不定期召开计划检查会议，查找未能完成运输计划的原因，采取有效措施加以改进。

3. 实地检查法

实地检查法是对重点运输计划进行实地检查，以保证重点货物运输计划的顺利完成。

对托运单位来说，应加强与承运部门的联系，主动向承运部门反映货物的采购、库存及市场变化的情况，争取能按计划完成运输任务。托运单位同时也应做好货物发运的各项准备工作，组织安排好装车所需的劳动力和设备，保证货物及时进站（港），防止车货脱节。

对承运人来说，其主要职能为：选择经济合理的运输方式和路线，使运输合理化；做好车、船、货之间的衔接；办理好托运、承运之间与发货、接收、中转之间的货物交接，分清责任；做到货物包装牢固，标记清楚，单货相符，单货同行等，使货物从发运地能按时保质保量地运送到销售地。

（六）运输计划的编制内容

1. 货物运输量计划编制

货物运输量计划是道路货运企业的运输产品计划，分别规定了计划期内预计完成的货运量（吨）和货物周转量（吨千米）。具体货物运输量计划编制如表 10-31 所示。

表 10-31　货物运输量计划表

指标	单位	上年实际	本年度计划					本年度计划为上年实际/%
			全年合计	第一季度	第二季度	第三季度	第四季度	
	吨	1 200	1 800	300	400	500	600	150
周转量	吨千米	125 800	200 000	40 000	50 000	50 000	60 000	142
货物分类运量	矿砂							
	水泥							
	建材							
	木材							
	其他							

2. 车辆计划的编制

车辆计划即企业计划期内的运输能力计划，主要是合理确定货运车辆构成，保证有效利用车辆，并以最少的运力完成所提出的计划运输量。具体车辆计划如表 10-32 所示。

表 10-32　车辆计划表

车辆类型	标记吨位	上年末		本年度计划								本年末		全年平均	
				增加车辆				减少车辆							
		车数/辆	吨位	第一季度	第二季度	第三季度	第四季度	第一季度	第二季度	第三季度	第四季度	车数/辆	吨位	车数/辆	吨位
				每吨位需要的车数/辆											
大	20	10	20			5					2	13	20	12	20

3. 车辆运用计划的编制

车辆运用计划是指在计划期内企业全部营运车辆运输生产能力利用程度计划，是汽车运输企业用以平衡运量与运力的主要依据之一。具体如表10-33所示。

表10-33　某物流公司车辆运用计划

指标		上年度实际	全年	第一季度	第二季度	第三季度	第四季度	与上年度比较/%
主车	平均营运车数/辆	20	30	20	25	32	40	150%
	总吨位	960						
	平均吨位	8						
	车辆完好率/%	96						
	工作车日数	340						
	营运速度/（千米·小时$^{-1}$）	40						
	平均每日出车时间	10						
	平均车日行程/千米	400						
	总行程/千米	136 800						
	行程利用率/%	67						
	载重行程载重量/吨	237 800						
	吨位利用率/%	110						
	货物周转量/吨	6 540						
挂车	拖运率/%							
	货物周转量/吨							
综合	货物周转量/吨							
	平均运距/千米							
	货运量/吨							
	单车期产量/（吨·千米$^{-1}$）							
	车吨期产量/（吨·千米$^{-1}$）							

4. 车辆运行作业计划的编制

车辆运行作业计划是为了完成企业运输生产计划和实现具体运输过程而编制的运输生产作业性质的计划，它具体规定了每一辆汽车（或列车）在一定时间内的运输任务、作业时间和应完成的各项指标，具体如表10-34所示。

表 10-34　车辆运行作业计划

年　　月　　日　　至　　日　　队别车号							
吨位　　　　　驾驶员							
日期	具体运行作业要求				车千米	吨千米	执行情况检查结果
	6:30 至 9:30						
	饲料厂→养猪场→火车北站→饲料厂						
	饲料 50 吨生猪 100 头						
指标	计划实际工作车日	保修车日	车千米	车日行程	运量	周转量	实载率	说明

二、稳定型货运计划

这类货运计划指的是在某一个时期内，车队的运输任务相对是稳定的、明确的。比如一些大型的建筑工地、一些生产物资的运输，车队可以根据自己的运力情况安排运输，不会出现没货的情况。这个时候，车队可以事先制订日计划、月度计划、季度计划和年度计划。这种类型车队多见于国家重点建设项目（比如高速公路、水电站）和大型企业集团（比如采矿企业、石油公司）。而且这类车队一般都是以短途运输为主。

三、临时型货运计划

临时型货运计划，有时也叫货运任务或货运订单。它的特点是运输任务下达给车队的时间很短，一般在两天以内，有时甚至是几个小时。目前，大多数的生产制造企业内部车队、第三方物流公司车队都是采用这种形式。车队往往一接到业务部门或客户的货运订单，就要安排车辆前往装货。当然有时候可能会有一两天的提前期，但变化很大。在这种情况下，车队就很难提前做好车辆计划、车辆运用计划和车辆作业计划了。车队只能够"以客户为中心"，尽最大可能满足客户的需求。因此，这要求车队调度人员必须具备很强的工作能力。

这类型的货运计划，车队的重点在于与客户的沟通和协调。

（一）货运计划的下达

企业或客户的货运计划（货运订单）下达给车队，可通过以下两种形式。

（1）正式的书面通知：如果是企业内部车队，可直接下达；如果是外部客户，一般是通过传真形式或 E-mail 形式下达。极少数的企业间实行了电脑业务联网。

（2）电话或口头通知：在相互熟悉的情况下，发货人可通过电话或口头形式下达货运计划。这时，车队调度人员一定要认真记录相关信息（货物名称和数量、装卸地址、发货时间、运输要求等），千万要防止弄错。

（二）货运计划的变动

变动主要来自用车部门和用车企业。变化的形式主要有：

（1）取消计划。

（2）增加或减少计划

（3）变更装卸地点。

（4）变更发货时间等。

对于上述变更，车队也要做好相应的准备工作。

（三）货运计划的协调

协调主要是来自车队调度的需要。在许多情况下，客户的货运计划都是不考虑车队的运作实际的。在这个时候，车队需要主动与客户进行沟通。主要有以下几种情况。

（1）能否增加运量：比如采用整车运输时，如果客户只有7吨货，而车队的车辆是8吨，这个时候可以与客户协商，能否增加1吨左右的货物。因为这个时候，付相同的运费，可以运输更多的货物，受益的往往是客户一方。

（2）能否减少运量：比如采用整车运输时，如果客户有9吨货，而车队的车辆是8吨，这个时候可以与客户协商，能否减少1吨左右的货物。因为有时候，客户并不急于运输，没有必要再走1吨的零担运费，车队也更好操作，可使双方受益。

（3）能否提前或延后发货时间：客户对时间的要求有时候并不是一成不变的，如果从车辆调度的角度出发，更好地利用车辆，有时候可以与客户商量，适当地提前或延后发货时间。

当然，需要说明的是，市场是第一位的，客户也是第一位的，在协商不成功、不能满足车队要求时，应该想法设方满足客户要求，不折不扣地去执行货运计划。

四、运输车辆调度计划安排

关于运输车辆调度计划安排，本教材结合物流1+X技能等级考核要求和物流机技能大赛方案设计与实施，具体以2020年陕西省物流技能大赛方案设计为题，讲解运输车辆调度计划安排。具体赛题如下：

运单信息：

（1）2020年10月10日，1号店向本企业西安供应商B采购大宗商品，物流公司上门提货。表10-35所示为采购订单。

表 10-35　采购订单

采购单编号：R20201012 计划到货时间：2020年10月12日

序号	商品名称	包装规格/毫米（长×宽×高）	单价/（元·箱$^{-1}$）	重量/（千克·箱$^{-1}$）	订购数量/箱
1	医用隔离衣	460×260×180	180	7.5	2 400

供应商：供应商B。

2020年10月10日，1号店向西安雁塔区工业园采购一批黄桃罐头，委托物流企业上门提货，货品信息如下（如表 10-36 所示）：

表 10-36　货品信息

客户	单位：西安工业园 地址：陕西省西安市雁塔区工业大道 25 号 联系人：张生电话：1392017××××
收货人	单位：宝鸡市农科院 地址：宝鸡市鱼峰区远大二路 1129 号 联系人：赵明电话：1562298××××
装货地点	陕西省西安市雁塔区工业大道 25 号
卸货地点	陕西省宝鸡市鱼峰区远大二路 1129 号
货品信息	衣、纸箱包装规格（毫米）（长×宽×高）460×260×180，重量 7.5 千克/箱，数量 2 400 箱，单价 180 元/箱
运杂费标准	普通货物宝鸡—西安基础运价 300 元/吨，重货（每立方米重量大于等于 333 千克）按实际重量计费，轻货（每立方米重量不足 333 千克）按折算重量计费。装车费 16 元/吨，卸车费 13 元/吨，保价费为货物声明价值的 0.3%，托运人可自愿选择是否保价

（2）可调用车型车辆信息：

车型一：7.2 米厢车，可调用车辆数 4 辆。

车厢内尺寸 7.2×2.3×2.7（米），最大载重量 10 吨，车辆在高速公路上空驶平均油耗 20 升[①]/百千米，重驶平均油耗增加 0.4 升/百吨千米。车辆在其他道路上空驶平均油耗 26 升/百千米，重驶平均油耗增加 0.6 升/百吨千米。司机平均日工资 350 元（不考虑工作时长），高速公路过路过桥费平均 1.0 元/千米，其他费用忽略不计。

车型二：9.6 米厢车，可调用车辆数 4 辆。

车厢内尺寸 9.6×2.3×2.7（米），最大载重量 20 吨，车辆在高速公路上空驶平均油耗 25 升/百千米，重驶平均油耗增加 0.8 升/百吨千米。车辆在其他道路上空驶平均油耗 32 升/百千米，重驶平均油耗增加 1.2 升/百吨千米。司机平均日工资 600 元（不考虑工作时长），高速公路过路过桥费平均 1.6 元/千米，其他费用忽略不计。

（3）西安—宝鸡行驶线路：

①宝鸡到西安高速公路全程 190 千米，预计行驶 2 小时 30 分，收取过路桥费。

②宝鸡到西安国道 260 千米，预计行驶 3 小时 20 分钟，无过路桥费。

无论选择哪条线路，车辆均在 24 小时内返回。

（4）车辆行驶时间成本：

车型一的行驶时间成本 100 元/小时，车型二的行驶时间成本 150 元/小时。

---

①　1 升 = 1 立方分米。

（5）燃油价格 6.8 元/升。

要求：

根据以上信息填写托运单；

请从成本节约角度选取合适的车型车辆、运输线路进行派车。

（备注：要有分析计算过程）

表 10-37 所示为货物运输托运单。

表 10-37　货物运输托运单

2020 年 10 月 10 日第 100 号

托运人：		电话：		装货地点：					
收货人：		电话：		卸货地点：					

货物名称	性质	包装或规格/毫米	件数	实际重量/吨	计费重量/吨	货物声明价值/元	计费项目 运费/元	装卸费/元	保价费/元	货物核实记录

注意事项	1. 货物名称应填写具体品名，如货物品名过多，不能在托运单内逐一填写，必须另附货物清单 2. 保险或保价货物，在相应价格栏中填写货物声明价值

具体运输调度计划方案设计如下：

运输车辆调度：

①确定计费重量：

总体积：0.46×0.26×0.18×2 400＝51.67（立方米）

总重量：7.5×2 400＝18（吨）

体积折算重量：51.67×0.333＝17.21（吨）

总重量>体积折算重量，该货物为重货，计费重量为 18 吨。

②确定运费：

基础运费：18×300＝5 400（元）

装卸费：（16+13）×18＝522（元）

货物声明价值：180×2 400＝432 000（元）

保价费：1 296 元

总运费：5 400+522+1 296＝7 218（元）

③填写货运单（如表 10-38 所示）：

表 10-38　货物运输托运单（选择车型）

2020 年 10 月 10 日第 100 号

车型		载重/吨		容积/立方米			需要数量（　）	

托运人：张生　　电话：13920178×××　　装货地点：陕西省西安市雁塔区工业大道 25 号

收货人：赵明　　电话：15622985×××　　卸货地点：宝鸡市鱼峰区远大二路 1129 号

货物名称	性质	包装或规格/毫米	件数	实际重量/吨	计费重量/吨	货物声明价值/元	计费项目			货物核实记录
							运费/元	装卸费/元	保价费/元	
医用隔离衣	普通	460×260×180	2 400	18	18	432 000	5 400	522	1 296	

注意事项	1. 货物名称应填写具体品名，如货物品名过多，不能在托运单内逐一填写，必须另附货物清单 2. 保险或保价货物，在相应价格栏中填写货物声明价值			
车型一	10		44×712	1
车型二	20		55×616	2

表 10-39 所示为备选方案。

表 10-39　备选方案

选择路线	计费项目	车型一（2 辆）	车型二（1 辆）
高速（190 千米）	空驶平均油耗	20 升/百千米	25 升/百千米
	重驶平均油耗增加	0.4 升/百吨千米	0.8 升/百吨千米
	过路过桥费	1.0 元/千米	1.6 元/千米
国道（260 千米）	空驶平均油耗	26 升/百千米	32 升/百千米
	重驶平均油耗增加	0.6 升/百吨千米	1.2 升/百吨千米
司机工资		350 元	600 元
行驶时间成本		100 元/小时	150 元/小时
燃油价格		6.8 元/升	

情况一：去程高速（190 千米），回程高速（190 千米）

车型一（2 辆）：

$(20×1.9×6.8×2+350+2.5×100+1×190×2)×2+0.4×0.18×6.8×190=3\ 086.62$（元）

车型二（1 辆）：

$25×1.9×6.8×2+600+2.5×150×2+1.6×190×2+0.8×0.18×6.8×190=2\ 790.05$（元）

情况二：去程高速（190 千米），回程国道（260 千米）

车型一（2 辆）：

$(20×1.9×6.8+2.5×100+1×190)×2+350×2+(26×6.8×2.6+3.333×100)×2+0.6×0.18×$

$6.8×260=3\ 873.7$（元）

车型二（1辆）：

$25×1.9×6.8+2.5×150+1.6×190+600+32×2.6×6.8+3.333×150+1.2×0.18×6.8×260=$
$3\ 049.6$（元）

情况三：去程国道（260千米），回程国道（260千米）

车型一（2辆）：

$(26×2.6×6.8×2+350+3.333×100×2)×2+0.6×0.18×6.8×260=4\ 062.86$（元）

车型二（1辆）：

$32×2.6×6.8×2+600+3.333×150×2+1.2×0.18×6.8×260=3\ 113.31$（元）

情况四：去程国道（260千米），回程高速（190千米）

车型一（2辆）：

$(26×2.6×6.8+3.333×100)×2+350×2+(20×1.9×6.8+2.5×100+1×190)×2+0.4×0.18×$
$6.8×190=3\ 775.78$（元）

车型二（1辆）：

$32×2.6×6.8+3.333×150+600+25×1.9×6.8+2.5×150+1.6×190+0.8×0.18×6.8×190=$
$2\ 853.76$（元）

表10-40所示为优化方案。

表 10-40 优化方案

项目	车型一（2辆）/元	车型二（1辆）/元
去程高速（190千米） 回程高速（190千米）	3 086.62	2 790.05
去程高速（190千米） 回程国道（260千米）	3 873.7	3 049.6
去程国道（260千米） 回程国道（260千米）	4 062.86	3 113.31
去程国道（260千米） 回程高速（190千米）	3 775.78	2 853.76

结论：从宝鸡到西安去程走高速，回程走高速最为优成本为2 790.05元。

表10-41所示为编制运输作业计划单。

表 10-41 编制运输作业计划单

运输作业计划单					
					单号：YS001
车型：车型一　载重：20 t　数量：1辆　路线：宝鸡—西安					
托运人：张生　　电话：13920178×××			装货地点：陕西省西安市雁塔区工业大道25号		
收货人：赵明　　电话：15622985×××			卸货地点：宝鸡市鱼峰区远大二路1129号		
货品名称	性质	规格/毫米	件数	质量/吨	体积/立方米
医用隔离衣	普通	460×260×180	2 400	18	51.67
送货时间：2020年10月10日			到货时间：2020年10月10日		

项目小结 ▶▶ ▶

本项目主要介绍了多式联运的概念、特点、优越性和主要业务程序，多式联运的运输组织、"一带一路"国际多式联运、多式联运单证、国际多式联运单证。学生通过学习能够了解多式联运的概念和特点、掌握多式联运的组织与运作、熟悉多式联运单证、掌握多式联运责任划分。

思政园地

山东曲阜是春秋时期思想家、教育家孔子的故乡，那儿有规模宏大、红墙黄瓦的孔庙，有占地数百亩、树木葱幽的孔家墓地——孔林。孔子以及他的七十几代嫡长子孙都埋葬在这里。那儿还有不计其数的孔碑，上面刻着"大成至圣文宣王墓"八个大字的石碑，是其中最大的一块，它用一整块泰山石制作，足有几万斤①。当年，立这块大石碑有多难啊！相传，这当中就有鲁班的功劳呢！

尽管孔子生前是一个不得志的儒者，死后他的思想却统治了中国 2 000 多年，社会地位逐步上升：西汉末年，孔子的子孙受封为"褒成侯"，后代又升一级作"衍圣公"，一直世袭了 2 000 年。孔子本人呢，到了唐朝已被称为"大成至圣文宣王"。这么一个人物墓前的石碑能够马虎吗？按照监工大臣的要求，在泰山的一个山腰里选定了满意的石料，开采出一块有角有棱、方方正正的泰山石。怎样把它运回曲阜城呢？可急坏了掌墨师傅。

这时候，庙基本上建成了，只花了 3 年时间，可运这块石料，已经拖了八九年。在一个数九寒天之夜，掌墨师傅畅饮了几碗酒，倒身呼呼大睡。梦中只见一位老人带他去看运碑路线。走着走着，到了一个大水坑旁，坑里已经结了厚厚的冰，老人把一块石头放在坑边，用脚轻轻一踢，就见那石头"哧溜"一下跑了很远。又来到一条官道，路面上有一层冰，老人指着发亮的地皮，告诉掌墨师傅说："我们鱼日村的人，都懂得用水，我相信你能领会大家的心意，按鱼日村人的法子去运碑。"掌墨师傅醒来，把梦中情景向工友们一说，有个师傅会心一笑，说："鱼日，不就是个'鲁'字吗？这是鲁班爷来开导我们了。"

大伙儿认为这话有理，面向正北磕了三个响头，表示对鲁班爷的敬意。于是，决定在选定的运碑路线两旁，每隔一里②挖一口井，在地面泼水冻冰，造成人工冰道。说来凑巧，正碰上漫天大雪纷飞，雪落了好厚。大伙儿逐段先压实了雪道，傍晚又往上泼了一层水，第二天冰道更坚硬了。掌墨师傅把工友分成两拨，有推有拉，将巨石放在特制的木架上，几百号人一鼓作气，万斤石块慢慢移动，18 天就运到了曲阜。经过精心雕刻，很快就树起了石碑。所以，后来传下一句话，叫作"三年建庙，十年树碑"。

【思政点评】各地许多古代的工程建筑、寺庙楼阁都蕴藏着丰富的能工巧匠传说，民间故事家们运用民间文学独特的想象力和典型化的手法，把历代劳动人民建筑、雕刻艺术方面的许多伟大创造和辉煌成就移植到鲁班传说里，塑造出了中华民族能工巧匠的典型形象。在鲁班身上，不就能够看到各个朝代许许多多可以查考和不见经传的工匠艺人的影子吗？这类传说不仅反映了我国古代劳动人民的智慧，也都寓有一定的科学道理，启发人们思考。

---

① 1 斤 = 0.5 千克。
② 1 里 = 500 米。

项目十　检测单

自我检测

检测题目：课后的同步测试题。

小组检测

检测题目：货物运输决策过程中需要考虑哪些因素？
检测要求：以小组为单位，形成 PPT，课堂进行汇报。
检测标准：1. 团队合作（10 分）；2. 扣题情况（5 分）；3. 内容完整性（15 分）。
小组互评：_____
_____
_____

教师检测

检测标准：1. 团队合作（10 分）；2. 汇报有理有据（10 分）；3. 讲解清楚（10 分）。
教师点评：_____
_____
_____

检测评分

自我检测（40 分）	同步检测（40 分）		
小组检测（30 分）	团队合作（10 分）	紧扣题目（5 分）	内容完整（15 分）
教师检测（30 分）	标准 1：团队合作（10 分）		
	标准 2：解释有理有据（10 分）		
	标准 3：汇报思路清晰（10 分）		
满分（100 分）			

个人反思

同步测试

一、不定项选择题

1. 在环形线路的选择过程中，以完成同样货运任务时，（　　）为原则。

A. 实载率最高　　　　　　　　　　B. 周转量最大

C. 重车行程最长　　　　　　　　　D. 空车行程最短

2. 汇集式运输的三种形式不包括（　　）

A. 分送式　　　　　　　　　　　　B. 收集式

C. 收集—收集式　　　　　　　　　D. 分送—收集式

3. 在无对流的流向图中，如果流向图中内圈流向的总长度（称内圈长）或外圈流向的总长（称外圈长）超过整个圈长的（　　），就称为迂回运输，属于不合理运输

A. 30%　　　　　B. 40%　　　　　C. 50%　　　　　D. 60%

4. 在确定一条航线时，不包括以下哪个环节（　　）。

A. 航线配船　　　　　　　　　　　B. 航线评估

C. 选择挂靠港　　　　　　　　　　D. 确定航线结构

5. 从集装箱侧面进行装卸，以超重货物为主要运载对象，还便于装载牲畜，以及诸如钢材之类可以免除外包装的裸装货的集装箱是（　　）。

A. 框架集装箱　　　　　　　　　　B. 冷冻集装箱

C. 开顶集装箱　　　　　　　　　　D. 普通集装箱

二、简答题

1. 什么是运输总成本，具体包括哪些费用？

2. 简述不合理运输的类型。

3. 影响行车路线和时间进度安排的因素有哪些？

4. 简述多班运输中，一车3人，日夜双班，分段交接，并画出示意图。

 **综合实训**

一、实训名称

运输决策。

二、实训目标

1. 了解运输与物流的关系，理解运输合理化的措施。

2. 掌握运输决策关键要素，面对具体问题合理决策。

三、实训内容

某公司首次承揽到三个集装箱运输业务，时间较紧，从上海到大连铁路 1 200 千米，公路 1 500 千米，水路 1 000 千米。该公司自有 10 辆 10 吨普通卡车和一个自动化立体仓库，经联系附近一家联运公司虽无集装箱卡车，却有专业人才和货代经验，只是要价比较高，至于零星集装箱安排落实车皮和船舱，实在心中无底，你认为采取什么措施比较妥当？

（1）自己购买若干辆集装箱卡车然后组织运输。

（2）想法请铁路部门安排运输，但心中无底。

（3）水路路程最短，请航运公司来解决运输。

（4）联运公司虽无集卡，但可叫其租车完成此项运输。

（5）没有合适的运输工具，辞掉该项业务。

四、实训要求

1. 运输状况调研，结合案例，分析利弊。

2. 运输案例决策，讨论决策关键要素。

五、评价标准

1. 学生能够熟悉各种交通运输工具。

2. 学生能够对采取的措施进行分析整理。

六、成果形式

1. 将最终采取的措施做成报告，提出结论、观点等。

2. 组织各组进行交流讨论。

3. 各组相互评议、打分，以小组为单位进行成绩评估。